重新思考投资激励

趋势和政策选择

［葡］安娜·特蕾莎·塔瓦雷斯-莱曼　［美］佩林·托莱达诺
［美］丽斯·约翰逊　［美］丽莎·萨克斯 ◎编

冯军　伍穗龙　陈旭　常丽娟　梅盛军　王馥梅
彭越（上海立信会计金融学院国际经贸学院）　张海艳　胡丹　石兴舜 ◎译
伍穗龙　冯军◎校

RETHINKING
INVESTMENT INCENTIVES

Trends and Policy Options

上海人民出版社

目　录

第一部分　投资激励——介绍

第二部分　投资激励全球概览

第三部分　设计投资激励项目以期物超所值及达致原定目的

第四部分　减少投资激励竞争——限制"逐底竞争"的规制性努力

前　言

自亚当·斯密（Adam Smith）和大卫·李嘉图（David Ricardo）时代以来，政策制定者和理论家已有两个多世纪的时间用以研究贸易流动的动态，并探索贸易政策的复杂性。但不足为奇的是，就应对当今更为复杂的贸易和投资领域相关的分析挑战和政策困境而言，我们仍处于应对的初步阶段。

在过去 35 年，外商直接投资已成为跨国境提供货物和服务的主要工具。世界名义国内生产总值增长 4 倍，世界双边贸易流量增长 6 倍以上，与此同时，外商直接投资存量则在 1980 年已经相当大的基础上增加了大约 20 倍。今天，跨国公司的外国子公司在全球的销售额大约是世界出口总额的两倍，说明在全球提供货物和服务方面，外商投资比贸易更为重要。

在贸易领域内，80％的跨境流动是作为跨国公司内部交易或通过它们监督的供应链进行的。跨国公司研发支出约占世界总研究和开发支出的一半，占世界商业研发开支的三分之二以上。国家间的大部分技术流动是在多国投资者生产系统的范围内进行的。

激励在帮助——或重新引导——外商直接投资流动方面的作用是什么？基本问题层出不穷：应该如何界定投资激励？应如何对不同类型的投资激励进行分类？如何衡量它们对外商直接投资流动的影响？各种激励的利弊是什么？又应该如何衡量它们的成本和效益？

投资激励在多大程度上是相互竞争的？通过竞争来吸引同样的公司，在激励竞争中是否存在破坏性的竞争？有时会有过度竞争，在基础设施改善、职业技能建设举措和监管机构方面的公共支出会出现跨国界竞争吗？在地方或州一级提供激励与在国家一级提供激励之间有什么关系（如果有的话）？如何管理激励竞争？过去对激励竞争进行监管的结果如何？

这些只是本书调查许多问题中的少数几个问题。本书收编的这些章节所涉范围极广，如同百科全书一般，事实上就是广泛论题领域诸多专家的观点合集。对于研究人员和决策者来说，这无疑是一项基础性工作。

投资激励措施在新兴市场政府更大的发展战略中发挥什么作用？投资激励措施是否能够改变投资者的业务概况，而不仅仅是这种业务的地点——这是一个日益重要的问题,因为发展中世界的东道国政府试图利用外商直接投资来提升其生产和出口基础并使其多样化。发达国家和发展中国家如何共同协调政策以吸引多国投资者?

　　在全球化不断扩大的今天,发展中国家和发达国家都迫切关注这些问题。本书仅仅是一个开始!

西奥多·莫兰

乔治城大学　马库斯·瓦伦贝格国际商业和金融教授

彼得森国际经济研究所高级客座研究员

全球发展中心高级客座研究员

第一章 介 绍

Ana Teresa Tavares-Lehmann, Lisa Sachs, Lise Johnson, Perrine Toledano

安娜·特蕾莎·塔瓦雷斯-莱曼,丽莎·萨克斯,丽斯·约翰逊,佩林·托莱达诺

2015 年 7 月,埃塞俄比亚政府主办了第三届国际发展融资大会,参会者有来自各国政府、企业和国际组织的领导人,大会旨在起草一个 2015 年后为发展中国家融资的议程。该议程针对社会面临的最紧急的挑战,包括结束极端贫困,消除可预防的疾病,减缓全球气候变暖等等。为争取在 2030 年前达到可持续发展的目标(SDGs),公共和私营部门的大量资源都将需要调动和利用起来。会议上,全球领导人认识到,"私人商业活动、投资和创新是生产力、包容性经济增长和创造就业机会的主要推动力","国际私人资本的流动特别是外商直接投资,伴随着一个稳定的国际金融制度,是对国家发展努力的重要补充"(UN 2015,第 35 段)。

事实上,现在比以往任何时候都更重要的是,通过注入资本、创造就业机会、转让技术和专门知识,投资在可持续发展中已发挥着重要作用。许多政府部门也越来越认识到这一作用。近几十年来,为吸引这种投资——特别是外商直接投资——并增加其对可持续发展的贡献而提供的一系列政府激励措施急剧增加。

实际上,联合国 2015 年会议通过的《亚的斯亚贝巴行动议程》,认识到在金融支持可持续发展方面"投资激励是一个重要的政策工具"(UN,2015,第 27 段)。精心设计的投资激励不仅可以吸引不同的资源,还可以发展可再生能源技术,促进更广泛能源和其他基础建设,培训人力资源,强化健康制度,这些都可以支持可持续发展(UNCATAD,2014)。

如果我们要评估社会是否以及如何从投资激励措施中获得利益,那么去了解政府部门在何时、何地、如何以及为何使用激励措施去吸引和指导投资,是非常重要的。日益明显的是,不管如何,包括使用激励措施的政策制

订者在内的人们并没有很好地理解投资激励措施的效用和影响。政府的激励措施通常成本较高,迄今为止,这些激励措施很少被设计成从战略上来满足可持续发展的目标。人们普遍认为,公司可能会寻求以及政府可能会提供超出吸引投资所需的激励措施,而其他投资或更一般的政策,如果能更有效地实现可持续发展目标,则往往是利用不足、设计不当或执行不力的。

除个别例外,各国的中央和地方政府普遍都在使用投资激励措施。对激励措施的流行程度、情况及其效率和影响却少有清楚的了解。考虑到这些措施在很大程度上是缺乏透明度的,因此,迄今为止,对已经使用的投资刺激措施是远远缺少系统性的监测、报告和分析的。

不过,这种情况可能正在发生变化。一些政府实体,包括最著名的欧盟,正在对激励措施提出广泛的透明度要求,并对其加强监测和评估。随着对使用激励措施理解的增进,迄今,已经发展出一些硬性和软性的法规。国际组织和专家们正依据一些理由,如这些投资激励措施可能是浪费的或低效的,努力去阻止此类型的财政、金融和法律方面的激励措施。这种担忧尤其紧迫,因为中央和地方政府正在投资"竞标战"中争夺资本,这会促使这些政府部门为了能够吸引新的投资,而提供令人极其心动的、慷慨的投资激励种类,甚至可吸引其他区域已经存在的存量投资离开改投有投资激励的门庭。在后一类案例中,这些投资激励措施在区域或全球范围看是低效率的,因为其结果是在区域里重新分配投资而非产生新的投资。其他的担忧是,地点和行为的激励措施可能代价过高(代价超过收益),这种吸引的投资可能会产生有害的分配影响,并导致不平等现象增加,而不是包容性地增长。

投资和投资激励措施对中央和地方政府意味着大量潜在的成本和收益。本书能够增进我们对以下方面的理解:激励措施在吸引和留住外国和国内投资方面所起的作用,支持或阻止各种类型激励措施的政策依据,在实现东道国政府的目标方面可能会更有效的战略,以及今后关于资本竞争和其他问题采取协调行动的潜力。

本书结构如下:第一部分是基本介绍,界定了投资激励的一些基本概念、定义和种类。第二部分是对各跨地理区域使用投资激励情况提供一个全球视野的概述。第三部分是为设计、管理和监测投资激励的使用提供实际指导,以优化其对可持续发展的影响。第四部分重点关注目前和未来对多边和地方政府投资激励措施的管理。

界定投资激励措施

在分析激励措施的使用和效果之前,有必要界定哪些类型的措施是投资激励措施。实际上,关于投资激励有许多不同的、被广泛接受的定义。由经济合作与发展组织(2003,12)制定的一个经常被引用的投资激励定义是:"旨在影响外商直接投资项目的规模、地点或行业的措施,其方法是影响项目的相对成本,或通过国内投资者无法获得的诱因来改变其所承担的风险。"另一个经常被使用的是联合国贸易与发展会议(UNCTAD,1996,11)给出的定义,"政府为特定公司或公司集团提供的可衡量的优势,目的是迫使它们采取某种行动。"托马斯(Thomas,2007,11)认为,"投资激励是指为影响投资地点而给予的补贴,目标可能是吸引新的投资或保留现有的存量投资设施。"[1]威尔士等人(Wells, et al.,2001,VII)将投资激励作为补贴这一观点加以细化,并指出,"激励措施可以是直接补贴(包括现金支付或实物支付,如免费土地或基础设施)或间接补贴(各种税收减免或防止竞争对手竞争的保护,例如进口保护)。"以财政激励为例,他们进一步指出,"然而,要被认为是一种投资激励,不应向所有投资者提供税收减免,而必须根据具体投资者或投资者类型而量身定做。"(VII)

投资激励措施的定义不仅从学术角度看是重要的,在评估投资激励措施的实际政策影响时也是如此。首先,关键是要弄清楚正在分析哪些措施,由于不同的作者可能用不同的方式使用这个术语,他们可能对特定激励的适当性或有效性得出不同的结论。例如,第一个定义侧重于外商直接投资激励,假设决定投资激励办法的实体可以歧视国内投资者。

虽然,许多文献和政策明确地针对外商直接投资激励措施,因为外商直接投资可以在资本、技术和其他转让方面带来特殊优势,[2]但在吸引投资方面,各国都可能面临不同的挑战,以及向外国或跨国公司提供激励时可能出现的问题。然而,并非所有的投资激励措施都是为了吸引外商直接投资;事实上,许多投资激励计划并没有根据投资者的国籍来区分投资者。因此,政策合理化及其对外商直接投资的影响可能不适用于国内投资者可用的一般激励措施。

本书的一些章节侧重于讨论利用激励措施吸引外商直接投资并受益于其中的战略[例如,布伦南(Brennan)和鲁恩(Ruane)的第八章]。其他章节讨论了对国内和外国公司的激励措施[例如,克拉科夫(Krakoff)和斯蒂尔

(Steele)的第六章]。总的来说，本书各章节的大部分政策含义一般都适用于投资激励，无论是针对外商直接投资还是在所有投资方面。

上述定义的第二个重要方面是专门性的概念，即修订后的经济合作与发展组织外商直接投资标准定义（OECD，2008）。投资者（公司或个人）在进行具体投资项目时，会得到这种激励或好处。类似地，威尔斯等（Wells，et al.，2001）注意到符合条件的激励措施必须针对特定的投资者或类型的投资者。因此，根据这一定义，不是奖励给每个项目或投资者。相反，它们附于投资项目的某些优先事项或特征，例如，某一部门的投资，在某一领域（例如，投资低密度区域或贫困地区），具有一定的金融规模，或附加到诸如就业或技术内容等目标上。

这些投资激励措施的定义仅限于具体措施，通常不包括对投资者具有吸引力的一般政策和东道国特征，例如关于管辖区的有形基础设施的质量及其一般法律和管制环境。然而，正如古格勒（Gugler）和约翰逊（Johnson）分别在第五章和第十二章中所讨论的那样，具体措施和一般措施之间的界限并不总是容易界定的。同时，正如贝拉克（Bellak）和利布雷希特（Leibrecht）所示（第四章），在评价政府吸引外商直接投资的努力时，更一般的政策和做法，如国际投资条约所安排的政策和做法，往往被视为投资奖励组合的一部分。

上述定义中引入的第三个要素是，所提供的好处应当是可以衡量的。虽然这很重要，但在实践中，激励的价值并不总是容易确定的，更不用说量化了。[3]当然，正如本书所讨论的那样，这对评估投资激励的成本、效益和效力方面都提出了重大挑战。

由托马斯（Thomas）在第十一章中强调的上面的定义，也是最后一个问题是，将重点放在激励措施上，将其作为旨在改变投资地点的补贴激励。这对激励的定义有点狭隘，因为投资激励措施可能旨在诱导其他结果，如改变投资数额、增值特性、技术内容，甚至是部门重点（经济合作与发展组织指出的第一个定义）。然而，通过更狭隘地关注（重安排）区域激励（如排除克服导致公共产品投资不足的市场失灵的激励措施和诱导更多面向发展结果的激励措施），我们可以更容易地孤立那些特别有问题的措施，这些措施驱动了司法管辖权之间浪费的资本竞争，并确定旨在解决这些问题的治理战略。

为了编写本书，我们采用了以下定义，将上述定义中最重要的方面（从我们的角度来看）合并起来：

投资激励是旨在影响投资项目的规模、位置、影响、行为或部门的有针对性的措施——无论是新项目,还是现有业务的扩展或转移。投资激励是最常用的金融、财政和监管措施,但也可以包括信息和技术服务(具体提供给某些投资者)作为特定类型的激励(参见第二章,激励类型的完整概述)。

投资激励的效力和有效性

本书中所分析的许多投资激励措施,都是受管辖区域/国家用来影响投资者决定投资地点的措施,其基于这样一种观念,即投资激励可以弥补市场的失效[4],或者由于投资者不投资而打破一个特定受管辖区域的平衡。外来投资激励已经实行超过了一个世纪(Sbragia, 1996;Thomas, 2007)。然而,直到 20 世纪晚期,投资激励的普遍使用才被世界上的大多数国家所认可,连同大量的多样的投资激励种类和微小的激励措施(Thomas, 2007)。各个国家在所谓的机构评比[(投资)选美比赛],投标战,还有区域锦标赛中互相竞争以寻求吸引到更多的投资者。

在过去 20 年,"红地毯待遇取代了红图章"(Sauvant, 2012)(译者注:指给投资者欢迎待遇来取代对投资的烦琐审批图章程序),并且投资激励已经被广泛使用,旨在使地区和国家对日益流动和全球化的企业更具吸引力。[5]在投资的国际进程中,投资激励被用作(吸引投资的)"合成代谢类固醇"(Oxelheim and Ghauri, 2004)。

本书章节涉及的主要问题,是投资激励实际上在吸引投资方面是否有效?[6]毋庸置疑,某些投资激励会有助于吸引某些投资者到某一管辖区域投资。但投资激励的效力取决于管辖区域所提供的条件,投资项目的类型,和投资地点。有些投资者,如战略资产寻求型投资者和资源寻求型投资者,在做投资决定时似乎不会被投资激励所动摇;其他投资者,包括许多自由投资者,效率寻求型投资者,在做投资决定时会更多的评估投资激励(UNCTAD 2015;本书第三章)。

从经验上来评价投资激励是否多余是很困难的,即,假如在没有投资激励的情况下,投资者是否会来投资。本书中的一些章节会直接探究这个问题,其他章节也会间接探讨这个问题;然而,有证据表明存在多余的投资激励措施的风险是相当高的。世界银行促进投资环境咨询服务署 FIAS 在许多管辖区域都做了调查,调查显示 77% 的平均多余概率(在没有投资激励时投资者所投资的份额),平均只有 16% 的案子中,对于资金上的投资激励是否会影响到投资决定得到了肯定性的回答。这些肯定性的答案通常在以下情况会被注意到：（1）效率寻求型的外商直接投资，他们的战略仅是使出口产品的花费最小化；（2）当投资者必须在具有类似吸引力的管辖区域之间做出决定时；（3）当投资激励满足投资者在项目周期的某个特定阶段的需要时。在其他的所有情况下，通常资金上的激励作用是相当微不足道的（CCSI，2015）。

即使投资激励可能会打破平衡，或者是起点缀作用（"蛋糕上的樱桃"），尤其在评估一个简短清单里的相似投资地点的情况下（CCSI，2015），投资激励不可能完全弥补某些基础条件的缺失，例如在其他相关因素中，一个相关市场的存在，足够的人口资源的可用性，政治稳定性。特别是，素来有争论认为投资激励不能够弥补不具有吸引力的商业环境，和基础设施差，法律、经济不稳定，政府管理不力，市场狭小的投资环境（CCSI，2015）。许多因素（或者决定因素）影响投资者选择投资地点的决定：与主市场的距离，邻近原材料，当地市场的规模，基础设施的质量，[7]财产权利的状态，合同法的存在和执行，腐败的程度，工厂的技术水平，遵守法律规定和其他政府程序的成本，国际贸易的壁垒，国家的宏观经济和政治的稳定性，以及资本和利润能否无限制的调回本国。所有这些因素都在投资者考虑的投资计划中，并且在很大程度上取决于国家的发展水平。[8]考虑到这些因素的重要性，我们有理由怀疑投资激励实际上是否能够有效影响投资者投资地点的决定。

即使投资激励在影响投资决定上能发挥一些作用，这个问题的答案考虑的是投资激励的效力（目前对此知之甚少）。本书会间接地探讨这个根本的问题，即提供投资激励的潜在利益能否证明成本支出的合理。即使投资激励不是多余的，他们也可能耗费巨资［在第六章，克拉科夫（Krakoff）和斯蒂尔（Steele）提供了一些成本的数目参考］，强调精确复杂的成本利益分析是多么重要（尽管是特别不重要的）。虽然建立一个综合的机制来实行这些分析不是本书的目的所在，但连续的三章（第八、九、十章）的确就如何在个案分析的基础上合理地评估成本和收益提供了指导。

对逐底竞争的控制

潜在的高成本的投资激励并不局限于各辖区所提供的措施。当各个辖区通过投资激励的授权来互相竞争时，他们会造成市场的扭曲［促进（投资者把）公司设立在比其他地区更不适合的领土上］，导致配置的低效，引起各辖区之间的竞争和紧张。托马斯（Thomas，2007）指出，次国家（如国家或国内层面）之间的竞争往往效率特别低，并会导致国内的投标战，这是应该要避免出现的。本书第六章,克拉科夫(Krakoff)和斯蒂尔(Steele)也探讨了涉及在国家和次国家层面上提供投资激励的各个方面。

不断发展的投资流动的自由化,和长期的缺少综合性的法规框架来监管各司法管辖区域利用投资激励吸引投资份额的情况,促进了投资激励措施不断地升级。尽管专家们达成一致观点,即为了减少投资激励措施的竞争(同时也应该潜在地提供特殊的灵活性政策给小国或发展中国家),政府间应相互合作,然而政府在决定提供何种条件给投资者时是不情愿交出“主权”的。这个类似于囚徒困境的情况[吉辛格(Guisinger,1985)是第一个将区域投资激励措施作为囚徒困境的案例进行分析的作者;可见托马斯(Thomas,2007)和本书第十一章]。许多管辖区域最后做任何他们认为是适当的事情时,造成了大量的难以承受的重大损失,减弱了他们与相对的潜在投资者的议价能力。

基于以上原因,在投资政策和投资领域中,区域投资激励措施是最具争议性的话题之一。政客们往往更确信他们比投资者和学者更重要。

然而,深入研究这个主题还是很有价值的,本书明确地阐明了一些概念问题;提供经验上的证据;讨论哪些方面应该纳入成本收益分析这个棘手的问题;反思监管制度,很明显,在实践中非常需要监管制度的,但其制定和实施却非常困难。与现存的单一学科的书相比,本书的另一个优点是:它提供了一个全面和多学科的角度,整合了来自法律和经济,还有政治经济学、可持续发展、地缘政治学和其他领域的贡献。

本书结构和小结

本书可分为四个部分:

第一部分界定了其余部分结构图景,介绍了书中一些主要概念,激励的种类,投资激励的主要定义。在第二章,安娜·特蕾莎·塔瓦雷斯-莱曼(Ana Teresa Tavares-Lehmann)在第一章引言中介绍了工作定义和考虑后,探讨各种各样、大大小小的投资激励措施,不仅包括了通常熟悉的金融、财政和法律的激励措施,也包括了那些较少得到研究、已被证明对形成投资决策具有特别影响的,由投资激励措施机构提供的经常被使用的信息和技术服务,其能够有效地吸引某些特定的工业和投资者。

萨琳安娜·M.伦丹(Sarianna M. Lundan)在第三章讨论了寻求市场开发、资源开发和能够提高效率的战略投资者,这对政府部门通过投资激励措施在吸引外商直接投资方面具有不同的含义。她特别讨论了在新兴市场寻求市场增长，寻求市场和资产投资增长，以及它们对投资吸引力的影响和投资激励措施的使用。

第二部分阐述了全球在不同司法管辖区域下各类投资中使用投资激励的情况。克里斯蒂安·贝拉克（Christian Bellak）和马库斯·利布雷希特（Markus Leibrecht）（第四章）深入研究了全球使用的两种投资激励：国际投资协定作为吸引外商直接投资普遍可用的制度性激励和财政金融研究和发展激励措施，以鼓励建立和扩大某些类型的投资活动。以下的两章则将我们带到特定的区域，探讨在区域背景下激励措施的使用情况。

在第五章中，菲利普·古格勒（Philippe Gugler）研究了欧盟及其成员国如何将激励措施作为一种策略来加强对外商直接投资的吸引力。重要的是，他还深入描述了欧盟为管理国家援助的使用和防止欧盟成员国进入破坏性竞争而建立的强有力的监管框架。然而，正如他还强调的那样，欧盟委员会关于国家援助的政策变得越来越灵活，允许成员国更多地使用激励措施，特别是在区域发展和研发方面。

相比之下，第六章描述了美国各州和市政当局相对不受管制地使用投资激励措施的情况；查尔斯·克拉科夫（Charles Krakoff）和克里斯·斯蒂尔（Chris Steele）描述了为投资者提供的"名副其实的豁免、补贴和信贷"。他们说明了州政府和市政府是如何利用以邻为壑的政策来吸引来自邻近或相互竞争的州或城市的投资的；最后，两位作者认为，唯一的赢家是公司，因为激励变得如此慷慨，其收益不会超过财政成本，而且实际上，所给予的激励与政府给予激励的结果之间没有明显的相关性。

在第七章中，塞巴斯蒂安·詹姆斯（Sebastian James）展示了一幅全球图景，并特别聚焦财政激励措施，以及它们是如何在世界各地各种高、中、低收入地区获得和管理的。此外，他还研究了投资激励的这些不同用途是如何随着时间的推移而演变的，它们在实现政策目标方面的效力，以及对治理的影响。

第三部分探讨了设计最佳激励方案的战略，以确保各国政府实现其政策目标并获得其资金的价值。在第八章中，路易斯·布伦南（Louis Brennan）和弗朗西斯·鲁恩（Frances Ruane）认为，不同地区应对其外商直接投资政策（包括任何激励措施）的设计采取综合办法，其促进或不促进外商直接投资的理由应充分纳入其更广泛的经济发展战略。因此，作者解释了不同地区应采用的激励设计原则，以确保所提供的任何激励措施不仅建立在外商直接投资政策的基础上,而且更重要的是,在总体发展框架内。

　　詹姆斯·詹(James Zhan)和约阿希姆·卡尔(Joachim Karl)在第九章中进一步建议根据一个地区的可持续发展目标和外商直接投资对可持续发展的潜在贡献重新设计激励计划。他们认为,这不仅有助于避免浪费或低效的激励措施,而且通过激励方案促进可持续发展,政府可以提高重要投资(如电力、供水、卫生和教育服务)的可行性,使穷人更容易获得和负担得起这些服务,并使司法管辖区成为更具吸引力的投资目的地。

　　在第十章中,艾伦·哈珀(Ellen Harpel)就政府如何(以及为什么)在设计投资激励措施时进行成本—效益分析提出了切实可行的建议。她参考了各司法管辖区的有关个案研究和例子,阐明了未能进行适当的成本—效益分析所带来的风险,并举例说明如何进行这类分析。

　　鉴于世界各地普遍使用投资激励措施,以及存在着无效和破坏性的区域和全球激励措施竞争的趋势,从而造成了一场“逐底竞赛”,本书的第四部分也是最后一部分着眼于避免这种零和结果的全球监管努力。在第十一章中,肯尼斯·托马斯(Kenneth P. Thomas)深入研究了三个国家——澳大利亚、加拿大和美国——的具体监管机制,评估了它们在控制有害的激励招标方面的有效性。这三个案例研究说明了为控制利用投资激励措施将现有投资或设施从一个分区域转移到另一个分区域所作的努力。笔者从这些案例研究中得出三个结论:第一,补贴过程必须透明,因为问责取决于信息的可获得性;第二,司法管辖区之间的自愿协议在实践中过于薄弱,因此各国政府应对其国家以下各级单位强制实施“不突击”协议;最后,需要在全球和不同利益攸关方之间开展对话,以期形成发展共识,对激励措施进行更全面的控制。

　　在这些主题的基础上,丽斯·约翰逊(Lise Johnson)在第十二章中研究了在国际或超国家一级使用的工具,这些工具有助于指导投资激励措施的使用。她认为这些工具在多大程度上过度管制旨在实现可持续发展目标的投资激励,例如鼓励投资于清洁技术的研究和开发,以及在多大程度上对更浪费的地点激励措施监管不足。

　　第十三章综合了该书的一些主要结论,并强调需要进一步研究和开展合作对话,以优化激励措施对可持续发展的影响。

注释

　　1. 这些激励措施定义经常在文学和刊物文章中被引用,例如被施德洛佛(2013)

引用。

2. 提供一揽子投资激励办法的理由往往基于这样一种论点，即它寻求刺激的投资对当地企业产生积极的外部性或外溢效应（横向／产业内和纵向／产业间）。Moran(2014)提到外商直接投资在经济增长、国内生产力、技术转让和共同创造、就业、出口、国内创业、人力资本形成、后向和前向联系、集群形成、结构变化和进入全球供应链等方面的积极影响。尽管最近使用最先进的方法和公司一级数据的经验证据表明，外商直接投资往往对当地公司产生积极的溢出效应，特别是在供应行业（Javorcik，2004；Blalock and Gertler，2008；Javorcik and Spatareanu，2011），但对于外商直接投资的这种积极溢出将成为现实并没有达成共识（Tavares and Young，2005；包括全面审查和相关案例研究，见 Meyer，2008 和 Moran，2014）。

3. 参见本书第二章，其中叙述了几项计量经济学研究，量化了激励措施的不同方面。

4. 除了市场失灵的论点之外，其他理由可能与理解政府提供的激励措施有关—特别是，而且已经提到，存在横向和纵向溢出形式的外部性。请参阅本书第四章，详细解释投资激励的不同理由和论点（以经济和政治经济学为重点）。

5. 尽管在过去几十年中，大多数监管改革确实是为了使投资环境更受欢迎，但最近采取了一种更加微妙的做法（Sauvant，2012；UNCTAD，2014），采取了比以前更严格的限制措施——即使仍然有大多数"欢迎"措施。

6. 事实上，对这一专题进行了相当多的实证分析（例如，Guisinger，1992；Brewer and Young，1997；Oxelheim and Ghauri，2004）。本书第二章提到了许多涉及这一主题的计量经济学研究。

7. 例如，在一项分析从西欧和美国流向中欧和东欧国家的外商直接投资的实验研究中，贝拉克、利布雷希特和达米扬（Bellak，Leibrecht and Damijan，2009）表明，基础设施是外商直接投资的一个更相关的区位因素，而不是税收，在各种基础设施类型中，信息和通信基础设施比运输和电力基础设施更具决定性。研究还发现，高税收的负面效应被良好的基础设施禀赋所抵消，这有助于提高跨国公司的生产率。

8. 例如，根据贝拉克、利布雷希特和施泰勒（Bellak，Leibrecht and Stehrer，2008）的说法，如果美国和西欧减少低技能工人的比例和劳动力成本，它们将获得更多的外商直接投资流入，而东欧国家则主要通过注重基础设施和研发政策获益。

参考文献

Bellak, C., M. Leibrecht, and J. Damijan. 2009. "Infrastructure Endowment and Corporate Income Taxes as Determinants of Foreign Direct Investment in Central and Eastern European Countries." *World Economy* 32(2):267—290.

Bellak, C., M. Leibrecht, and J. Stehrer. 2008. "The Role of Public Policy in Closing Foreign Direct Investment Gaps: An Empirical Analysis." *Empirica* 17(1):19—46.

Blalock, G., and P. J. Gertler. 2008. "Welfare Gains from Foreign Direct Investment

Through Technology Transfer to Local Suppliers." *Journal of International Economics* 74(2):402—421.

Brewer, T., and S. Young. 1997. "Investment Incentives and the Inter national Agenda." *World Economy* 20(2):175—198.

CCSI. 2015. "Investment Incentives: The Good, the Bad and the Ugly." *2013 Columbia International Investment Conference Report*. New York: Columbia Center on Sustainable Investment.

Cedidlová, M. 2013. "The Effectiveness of Investment Incentives in Certain Foreign Companies Operating in the Czech Republic." *Journal of Competitiveness* 5(1):108—120. Accessed May 2, 2015, http://dx.doi.org/10.7441/joc.2013.01.08.

Guisinger, S. E. 1985. "A Comparative Study of Country Policies." In *Investment Incentives and Performance Requirements*, by S. E. Guisinger and Associates. New York: Praeger.

Javorcik, B. S. 2014. "Does FDI Bring Good Jobs to Host Countries?" World Bank Policy Research Working Paper No.6936. Washington, DC: World Bank.

Javorcik, B. S., and M. Spatareanu. 2011. "Does It Matter Where You Come From? Vertical Spillovers from Foreign Direct Investment and the Origin of Investors." *Journal of Development Economics* 96(1):126—138.

Meyer, K., ed. 2008. *Multinational Enterprises and Host Economies*. Cheltenham, UK:Edward Elgar.

Moran, T. 2014. "Foreign Investment and Supply Chains in Emerging Markets: Recurring Problems and Demonstrated Solutions." Working Paper 14-12, Peterson Institute of International Economics, Washington, DC.

Mytelka, L. K. 2000. "Locational Tournaments for FDI: Inward Invest ment Into Europe in a Global World." In *The Globalization of Multinational Enterprise Activity and Economic Development*, ed. N. Hood and S. Young, 278—302. Basingstoke, UK: Palgrave MacMillan.

OECD. 2001. "Corporate Tax Incentives for Foreign Direct Investment." OECD Tax Policy Studies No.4. Paris: Organisation for Economic Cooperation and Development.

OECD. 2003. *Checklist for Foreign Direct Investment Policies*. Paris: Organisation for Economic Cooperation and Development.

OECD. 2008. *Benchmark Definition of Foreign Direct Investment*. 4th ed. Paris: Organisation for Economic Cooperation and Development.

Oman, C. 2000. *Policy Competition for Foreign Direct Investment: A Study of Competition Among Governments to Attract FDI*. Paris: Organisation for Economic Cooperation and Development.

Oxelheim, L., and P. Ghauri, eds. 2004. *European Union and the Race for Foreign Direct Investment*. Oxford, UK: Elsevier.

Sauvant, K. 2012. "The Times They Are A-changin'—Again—in the Relationships Between Governments and Multinational Enterprises: From Control, to Liberalization to Rebalancing." Columbia FDI Perspective No.69. New York: Columbia Center on Sustainable Investment.

Sbragia, A. 1996. *Debt Wish: Entrepreneurial Cities, U.S. Federalism, and Economic Development*. Pittsburgh, PA: University of Pittsburgh Press.

Tavares, A. T., and S. Young. 2005. "FDI and Multinationals: Patterns, Impacts and Policies." *International Journal of the Economics of Business* 12(1):3—16.

Thomas, P. K. 2007. *Investment Incentives: Growing Use, Uncertain Benefits, Uneven Controls*. Geneva: Global Subsidies Initiative. Accessed May 2, 2015, http://www.iisd.org/gsi/sites/default/files/gsi_investment_incentives.pdf.

UN. 2015. "Addis Ababa Action Agenda of the Third International Conference on Financing for Development," Addis Ababa, Ethiopia, July 13—16, 2015. Accessed July 30, 2015, http://www.un.org/ga/search/view_doc.asp?symbol=A/CONF.227/L.1.

UNCTAD. 1996. *Incentives and Foreign Direct Investment*. Current Studies, Series A, No.30. New York: United Nations Conference on Trade and Development.

UNCTAD. 2014. *World Investment Report 2014—Investing in the SDGs: An Action Plan*. New York: United Nations Conference on Trade and Development.

UNCTAD. 2015. *World Investment Report 2015-Reforming International Investment Governance*.

New York: United Nations Conference on Trade and Development.

Wells, L. Jr., N. Allen, J. Morisset, and N. Pirnia. 2001. "Using Tax Incentives to Compete for Foreign Direct Investment." FIAS Occasional Paper No.15. Washington, DC: Foreign Investment Advisory Service.

第一部分

投资激励——介绍

第二章　投资激励类型

Ana Teresa Tavares-Lehmann

安娜·特蕾莎·塔瓦雷斯-莱曼

本章根据激励定义和第一章总结的观点,梳理各国可用于吸引或影响投资者行为的投资激励类型。本章不打算依据激励效率(其成本是否被相应的收益补偿?)、有效性[1](其是否成功?)或其他标准评估不同的激励类型。因为本书其他几个章节已经处理了上述问题(例如第九章,其阐明了投资激励与可持续发展目标耦合的重要性)。本章也不打算解释提供激励的经济学原理(第四章将讨论该议题,说明采纳投资激励的理由,如市场失灵和市场溢出)。

本章首先反思若干因素。这些因素与理解为何采纳特定类型的激励措施、与理解关键交易的解决以及与理解不同方式或决定的赞成或反对意见相关。然后,本章核心部分解释用于吸引或影响投资者行为的激励类型(以及子类型)中的特定种类,并通过范例,补充解释对每种类型或子类型的界定。最后,本章就上述问题给出一些总结性评论。

激励的目的为何? 政策制定者的
关键战略决定和内在权衡

激励日益多面,这源自很多原因:投资激励服务于不同目的;同时,根据政策制定者的理念和目标,存在多种设计和管理投资激励的方式。

在制定有关激励的政策或做出有关激励的决定时,政策制定者因此将面临复杂的选择,且没有简单的路径可以遵循。在评估采取不同激励政策及一揽子计划造成的全面影响前,他们往往缺乏方法、能力甚至兴趣。此外,若其他国家不采取激励政策,在多数情况下,政策制定者往往不会实施激励措施。原因在于,政策制定者相信,在每个国家均提供激励的情况下,他们必须参与"竞争"方能把投资落户于其管辖范围内(Oxelheim and

Ghauri，2004；Young and Tavares，2004;本书第十一章)。

考虑到激励的多维性及适用激励的复杂性,可以按照下述特点对激励进行区分。

● **目的**:激励是打算吸引新投资者还是打算保留、深化或影响现有投资者的投资承诺? 也就是说,激励是否打算刺激初始、后续或特定的投资类型? 普遍认为,发达国家中的大多数投资均来自现存投资者,现存投资者已经对东道国经济了如指掌。如此一来,后续的投资就可以采取诸如增持公司股权(accruals to the equity of the company),收益再投资[2],或公司内借贷等形式(Dunning and Lundan，2008)被继续推进。因此,对政策制定者而言,问题在于是应该继续将赌注压在更"触手可及"的已知最好投资者上,还是试图吸引信息掌握较少的新进投资者? 这是一个关于投资者范围深化抑或是扩大的问题。即押宝于同一个(可能更易掌控)投资者还是多元化的(开放新的领域、新的部门等)投资者的问题。尽管特别照顾该地区现存投资者可能会增加该地区获取新投资项目的可能性,而且新的投资项目在增值功能上往往能做出更为深化的(投资)承诺(原因在于现存投资者不会面临新投资者所面临的信息不对称问题,且明了投资在该地区的益处),但是究竟哪种选择会更好,并没有简单的答案。应该明确的是,这种可能性的实现需要依赖于以下几个变量:例如在外商直接投资(FDI)情况下,其依赖于如下要素,跨国集团中跨国公司在当地所设立的子公司所扮演的战略角色(这是不是对跨国集团非常重要的子公司,是不是需要扩张)和当地子公司管理人员在跨国集团内所拥有的权力(如果管理人员有影响力,他们可能会劝说集团发起更多增值活动——也即在该所在地的后续投资)。

● **目标水平或歧视程度**:激励措施的范围有多大? 其适用标准又是如何确定的? 作为理想中的标准,例子有以下方面(注意其中部分例子之间密切相关):

● 依据部门;

● 依据投资者母国;

● 依据母公司类型(根据规模或营业额、技术和行业定位、在相关部门和重要市场的市场份额等);

● 在外商直接投资情况下,依据吸引的跨国公司子公司类型,通常基于子公司的市场、技术和增值范围(White and Poynter，1984);[3]

● 依据活动类型(研发、生产、销售等);

● 依据投资项目的规模、体量(就业数、投资的资金数额,或其他业绩标准）；

- 依据投资项目遵循高水平环境或劳工标准的程度；
- 依据投资项目促进可持续发展目标的程度（SDGs）（见本书第九章）。
- 就（激励）目标而言，爱尔兰就是一个典型的例子。爱尔兰准确地确定了（激励）行业（如微电子及后来的类似金融服务等可进行贸易的服务），使其与相关地区本地能力的显著发展相互协同，因而在预期的发展中带来大量外商直接投资，并造就美国跨国公司的高比率存在。
- 新加坡的例子，则诠释了把激励与明确针对特定投资者或特定行为类型选择整合起来所产生的积极效果（Oman，2000）。例如在地区总部（HQs）的目标选择和吸引上，通过持续的激励政策，将税收激励和其他措施（如赠予和贷款）结合，加上其他经济政策（包括人力资本形成）、良好的基础设施、政治稳定和其他条件（良好的学校、安全的环境等），新加坡为亚太地区吸引了数以千计的跨国公司总部。
- 荷兰，同样以相当优惠的税收制度吸引总部落户。在这一方面，爱尔兰和卢森堡如出一辙。正如布劳恩杰姆（Braunerhjelm，2004）所指出，由于总部是公司战略中心，因此吸引其进驻是非常值得的。特别考虑到，总部不仅仅扮演资金运营者的角色，而且还担负着诸如技术战略计划和控制等其他具影响力的功能。
- **自由裁量水平**：激励的管理是以规则为导向且自发的，还是根据临时情况单独协商得出的？是否所有可适用激励的条件和数量或百分比都能明确指明（如在一个投资法典中）？还是激励措施可以根据具体情况逐个商谈？前者的有利之处是管理简化和节省交易（信息和讨价还价）成本，且更为透明；后者则容许在感知投资价值时有更多弹性和"调整"（参见本书第七章）。然而，对如何客观和全面评估价值，则是存有疑问的。

例如，哥斯达黎加在其投资法典中规定了（投资激励的）条件。每个投资者可以事先知道其能获得多少激励。与之相反，葡萄牙则建立起涉及大型投资项目单独谈判的合同体制，开启了个别激励方案谈判之门。但是，即使像葡萄牙一般，存在相对可自由裁量的体制，其依然存在着对激励减让及一般指引和原则的限制（欧盟规则规定，如本书第五章所述），也正因如此，一直也存在着"有限制的裁量权"的主张。

- **时机**：投资激励措施是事前（实施）还是事后（实施）的？为此，其分别被称为前期（激励）和后期（激励）（CCSI，2015）。激励可以在投资做出前提供或在投资产生效果后提供。事前提供激励是基于对将来的期望，自然而然无法确认业绩。投资者较为喜欢这种激励，因为其不要求投资者承担证明某些业绩的责任。这种激励也催生更好的金融管理制度，因为其代表可预期的融资。然而，它们可能达不到预期效果，并因此招致机会主义、"自由散漫"或不那么成功的投资者的蜂拥而至，且无法提供期待的利益（见本书第七章）。

● **基础**：激励是与业绩相挂钩还是无条件提供的？该问题与事前或事后提供激励相关。如果激励与业绩挂钩，可以事前给予激励但同时规定增税补偿，或在关键业绩指标（KPIs）确认后给予事后激励。当中指标，可以依据出口目标、就业目标、设立某些像研发这样的活动或其他目标来设定。但是，如果事前给予激励，即便规定增税补偿，仍可能存在实施处罚或未满足关键业绩指标收回激励的问题。因此，理论而言，支持前者的成果较为普遍（CCSI，2015）。

但是，业绩要求也有不利方面，从管理角度而言，其成本过于高昂（如James，2009 所述）且常常饱受争议。例如，其迫使投资必须满足当地含量要求（Christiansen，Oman and Charlton，2003）。哥伦比亚可持续投资中心（CCSI，2015）认为，激励与业绩标准挂钩可构成最好实践，但需有充分的监督和执行机制。

● **模式**：激励是一次性支付还是分期给予？这与前述讨论的时间和基础问题相关，并且产生了同样的争论。

总之，所有上述选择（事前或事后；与业绩挂钩或无条件提供；一次性支付或分期支付）均是在对诸如价值评估重要性、透明度、简化和管理负担等关键原则以及问题进行仔细考虑的前提下做出的。价值或业绩评估作为一方面，与作为另一方面的透明度和管理负担之间存在一个明显的权衡问题。当投资激励不由一般法律界定，而由逐案确定时，由于很少涉及百分百的客观业绩评估，因此就会带来寻租和腐败的机会。但是，如果对每种情况都进行相关价值和业绩分析，管理成本也会指数级上升，这往往意味着，为使评估可行，需要巨大的数据收集和其他投入。由此，管理负担与实施这些激励政策或措施所需的费用和时间相关。这里所谈及的成本，通常是指与信息获取、议价或谈判、监测等相关的交易成本。

激励措施的类型和子类型

激励有很多类型和子类型。通常，政府提供一套或一揽子不同的激励类型。该一套或一揽子激励措施在不同国家甚至不同地区间变化很大。在论述单个激励类型时将讨论这些问题。

本部分研究均采用广义的激励概念。通常，关于激励的讨论较为狭窄，仅考虑金融和财政激励。在这两者间，财政激励在理论和实践研究中都获得了更多的关注(CCSI，2015)。

我们就通常考虑的金融、财政和管理激励(OECD，2003)进行界定并提供案例，但我们的讨论也包括两个其他帮助吸引投资或吸引某些投资落户到特定地区的措施：信息和技术服务与对内投资机构。涉及这些措施的理由将在讨论这些措施的部分进行解析。

金融激励

金融激励包括提供补助、补贴、贷款、工资补贴和工作培训补贴；创造新的及有针对性的基础设施；支持外派费用。正如受到资源约束的政府发现付款比放弃收款更难一般，相较发达国家，金融激励在发展中国家不太普遍(CCSI，2015)。

直接金融援助，是在投资公司作初始或后续投资时，政府提供给该公司的诸如贷款和补助。直接金融援助在投资公司不容易获得融资时对公司特别重要。金融激励可以是非偿还性的，也可能需要部分或全部偿还，有或无利息或额外费用。如前述，由于直接金融援助代表直接金融利益，投资者较为青睐，在投资者以一次性的事前给付方式获得相关的援助时尤为如此。

补助：是对公司某些符合条件的花费提供现金或补贴的金融支持之一种。补助数量可以巨大。例如据称，1996 年，德国陶氏化学投资项目每创造 2 000 个工作岗位，获得 80 万美元补助；1997 年，信科技术(一家电子企业)在美国每创造 250 个工作岗位，获得 50 万美元补助；1993 年，通用在匈牙利每创造 213 个工作岗位，便获得 30 万美元补助；1991 年，Ford-VW 在葡萄牙每创造 1 900 个工作岗位获得 25.5 万美元[Oxelheim and Ghauri 2004，II (表 3)；本书第六章有更多例子]。

根据奥克斯汤姆和高里(Oxelheim and Ghauri，2004)的观点，补助是欧盟和欧洲自由贸易联盟成员国在 20 世纪 80 和 90 年代所提供的最为重要的激励之一，特别被用于补贴资本的形成。它们特别被用于制造业项目和汽车、电子与半导体产业。

贷款：是另一种优惠或非优惠的金融激励。优惠贷款是比市场条件更优惠的直接贷款(如更低的利息、更长的优惠期或是两者的混合)。通常，它们涉及与银行的协议。非优惠贷款是基于市场利率而提供的贷款，与商业贷款提供的条件相同。当信贷不是普遍可获得时，其对没有良好资本结构或大量资产用于抵押贷款的中小企业（SMEs）特别重要。佩雷拉（Perera，2014，5）认为，"贷款在20世纪90年代和21世纪被广泛使用"，但是作为与主权债务相关改革的结果，其重要性在欧盟和美国已经大不如前。伯格、杰克里和罗杰克（Burger, Jaklic and Rojec, 2012）的研究则提供了斯洛文尼亚外商直接投资共同筹资补助计划的有趣案例。该案中，斯洛文尼亚为符合条件的投资者提供贷款（按共同筹资角度，涵盖部分投资）。

除了上述频繁使用的补助和贷款类别，金融激励（主要以特别补贴形式）包括以下方面：

● **职位培训补贴**：例如资助公司的被培训人员，或对新招聘的员工（更常见归因于增量就业影响）或公司已有员工提供培训补贴；在欧盟，这些措施在较低人均收入地区或正进行结构变化或产业复原的地区被频繁使用。欧盟很大一部分结构性资金用于该种类型补贴；欧盟社会基金（ESF）管理用于激励培训的补贴。

● **基础设施补贴**：该补贴是增加地方吸引力的最佳方式之一。在此，作为一种投资激励，基础设施补贴某种程度上需与一个特定投资者相关，而不提供给所有投资者。然而，该补贴可被其他参与者所分享（如一个地方为改善道路而支出的新投资）。它们可以包括提供物理的基础设施（如公路、港口和铁路）或土地让与以及若干类型的基础设施改进。欧洲区域发展基金（ERDF）支持若干基础设施发展项目，若相关项目位于"集聚"或经济萧条地区，支持尤为如是。但上述激励意在用于改进该地区普遍的竞争力和福利，而不是意在帮助某个特定的投资者。然而，在许多情况下，在普遍接受的法律论争下，政府可能事实上有选择性地提供基础设施以有利于特定的投资者或投资者集团（如那些在一个新的产业园设立运营机构的投资者；那些受益于其所在地特别改善的道路、港口和机场等的投资者）。

特别值得注意的是，提高劳动力质量水平或基础设施水准（通过工作流动、或分享改进的基础设施）的补贴，比仅针对一个公司、但不能对其他行动者产生溢出或积极外部性效应的措施，往往会对当地经济有更多有益的影响。

● **用于组织任务的开支**：这些基金能使投资者走访其打算开办商业或意欲深化投资承诺的市场。同时基金也支持与之（目的地）相反的互动，即商界领导或意见领袖走访东道国。在欧盟，这种基金经常来自用于提高产业竞争力和国际化的欧洲基金,但它常用于集体倡议以避免国家援助立法问题(本书第五章和第十二章会更详细地描述国家援助)。

● **政府股权参与**:例如,该措施已在 20 世纪 80 年代在澳大利亚使用,并常被包装成一个合资企业(Oxelheim and Ghauri,2004)。据说,在"政府所要求的收益率低于资本市场所要求的收益率"时,其涉及一项补贴(Oxelheim and Ghauri,2004,27)。

● **贷款担保**:贷款担保可能是一种补贴形式。这些措施在法国、冰岛和瑞典很普遍(Oxelheim and Ghauri,2004),目的在于帮助缺乏相应担保的公司从可能不愿意借款或可能愿意以更高利率借款的借贷机构举债。

财政激励

财政激励是偏离普遍税收法律法规的、对符合条件的投资项目提供税款的一种优惠(Fletcher,2002),目的是提高某一投资的收益率或通过削减税收负担降低其风险和成本(OECD,2000)。财政激励包括更低的税收和税收全部豁免两者。就东道国政府而言,它们等同于收入的放弃或延期。出于该原因,学术界将其称为"税收支出"(Anderson,2008;OECD,2010)。

如前所述,财政激励常被认为是使用最为普遍的投资激励类型(CCSI,2015;本书第七章),因为它们在发达国家和发展中国家都很普遍。[4]在发展中经济体,财政激励经常是所能提供的仅有激励类型,因为这些国家不像发达经济体一般,坐拥金融资源从而能提供完全的金融激励。

因此,税收政策被用作吸引投资及从投资获利的工具(Tavares-Lehmann,Coelho and Lehmann,2012)。这意味着东道国应缴税收的削减、免除或延期,以及税收政策以诸如利润、分红和版税这类收入作为来源。这类激励也可以采取税收抵免的形式开展。

明白无误的是,税率差异可能导致不同税负水平地区间的利润转移,影响子公司汇往总部的股息数额,以及最重要的,影响跨国公司的投资分布(Hines,1999)。虽然在外商直接投资分布于各国的环境下,这一判断十分明显,但是由于跨国公司能在不同税收管理区之间进行选择,因此在国内地方当局能实施不同税收负担情况下,税率差异也可能影响国家内的投资〔例如,在美国;如 Hines(1996)所证明的那样〕。

财政激励有下列子类(UNCTAD,2000;Fletcher,2002;Morisset,2003;Tavares-Lehmann,Coelho and Lehmann,2012;CCSI,2015;本书第七章)。

● **避税天堂**,其压制直接的所得税,依靠与消费相关的税收。对投资者而言,这可能是最为慷慨的财政体系。包括拉美的巴拿马、欧洲的卢森堡和河间岛、特克斯和凯科斯群岛以及其他数个加勒比地区,均被认为是避税天堂。

但是上述地区存在一些细微的差别,因为避税天堂是一个包含非常不同现实的总称。例如,在一些地方,非居民较之居民拥有特别的税收优惠;而在其他一些地方,税收优惠仅适用于在其他市场的活动中所得到的收入;在另一些情况下,税收安排甚至是可以与一个投资者或投资者集团进行谈判的。(例如可以参见卢森堡的谷歌诉讼案)。

● **免税期**,是符合条件的新设公司可以在一定期限内免付公司所得税的一种措施。免税期的好处是简便,投资者守法成本低以及税收官员的行政成本低。[5]而其危险在于可能奖励了一旦免税期到期则迅速转移到另一个地区的非固定性行业。由于其被认为十分僵化,免税期是最有争议和最受批判的工具之一。

提供完全的免税或免税期是出口加工区(EPZs)和特殊经济区(SEZs)的普遍做法,这在若干中低收入国家中十分普遍。

一个免税期的例子是哥伦比亚旅游业投资体制,其提供 30 年所得税豁免:"一旦 2003 年全 2017 年底期间建设、改造和/或扩建的旅馆开始提供服务,免税即开始生效"(ProExport Clombia,2014,1)。

● **削减公司所得税**给符合条件的投资者带来更优惠的税率。中国香港、柬埔寨、马来西亚、爱尔兰、爱沙尼亚、哥斯达黎加和许多其他地方已采用此种类型的措施,这也是新加坡用以吸引跨国公司地区总部的激励方式之一。

● **投资税收抵免**可以是扁平的(某一年份投资固定的百分比作为抵免额度)或增加的(超过某一门槛或水平或动态平均数的费用之固定百分比作为抵免额度)。投资者因此有动机去产生特别的开支,该情况在没有上述抵免时不会产生,这就导致了潜在的不必要的或非战略的过分投资。投资税收抵免常用于鼓励研发投资(如本书第四章所描述)和刺激出口。

● **损失结转**允许对特定年份之后或之前的损失进行结转。这对在最初几年因渗透市场或增加生产而造成损失的投资者作用显著。

● **投资补贴**则是基于投资百分比的应税所得减免(折旧)。因为投资补贴减少了应税所得,其对投资者的价值取决于适用于征税基础的公司所得税。符合条件的投资者可有更快或更优惠的核销。如贝拉克(Bellak)和利布雷希特(Leibrecht)在本书第四章所述,投资补贴在研发投资中被广泛使用。

● **加速折旧**是一种投资补贴,公司可据此在一个比资本有效经济生命周期更短的期间内核销资本费用。

● **提高扣除额**是另一种类型的投资补贴,凭此,公司能要求扣除许多实际资本成本。

● **削减国外所付股息和利息的税率**降低了投资者汇往国外股息和利息所要付的税。这种措施对来自像美国这样有世界性税收体制的国家的投资者特别有用。

● **对长期资本收益的优惠待遇**允许所保留的资本收益在某一最低期限内以比短期资本更低的税率课税。这有利于在一个地区持续更长时间的投资者,对新设企业存在潜在不利。

● **零关税或减少关税**是对投资项目所需设备或配件取消或减少关税的措施(尽管这不是针对投资者的措施,但却是降低未在东道国投资的竞争者竞争力的"镜像措施")或增加最终产品进口关税的措施。这些措施常在出口加工区和采掘行业使用,在东南亚非常普遍。然而,根据世界贸易组织(WTO)规则,这类措施的合法性是有争议的。

国家和地方政府通常使用一组上述类型的财政激励以便吸引某些投资和/或改变某些投资行为。降低公司所得税一直是最为普遍的激励(Becker and Fuest,2009)。数据显示,在20世纪年80年代早期,经合组织国家的平均法定公司所得税率大约为50%,至2000年下降至35%以下(Devereux, Griffith and Klemm,2002),在2009年约为26%(OECD,2010)。然而,这些平均数隐藏了不同类型投资者之间的广泛的差异和差别待遇。

税收竞争的实证证据来自世界各地(Yao and Zhang,2008;本书第六章)。这种竞争既存在于国家之间(Davies and Voget,2008;Hansson and Olofsdotter,2008),也存在于国家之内,这可从美国各州之间(Oates,2002; Gurtner and Christensen,2008;本书第十一章)和巴西各州之间(Christiansen, Oman and Charlton,2003)的例子中得到证实。

在爱尔兰,实施税收激励非常普遍。自20世纪50年代以来,爱尔兰政府一直实施通过采用重要税收激励吸引外商直接投资的政策。1982年之前,爱尔兰政府对出口导向的外资制造业子公司所有新的销售适用一个充分的免税期。这之后到2002年前,针对上述公司的所有制造业利润,其享受10%的自动优惠公司税,而不考虑该制造业利润来自何处(Oxelheim and Ghauri,2004)。自2002年以来,受到来自欧盟的压力后,爱尔兰对所有公司商业活动适用12.5%的公司税。欧盟持续的施压使得爱尔兰放弃优惠税率。

在美国，特拉华州和内华达州是采用激进性税收政策的典型例子。部分由于其优惠的税收规则不仅适用于外国实体，同时也适用于国内的公司，特拉华州是差不多 100 万个商业实体法律意义上的所在地，当中包括超过50％的所有美国上市公司和 60％的财富 500 强公司。[6]很清楚，这是一个全面的措施，仅仅将其视为一个狭义和歧视性的激励措施（在一个管辖区内）是有疑问的。但毫无疑问的是，这些州（在与其他区域比较时）优惠的税收已经显著地影响其接收到的投资规模。本书第六章更深入分析美国不同州所提供的税收激励。

回到公司总部区位地这个例子，其复杂和多维度的过程受不同因素影响。总部所在地的决定对政府所能提供的激励是敏感的（Boddewyn and Brewer，1994），不同的激励可能会有影响（Braunerhjelm，2004）。各种税收政策是最常用于吸引总部落户的激励。如前所述，东道国对公司总部感兴趣，因为它们通常是跨国公司在一个区域或全球市场的战略中心。然而，有些总部仅发挥金融的作用，因此这些激励有多大"作用"必须取决于总部实施的功能类型。新加坡、爱尔兰和荷兰是有着明确把总部作为目标战略的国家的突出例子（荷兰可能是欧洲最近最受争议的例子）。如以上所阐述，上述国家主要依靠税收激励以及退而求其次的金融激励而实施。

许多实证和计量经济学研究已深入探究财政激励在吸引投资上有多少效用的问题（各种评论见 De Mooij and Ederveen，2001，2008；Raudonen，2008；Tavares-Lehmann，Coelho and Lehmann，2012）。虽然早期的研究［倾向于定性和实证，在定量时倾向于对税收激励使用现期的测算替代物（now-dated proxies），如简单的公司税收］和新近的研究［计量上更为严格，对税收使用更多的（more-encompassing）测算替代物，如双边有效平均税率（BEATRs）］之间存在明显界限，但是关于财政激励效用的成果通常是模棱两可的。一方面，前者大多［Guisinger（1985）是个例外］倾向于认为财政激励对投资所在地的决定不相关或不重要，而后者普遍认为税收是影响外国直接投资的重要因素。转折点似乎为像德弗罗和格里菲斯（Devereux and Griffith，1998）；阿尔舒勒、格鲁贝特和纽纶（Altshuler，Grubert and Newlon，1998，2000）；以及格鲁贝特和穆蒂（Grubert and Mutti，2000）这些学者已使用有效平均税率（EATRs）。穆蒂和格鲁贝特（2004）提供了有趣的细微差别，其经验估计表明，导向出口市场的投资对东道国税收特别敏感，这种敏感度在发展中国家比在发达国家更大，且随时间变得更大。

更为新近的研究，比如贝拉克、利布雷希特和罗密施（Bellak，Leibrecht and

Römisch，2007)，爱格、洛雷茨和普法菲梅耶（Egger, Loretz and Pfaffermayr，2008)，以及贝拉克、莱布雷希特和达米扬（2009）都使用双边平均有效税率作为衡量税收的指标。研究发现，外商直接投资流入与税收显著负相关。虽然这些研究大部分主要针对发达国家，但是研究仍然发现，发展中国家如此广泛使用的税收激励措施仍然有效。而且，即使有效性得到了证实，问题仍然在于税收激励是否值回其所固有的成本（例如，税收激励可能将资金从必要的诸如在基础设施和教育方面改革中分流出来；在国家方面预算，当税收较低时，支出也可能要低一些）。对可持续性的影响也可能受到质疑（有关需要将可持续发展目标纳入激励等式的更多细节，请参见本书第九章）。

对一些经常引用的计量经济学研究的考察，可以证明两个不可否认的事实：难以找到关于投资"细粒度"的数据（由于不透明和缺乏透明度，或仅仅是由于不披露有组织和详细的信息）（根据第一章中给出的定义，理解为针对特定类型或投资者群体的针对性、选择性措施），以及衡量投资的复杂性。在大多数情况下，当试图评估吸引投资的税收激励措施的相关性以及投资特点和模式的重新安置或变化时，这种激励措施代表更多的是宏观措施，而不是所期望的、通常意义下的税收指标或税率，包括从法定税率到双边平均有效税率，往往甚至包含几个这样的措施的组合。例如，比特纳和鲁夫（Buettner and Ruf，2005）测试了边际、法定和有效平均税率对地点决策的预测能力。他们还提出了一个非常重要的问题："关于税收对地点决策影响的证据匮乏可能是由于相关分析不能使用总体外商直接投资数据而是需要使用通常难以获得的有关个别跨境直接投资的数据而实施造成的。"（Buettner and Ruf，2005，1)。[7]这一发现明确强调了税收、税率和税收优惠条款互换使用的方式。在许多文献中（尽管它们是严格的不同概念）以及关于税收激励措施和投资措施的一般可用数据的缺陷[必须指出，比特纳和鲁夫（2005）的论文只关注外商直接投资，而目前的数据则采用了与国外和国内投资激励有关的更广泛的观点]。

此种不同概念的可互换使用，导致了使用大规模数据集、基础广泛的计量经济学工作。就上述数据集而言，如果目标是揭示目标税收激励的影响，则这些数据集通常采用更为一般的税收激励的测算替代物，而并非实际希冀得到的测算客体。可能起作用的另一个方面是，在其中一些研究中，税收激励的概念比本书中使用的概念更为广泛，当中就包括一般低税率作为投资激励。[8]

尽管有上述限制，与其他类型的激励相比而言，对税收激励的实证（计量经济学)研究更多。而这些大范围的计量经济学研究的优点(与仅涉及特定案例的工作相比)在于,其不仅仅基于个人情况和纯粹(但往往是有趣的)轶事证据,这些证据会妨碍概括相应的结论。同时,虽然这些基于计量经济模型的大规模研究并不完善,但它们却很有用,因为它们突出了一般趋势,并提供了税收措施对投资变量的影响。对于其他类型的激励措施(例如金融激励),寻找适当数据的难度更为明显,[9]而基础广泛的研究往往不可行。这突出表明需要更好地提供关于针对特定公司的激励措施的公司层面数据,以及使用有针对性的激励措施和由有和没有接受它们的公司进行的特定投资的数据进行进一步和更相关的计量经济学研究。[10]

监管激励

监管激励是"通过豁免国家或地方规则及规范对企业的适用,从而吸引企业的政策"(OECD, 2003, 17)。实践中,相应的豁免通常意味着在环境、社会和劳动力市场方面放宽对投资者的相关要求。其可能包括诸如放宽劳动条件要求(贬义上指社会倾销)或者企业的环境责任(通常被标榜为环境倾销)。

就劳工标准而言,基于劳动合同灵活性和减少无工资劳动力成本而进行的对内投资竞争已在近几十年来深度影响经济合作与发展组织经济体(以及美国各州政策)(OECD, 2001)。经济合作与发展组织(2001, 7)同时认为,发展中国家的部分行业更容易受到降低劳工标准的影响,例如,那些从事低技能就业的行业部门往往会吸引更多自由行业,如纺织品和服装。国际劳工组织(ILO, 1998)认为,监管竞争最为有力的证据可能是自由贸易区的建立。自由贸易区(FTZ)提供更为宽松的劳工法规,以吸引电子、服装和鞋类等轻工业进驻。自由贸易区在东南亚尤为普遍。

然而,经验证据之缺乏导致对是否存在监管"逐底竞争"缺乏明确的结论(Brown, 2000;UNCTAD, 2001;OECD, 2003),也缺乏强有力的迹象表明严格的环境或劳工标准与投资流入负相关(OECD, 2001, 10)。

给予上述豁免的其中一种方式是通过投资者—国家合同中所包括的稳定性条款。这些条款旨在使投资者不必服从于在规定期限或合同期限内增加经营成本的法律之变更。它们可以起草以涵盖法律的任何变化,但最常见的是适用于财政框架的变化。监管激励措施也可以通过各种其他渠道授予,包括通过投资者合同中的条款落实。与国内法规定相比,这些条款赋予投资者更多权利或保护。根据这些合同谈判中适用的流程,可能存在大量的自由裁量权被滥用且透明度缺乏的情况,必将引起对效率和问责制以及本书其他部分强调的问题的关注。

同时,也可以通过法律形式提供监管激励。例如如上所述,建立自由贸易区或其他经济特区的法律可能规定,关于劳工、税收或其他问题的一般法律框架不适用于自由贸易区,从而激励投资这些领域。此外,投资法在发展中国家比发达国家更常见,通常起草这些法律是为外国投资者提供特殊的实质性或程序性权利。

提供监管激励的第三种方式是通过国际条约。例如,一定程度上,国际投资协定(IIAs)可以被视为是一种监管激励措施,因为其为外国投资者提供超出东道国国内法给予的法律保护(本书第四章和第十二章将做进一步讨论)。

如此处所述的监管激励与更广泛的监管框架中的其他投资者友好要素之间存在重要区别(正如财政激励与有利的财政制度之间以及基础设施激励与支持性基础设施的一般投资之间存在区别)。如上所述,几乎没有证据表明降低环境或劳工标准实际上会导致投资增加。[11]但毫无疑问,公平、透明和可预测的监管框架对投资者具有吸引力。实际上,监管框架的特定方面,例如财产法保护的强度和公司法原则等,对投资者的区位选择和行为决策至关重要。然而,适用于所有投资者的法律和程序体系(与针对特定投资区或指定行业或公司制定的法律和程序相对)不属于我们对投资激励的定义。

信息与技术服务

考虑到第一章采用的激励措施之定义(“投资激励措施是旨在影响投资项目的规模、区位、影响、行为或行业的针对性措施,而勿论该项目为新项目或现有业务的扩张或重新安置”),信息和技术服务可被视为是投资激励措施。

尽管这一措施与前三类(金融、财政和监管)措施的性质不同,但提供信息和商业情报以及各种技术支持服务无疑可以刺激投资(Oxelheim and Ghauri,2004)并影响投资区位模式和相关的投资者行为[例如,投资数量,关于招聘和供应链的决定;斯帕(Spar,1998)关于英特尔在哥斯达黎加投资的研究突出了上述方面]。即使其对项目回报率的影响不是直接的或立竿见影的,这种措施也可能会间接地或在较长的时间范围内影响回报率(例如,通过激励投资者选择更有效率的供应商,建立更好的联系如卓越中心或大学等本地参与者,或免费或以更便宜的方式获取市场信息)。

提供这种措施的目的是为了减少投资者由于对东道国经济不熟悉而造成的信息不对称。值得注意的是,投资者缺乏关于市场条件、法律和司法体制、经商方式、商业文化、潜在合作伙伴等的信息。由于外国投资者海外投资时面临"陌生成本"(Hymer,1976),这使得其在所有其他因素不变情况下,与当地投资者相比处于劣势。所有这些导致信息不对称的因素和"外国责任"(Zaheer,1995)都充分地包含在"心理距离"(Johanson and Vahlne,1977)的概念中,并增加了成本和风险。[12]因此,任何有效降低信息不对称,并导致某些投资者(或投资者群体)在东道国经济中更加成功的运作均可以降低成本和风险,从而影响项目的回报率。

提供信息的理由基于两方面(Buckley et al.,2010;Sundaresh,2012):(1)由于信息具有公共产品的特征,私营部门对这类信息的支配不足通常导致市场失灵;(2)政府在提供信息和提供技术服务方面享有规模经济效益(Copeland,2008),消除了私人公司必须自己生成上述信息时发生的资源重复浪费。

正如已经指出的一般,填补这些信息差距可以降低投资者面临的风险,允许投资者更好地评估其业务计划的指标。在其他条件均等情况下,相比措施对大型(即更具资源性)和更全球化的跨国企业的重要作用,措施对于中小企业和缺乏经验的投资者更为重要。

信息/商业情报和技术服务可以免费或收费。信息或服务越具体,投资者支付对价的可能性就越高(例如,在葡萄牙,投资者可以自由地获得关于市场的一般信息,但是特别设计的培训课程则可能需要投资者投资或需支付费用)。

信息和技术服务可以在投资项目的不同阶段提供:(1)在规划阶段——在投资之前,或甚至在确定具体机会或确定投资之前;(2)投资项目实施或设置阶段;(3)投资项目实施后(当时他们被称为善后或公司发展服务)。

与政府或更通常由代理机构提供的投资相关信息和商业情报的例子,包括获取与投资过程相关的各种主题,例如投资环境;宏观经济背景、行业/部门相关数据、市场特点、立法、投资机会、与供应商、客户、大学/研究中心或资金来源建立伙伴关系的机会的数据库,报告和出版物。

研讨会,网络研讨会,培训课程和计划,工作坊,会议和其他事件。

就投资相关的技术服务,通常称为技术援助而言,例子包括:

建议或咨询(例如,对自然资源或基础设施投资特别重要的技术评估和

调查;财务分析;市场评估;尽职调查服务;可行性/可行性研究;以及关于投资程序的建议);

筹备和持续服务(例如法律和会计服务);

活动的组织(例如短途旅行,市场访问,对潜在投资者进行实地考察)以及相反的活动(例如,记者和舆论者访问东道国经济,以传播投资该地点的优势);

配对服务(例如,识别合作伙伴并让投资者与他们或与投资过程相关的其他参与者和主要参与者联系);

游说国际组织/实体;

业务便利化,或减少官僚主义及行政成本;

后续护理服务[例如,通过促进联系和供应链发展战略,或通过支持现有投资者的再投资来帮助"嵌入"跨国企业(Loewendahl,2001),引发投资引导,增加对东道国投资的价值]。

由政府和代表投资吸引力的机构提供商业服务的例子很多。几乎所有机构都以某种形式提供信息(例如,韩国的 Kotra 提供非常全面的出版物和召开研讨会,爱尔兰投资促进机构和其他机构也是如此)。

后续服务可能至关重要(Young and Hood,1994),但其往往被忽视,以致错失机会。因为普遍接受的观点是大多数投资项目都来自现有投资者。就后续服务方法而言,有前瞻性和反应性两种。后者仅仅代表"在那里"的服务理念,并且只有在投资者提出要求时才提供帮助,而前者涉及的则是提供更加动态和周到的、主动调动的服务。后续服务的援引与售后服务的援引相似(Loewendahl,2001)。它们可以是战略性的、信息性的,一般的供应方服务(Young and Hood,1994;Loewendahl,2001),并且可以是多种多样的。

后续服务方案的主要困难在于它们代表了一系列具有挑战性和资源密集性的活动。其涉及连续性(考虑到选举日程和机构变化,连续性不总是容易保证)、提供者的可信度,服务质量的一致性(因为它们涉及很多信任),以及雇佣相当多的人力和财力资源。爱尔兰的国民联系计划(自 20 世纪 80 年代中期实施以来)通常被认为是一个成功的例子。其目的是改善跨国公司子公司与国内公司或实体之间的联系(通过提供原材料或组件,提供服务,与大学和研究中心建立联系等)。其他国家如马来西亚和巴西也开发了类似的联系项目(Giroud and Delane,2008)。

投资促进机构在吸引投资方面的作用

学界已着重强调了体系性环境对吸引投资、特别是对外商直接投资的重要性（Henisz，2000；Morisset，2003）。为对内投资者提供一站式服务或单一联络点的做法已能被视为刺激投资的因素（Morisset，2003）。这一体系之存在经常与其核心任务之一的投资促进任务相互关联。根据我们在第一章中的定义，只要投资促进机构的行动关注特定投资或投资者或以其为目标，该活动就可被视为一种激励措施。

分析投资促进机构在吸引投资者及投资中扮演的角色的研究汗牛充栋。摩里瑟特（Morisset，2003）在其以实证主义方式分析不同国家投资促进机构有效性的尝试中，分析了58个国家的情况。其总结认为，投资促进机构在影响投资决定时发挥效用。然而，这一结论仅仅是对诸如投资环境质量和国家市场规模等关键因素的补充。摩里瑟特的研究发现，在发展水平较高以及拥有良好投资氛围的国度，投资促进可发挥更为有效的作用。在投资氛围难以启齿的国家，投资促进则会适得其反。摩里瑟特同时总结认为，投资促进机构的有效性受其承担的活动或职能范围的影响。这些活动或职能可以区分投资者，在这种情况下，投资促进机构无疑提供与信息和服务相关的激励措施。

韦尔斯和温特（Wells and Wint，2001，4）将投资促进定义为"传播有关投资网站信息或尝试创建投资网站形象并为潜在投资者提供投资服务的活动。"根据摩里瑟特（2003）的观点，该定义突出了投资促进机构最为相关的两个合理特点：（1）信息得以传播及交流。（我们认为，若相关信息是有指向及特定的，则可扮演投资激励的角色）；（2）协调旨在改善东道国商业环境的大多数活动。因此，信息和协调问题是设立投资促进机构的首要理由，从而一个方便及富有能力的实体可以成为说服投资者在东道国经济中找到或获得某些活动的额外动机。[13]

综合以前的研究，莫兰（Moran，2014）的研究非常有效地强调了投资促进机构对外国市场推广的积极努力与外国直接投资吸引力的相关性[韦尔斯和温特（2001）以及摩里瑟特和安德鲁斯·约翰逊（2003）也强调了这一事实]。哈丁和哈沃克（Harding and Javorcik，2011）的研究为这一现象提供了经验证据。该研究分析了109个拥有近期行动计划的国家和31个设有这种组织的国家样本，他们发现，支持"近期行动计划"对外国直接投资流入的积极和重大影响，特别是在"近期行动计划"所针对的部门。[14]

在后来的相关研究中,哈丁和哈沃克(2012)再次提出,投资促进会产生更大的外商直接投资流量。对于信息不对称严重且官僚机构复杂的地区而言,情况更是如此。他们还认为,投资促进对发展中国家的重要性比投资促进对发展中国家的对手(发达国家)更为重要。然而,哈丁和哈沃克(2011)认为,外商直接投资促进是任何外商直接投资吸引措施方案中一个相当无争议的组成部分,也是一种非常具有成本—效益的措施;他们甚至描述了他们称之为"毛估"的成本—效益计算,并得出结论:"花在投资激励上的1美元带来了189美元的外商直接投资流入"(1447),并且(在投资激励中)创造每一工作的成本是78美元。

结　　论

激励措施是实现目标的工具。其意思是说,其作为胡萝卜,可以利诱投资流向特定行业或区位,或者是引导投资者行为。正如本章所见,其有若干种类与偏好。通常而言,国家选择提供一揽子激励措施,整合不同的措施以吸引投资并从中获益。但是激励措施发挥作用是需要特定基础(诸如政治、经济、社会稳定以及制度质量最低门槛等宏观和有利条件)与之配套的。同时,也需要诸如反映了投资动机的多样性的市场相关因素或其他因素(投资动机多样性将在第三章中予以展开论述)等更有形的投资决定因素与之相配合。

所有激励措施均是有效的,这一判断并不显而易见(正如韦尔斯和艾伦对印度尼西亚所做的实证研究所表明的那般[15])。更为不显而易见的是,所有激励措施均是高效的。但是,各国仍然选择采用激励措施,原因在于各国均在竞赛,争先恐后地提供投资激励。其中,正在探索的新方向就包括尝试将激励措施与可持续发展目标联系起来(UNCTAD,2014;本书第九章)。为创造政策激励的公平竞争环境,大家同意至少设立一套最低限度基本原则。对此述做法的优势,已有一些讨论,但正如本书第四部分所述,迄今为止,努力仍然不够。

注释

1. 虽然特定类型的投资激励措施(例如财政激励)并非本章讨论核心,但不应忘记其有效性,因为本章明确提到了对该激励有效性的计量经济学研究。

2. 正如联合国贸易与发展会议(2013,33)提及的,"三分之一的对内外商直接投资收入保留在东道国内,作为构成全球外商直接投资流入主要组成部分的再投资收益"。

3. 就此,可以考虑三种主要的子类(White and Poynter,1984;Pearce,1999;

Tavares-Lehmann，2007）：复制性子公司或多国化子公司（市场导向，现已不常见）；被合理化的子公司（作为效率找寻者的出口商，通常缺乏自主性和高附加值，但其在就业和出口量方面，即数量标准方面，可能很重要）；创造性的子公司/产品授权（出口商，开发产品或创新产品和流程到国际市场，如果优先考虑投资质量，这是一个非常理想的附属类型）。

　　4. 这并非无可争议。正如本书第一章所述，刺激外商直接投资地点的最受欢迎措施的另一个备选项是信息和技术服务，但其应用则很难被证明。

　　5. 可能有人认为，它们需要相同的政府管理，以避免成本转入税收期。

　　6. 据《纽约时报》报道，"1209 North Orange 是不少于 285 000 个独立企业的法定地址。其注册使用者包括美国航空、苹果、美国银行、伯克希尔哈撒韦、嘉吉、可口可乐、福特、通用电气、谷歌、摩根大通和沃尔玛等巨头。这些公司在全国和世界各地开展业务。它们在北奥兰治 1209 号只有邮政信箱。而且，最后一次统计显示，特拉华州的公共或私人企业与人口的比达到 945 326 比 897 934"。

　　7. 詹姆斯（James，2009，4）通过发展中国家的案例特别强调了这一事实，并强调了其他重要方面或数据的限制："激励政策的变化通常与影响投资行为的其他变化（如宏观经济重组）同时发生。这种同时性使得分析具有挑战性，因为很难将投资变化归因于激励的变化。但是，通过仔细选择所研究的激励改革，可以解决其中的一些问题。关于发展中国家投资的计量经济学研究的另一个重要问题涉及投资的衡量。由于缺乏关于这些国家投资的良好数据，因此很难估计一般激励措施和特别是税收激励措施的影响。虽然外国直接投资的衡量指标更好，但国内资本形成总额的衡量标准尤其薄弱。最好的投资数据来自公司，但这些数据在发展中国家很少见。"

　　8. 克莱姆和范帕里斯（Klemm and Van Parys，2009）测试各国是否以与税率竞争相同的方式竞争税收优惠。研究人员发现，以其研究中的发展中国家为例，特定的免税期和一般企业所得税税率对投资的影响会受到同样的影响。他们还明确指出"税收激励措施的数据很难收集。（Klemm and Van Parys，2009，4）

　　9. 这可能是因为，一般政府均不希望披露向特定投资者提供的赠款和优惠贷款的数额。我们认为，这些金融救济所产生的反效果导致了提供激励措施机构的不透明做法。

　　10. 尽管具有广泛的影响力，但是经济与合作发展组织（2014，2）仍然通过以下声明证实本书多个章节所要呈现的观点：

　　"尽管税收激励措施广泛用于投资，但总的来说，在国家背景下，对其成本和收益的分析不足，使得其难以支持政府决策。关于授予的税收激励措施、合格投资、对东道国经济的直接（和间接）利益以及这些税收激励措施在已放弃收入方面的成本收集的数据有限。此外，即使是更容易获得的信息，税收激励和受益人名单，也不总是被收集或报告。这很好地总结了相关数据可用性的状态，并证实了为研究人员提供更高透明度和更好数据可用性的需求，以便为政策提供信息。"

　　11. 但是，有人建议，在某些情况下，降低此类标准可能会增加投资。例如，不那么严格的污染标准可能会吸引某些公司，这些公司目前的技术无法避免污染活动，或者这些公司为了降低运营成本而降低环境保护程度,以求实施成本较低,而较低的劳工标准可能会吸引一些集中在降低成本的投资者,例如在这种情况下与劳动力相关的成本。

12. 心理差距可被定义为阻碍公司和市场之间信息流动的所有因素,例如投资者母国和东道国之间在语言、文化、政治制度、教育水平和工业化水平等方面的差异。心理差距增加了投资者的成本和风险,使他们更有可能倾向于在地理上或文化上接近的国家被国际化(进行投资——译者注)。

13. 诸如位于苏格兰的爱尔兰投资促进机构、英联邦贸易投资总署、新加坡经济发展局、哥斯达黎加投资促进局、泰国投资促进委员会以及马来西亚投资发展局均被普遍认为是成功的投资促进机构。

14. 在此,非常有必要援引莫兰(2014,5—6)对哈丁和哈沃克文章的到位总结:

"托芬·哈丁和哈沃克为此提议提供了严格的计量经济学支持(Harding and Javorcik, 2011)。通过比较109个国家的投资促进机构和31个国家的数据,他们发现投资促进机构的存在与更高的外商直接投资流入正相关,特别是投资促进机构所针对的那些行业的外商直接投资流入更多。他们比较了在目标定位之前和之后的外商直接投资流入目标行业,同期外商直接投资流入非目标行业,并发现有效的'近期行动计划'目标使外商直接投资流入增加一倍。它们通过包括国家年度固定效应,通过包括国家部门固定效应来控制不同地区的部门的异质性,以及通过增加部门时间固定效应对特定部门的外商直接投资供应产生冲击,来控制东道国商业环境的变化。在考察反向因果关系时,他们发现没有证据表明在目标定位之前的几年中,流入的流量相对较高或较低。我很感谢西奥多·莫兰注意到这方面的相关性。"

15. 韦尔斯和艾伦(2001,15)基于之前对印度尼西亚的工作,特别是对废除免税期的影响所做的研究,认为:"简单而言,在印度尼西亚所做的试验为做出如下判断提供了强有力的证据:即国家可以在不提供免税期的情况下吸引大量的外商直接投资,至少在其总体所得税率与其邻国稍有区别的情况下,该判断成立。"

参考文献

Altshuler, R., H. Grubert, and T. S. Newlon. 1998. "Has U.S. Investment Abroad Become More Sensitive to Tax Rates?" NBER Working Paper No.6383. Washington, DC: National Bureau of Economic Research.

Altshuler, R., H. Grubert, and T. S. Newlon. 2000. "Has U.S. Investment Abroad Become More Sensitive to Tax Rates?" In International Taxation and Multinational Activity, ed. J. R. Hines Jr., 9—38. Chicago: University of Chicago Press.

Anderson, B. 2008. "Tax Expenditures in OECD Countries." Presentation to the Fifth Annual Meeting of OECD-Asia SBO. Accessed November 9, 2014, http://www. oecd.org/governance/budgeting/39944419.pdf.

Becker, J., and C. Fuest. 2009. "Optimal Tax Policy When Firms Are Internationally

Mobile." Working Paper No.907, Oxford University Centre for Business Taxation.

Bellak, C., Leibrecht, M. and R. Römisch. 2007. "On the Appropriate Measure of Tax Burden on Foreign Direct Investment to the CEECs." Applied Economics Letters, 14(8):603—606.

Bellak, C., Leibrecht, M. and J. Damijan. 2009. "Infrastructure Endowment and Corporate Income Taxes as Determinants of Foreign Direct Investment in Central and Eastern European Countries." World Economy, 32(2):267—290.

Boddewyn, J. J., and T. Brewer. 1994. "International-Business Political Behavior: New Theoretical Directions." Academy of Management Review 19(1):119—143.

Braunerhjelm, P. 2004. "Heading for Headquarters? Why and How the Location of Headquarters Matters Among the EU Countries." In European Union and the Race for Foreign Direct Investment, ed. L. Oxelheim and P. Ghauri. Oxford: Elsevier.

Brown, D. K. 2000. "International Trade and Core Labor Standards: A Survey of Recent Literature." OECD Occasional Papers WD(2000)4. Paris: Organisation for Economic Cooperation and Development.

Buckley, P. J., L. J. Clegg, A. R. Cross, and H. Voss. 2010. "What Can Emerging Countries Learn from the Outward Direct Investment Policies of Advanced Countries?" In Forcign Direct Investment from Emerging Markets: The Challenges Ahead, ed. K. P. Sauvant, W. A. Maschek, and G. McAllister, 243—276. Basingstoke, UK: Palgrave.

Buettner, T., and M. Ruf. 2005. "Tax Incentives and the Location of FDI: Evidence from a Panel of German Multinationals." Discussion Paper Series 1: Economic Studies No.17/2005, Deutsche Bundesbank, Frankfurt.

Burger, A., A. Jaklič, and M. Rojec.2012. "The Effectiveness of Investment Incentives: The Slovenian FDI Co-financing Grant Scheme." Post-Communist Economies 24(3):383—401.

CCSI. 2015. "Investment Incentives: The Good, the Bad and the Ugly." 2013 Columbia International Investment Conference Report. New York: Columbia Center on Sustainable Investment.

Christiansen, H., C. Oman, and A. Charlton. 2003. "Incentives-Based Competition for Foreign Direct Investment: The Case of Brazil." OECD Working Papers on International Investment, 2003/01. Paris: OECD Publishing.

Copeland, B. 2008. "Is There a Case for Trade and Investment Policy?" In Trade Policy Research 2007, ed. D. Ciuriak, 1—64. Ottawa: Foreign Affairs and International Trade Canada.

Davies, R. B., and J. Voget. 2008. "Tax Competition in an Expanding European Union." Working Paper 8/30, Oxford University Centre for Business Taxation. Accessed

November 9, 2014, http://www. sbs. ox. ac. uk/sites/default/files/Business_ Taxation/ Docs/Publications/Working_Papers/Series_08/WP0830. pdf.

De Mooij, R. A., and S. Ederveen. 2001. "Taxation and Foreign Direct Investment: A Synthesis of Empirical Research." CESifo Working Paper Series No. 588, CESifo Group, Munich.

De Mooij, R. A., and S. Ederveen. 2008. "Corporate Tax Elasticities: A Reader's Guide to Empirical Findings." Oxford Review of Economic Policy 24(4):680—697.

Devereux, M. P., and R. Griffith. 1998. "Taxes and the Location of Production: Evidence from a Panel of US Multinationals." Journal of Public Economics 68(3):335—367.

Devereux, M., R. Griffith, and A. Klemm. 2002. "Corporate Income Tax Reforms and International Tax Competition." Economic Policy 17—35(October):451—494.

Dunning, J. H., and S. Lundan. 2008. Multinational Enterprises and the Global Economy. Cheltenham, UK: Edward Elgar.

Egger, P., S. Loretz, M. Pfaffermayr, and H. Winner. 2009. "Bilateral Effective Tax Rates and Foreign Direct Investment." International Tax and Public Finance 16(6): 822—849.

Fletcher, K. 2002. Tax Incentives in Cambodia, Lao PDR, and Vietnam. Hanoi: IMF Conference on FDI: Opportunities and Challenges for Cambodia, Lao PDR, and Vietnam.

Giroud, A., and B. Delane. 2008. "Policies Promoting MNEs Linkages in Host Economies: A Comparison Between Brazil and Malaysia." Paper presented at the OECD Global Forum on International Investment, March 27—28, Paris. Accessed November 16, http://www.oecd.org/investment/globalforum/40408228. pdf.

Grubert, H., and J. Mutti. 2000. "Do Taxes Influence Where US Multinational Corporations Invest?" National Tax Journal 53(4):825—839.

Guisinger, S. E. 1985. "A Comparative Study of Country Policies." In Investment Incentives and Performance Requirements by S. E. Guisinger and Associates. New York: Praeger.

Gurtner, B., and J. Christensen. 2008. "Race to the Bottom: Incentives for New Investment?" Tax Justice Network, accessed November 9, 2014, http://www. taxjustice. net/cms/upload/pdf/Bruno-John_0810_Tax_Comp. pdf.

Hansson, A., and K. Olofsdotter. 2008. "Foreign Direct Investment in Europe: Tax Competition and Agglomeration Economies." Department of Economics, Lund University, Sweden, accessed November 9, 2014, http://www. etsg. org/ETSG2008/Papers/Olofsdotter. pdf.

Harding, T., and B. Javorcik. 2011. "Roll Out the Red Carpet and They Will Come:

Investment Promotion and FDI Inflows." Economic Journal 121(557):1445—1476.

Harding, T., and B. Javorcik. 2012. "Roll Out the Red Carpet and They Will Come: Investment Promotion and FDI Inflows." Columbia FDI Perspective No. 72, Columbia Center on Sustainable Investment, New York.

Henisz, W. 2000. "The Institutional Environment for Multinational Investment." Journal of Law, Economics and Organization 16(2):334—364.

Hines, J. R. Jr. 1996. "Altered States: Taxes and the Location of Foreign Direct Investment in America." American Economic Review 86(5):1076—1094.

Hines, J. R. Jr. 1999. "Lessons from Behavioral Responses to International Taxation." National Tax Journal 52(2):305—322.

Hymer, S. H. 1976. The International Operations of National Firms: A Study of Foreign Direct Investment. Cambridge, MA: MIT Press(1960 doctoral thesis submitted posthumously for publication by C. P. Kindleberger).

ILO. 1998. Labour and Social Issues Relating to Export Processing Zones. Geneva: International Labour Organisation. Accessed November 9, 2014, http://www.ilo.org/public/libdoc/ilo/1998/98B09_223_engl.pdf.

James, S. 2009. "Incentives and Investments: Evidence and Policy Implications." World Bank Group, Washington, DC. Accessed November 9, 2014, https://www.wbg-investmentclimate.org/uploads/IncentivesandInvestments.pdf.

Johanson, J., and J.-E. Vahlne. 1977. "The Internationalization Process of the Firm: A Model of Knowledge Development and Increasing Foreign Market Commitments." Journal of International Business Studies, 8(1):23—32.

Klemm, A., and S. Van Parys. 2009. "Empirical Evidence on the Effects of Tax Incentives." IMF Working Paper 09/136. Washington, DC: International Monetary Fund.

Loewendahl, H. 2001. "A Framework for FDI Promotion." Transnational Corporations 10(1):1—42, reprinted in S. Young, ed. 2004. Multinationals and Public Policy, 279—320. Cheltenham, UK: Edward Elgar.

Moran, T. H. 2014. "Foreign Investment and Supply Chains in Emerging Markets: Recurring Problems and Demonstrated Solutions." Working Paper 14—12, Peterson Institute for International Economics, Washington, DC.

Morisset, J. 2003. "Does a Country Need a Promotion Agency to Attract Foreign Direct Investment? A Small Analytical Model Applied to 58 Countries." FIAS Policy Research Working Paper No.3028, World Bank Group, Washington, DC.

Morisset, J., and K. Andrews-Johnson. 2003. "The Effectiveness of Promotion Agencies at Attracting Foreign Direct Investment." Foreign Investment Advisory Service (FIAS) Occasional Papers, 16. Washington D.C.

Mutti, J., and H. Grubert. 2004. "Empirical Asymmetries in Foreign Direct Investment and Taxation." Journal of International Economics 62(2):337—358.

Oates, W. E. 2002. "Fiscal and Regulatory Competition: Theory and Evidence." Perspektiven der Wirtschaftspolitik 3(4):377—390.

OECD. 2000. Tax Burdens, Alternative Measures. Paris: Organisation for Economic Cooperation and Development.

OECD. 2001. Regulatory Investment Incentives. Paris: Organisation for Economic Cooperation and Development. Accessed November 9, 2014, http://www.oecd.org/industry/inv/investmentstatisticsandanalysis/2510459.pdf.

OECD. 2003. Checklist for Foreign Direct Investment Incentive Policies. Paris: Organization for Economic Cooperation and Development.

OECD. 2010. Tax Expenditures in OECD Countries. Paris: Organisation for Economic Cooperation and Development.

OECD. 2014. "Principles to Enhance the Transparency and Governance of Tax Incentives for Investment in Developing Countries." OECD, accessed September 24, 2015, http://www.oecd.org/ctp/tax-global/transparency-and-governance principles.pdf # page =1&zoom=auto, -135, 726.

Oman, C. 2000. Policy Competition for Foreign Direct Investment: A Study of Competition Among Governments to Attract FDI. Paris: Organisation for Economic Cooperation and Development.

Oxelheim, L., and P. Ghauri, eds. 2004. European Union and the Race for Foreign Direct Investment. Oxford: Elsevier.

Pearce, R. D. 1999. "The Evolution of Technology in Multinational Enterprises: The Role of Creative Subsidiaries." International Business Review 8(2):125—148.

Perera, O.2014. Rethinking Investment Incentives. Winnipeg: International Institute for Sustainable Development.

ProExport Colombia. 2014. "Top Ten Reasons to Invest in Tourism." ProExport Colombia, accessed November 12, 2014, http://www.investincolombia.com.co/Adjuntos/Ten_Reasons_Invest_Tourism_Infrastructure.pdf.

Raudonen, S. 2008. "The Impact of Corporate Taxation on Foreign Direct Investment: A Survey." Working Paper No.182, Tallinn School of Economics and Business Administration, Tallinn University of Technology, Estonia.

Spar, D. 1998. "Attracting High Technology Investment: Intel's Costa Rican Plant." FIAS Occasional Paper No.11. Washington, DC: Foreign Investment Advisory Service.

Sundaresh, M. 2012. "Home Country Measures for Outward Foreign Direct Investment—Lessons for India from the Republic of Korea and Canada." Unpublished manuscript, Columbia University, New York.

Tavares-Lehmann, A. T. 2007. "Public Policy, FDI Attraction and Multinational Subsidiary Evolution: The Contrasting Cases of Ireland and Portugal." In Multinationals on the Periphery, ed. G. R. G. Benito and R. Narula. Basingstoke, UK: Palgrave.

Tavares-Lehmann, A. T., A. Coelho, and F. Lehmann. 2012. "Taxes and Foreign Direct Investment: A Literature Review." In New Policy Challenges for European Multinationals, ed. R. Van Tulder, A. Verbeke, and L. Voinea, 89—117. Bingley, UK: Emerald Group.

UNCTAD. 2000. Tax Incentives and Foreign Direct Investment: A Global Survey. ASIT Advisory Studies No.16. New York: United Nations Conference on Trade and Development.

UNCTAD. 2001. World Investment Report 2001: Promoting Linkages. New York: United Nations Conference on Trade and Development.

UNCTAD. 2013. World Investment Report 2013: Global Value Chains: Investment and Trade for Development. New York: United Nations Conference on Trade and Development.

UNCTAD. 2014. World Investment Report 2014: Investing in the SDGs: An Action Plan. New York: United Nations Conference on Trade and Development.

Wells, L. Jr., and N. Allen. 2001. "The First Experiment: Eliminating Tax Holidays." In L. Wells Jr., N. Allen, J. Morisset, and N. Pirnia, "Using Tax Incentives to Compete for Foreign Investment: Are They Worth the Costs?" FIAS Occasional Paper No.15, 5—20. Washington, DC: Foreign Investment Advisory Service.

Wells, L. Jr., and A. Wint. 2001. "Marketing a Country, Revisited." FIAS Occasional Paper No.13. Washington, DC: World Bank Group.

White, R. E., and T. Poynter. 1984. "Strategies for Foreign-Owned Subsidiaries in Canada." Business Quarterly(Summer):59—69.

Yao, Y., and X. Zhang. 2008. "Race to the Top and Race to the Bottom: Tax Competition in Rural China.", Discussion Paper No.799, International Food Policy Research Institute, Washington, DC.

Young, S., and N. Hood. 1994. "Designing Developmental After Care Programmes for Foreign Direct Investors in the European Union." Transnational Corporations 3(2): 45—72.

Young, S., and A. T. Tavares. 2004. "Multilateral Rules on FDI: Do We Need Them? Will We Get Them? A Developing Country Perspective." Transnational Corporations 13(1):1—16.

Zaheer, S. 1995. "Overcoming the Liability of Foreignness." Academy of Management Journal 38(2):345—363.

第三章 外商直接投资的定义、动机和区位因素

Sarianna M. Lundan

萨琳安娜·M.伦丹

本章审视外商直接投资（FDI）的不同动机以及外商投资区位地选择的经济性与体系性决定因素。本章基于区位和公司特定投资决定因素相互作用的基本原理，聚焦分析是什么因素决定跨国企业（MNEs）跨境活动的程度。投资激励会影响跨国公司的投资决定和区位选择，因此在评估哪些激励措施在影响投资决定可能有效时，对于基本决定因素的理解是必不可少的。

本章也讨论外商直接投资环境变化引发的与吸引投资相关的政策挑战。重点讨论新兴市场市场寻求型投资的增长，并从市场寻求型投资以及资产寻求型投资对吸引投资和激励措施使用影响的角度，讨论上述二者在新兴市场的增长。

虽然我们特别关注绿地投资、并购与收购，但是我们也对上述准入模式与其他能代替外国投资的跨境业务战略进行比较。此做法使得我们可以突出和强调投资者和投资的异质性对东道国的不同影响。因此，在设计投资政策，包括对投资激励的设计和评估时，应考虑这些不同准入模式中激励措施对政策决定的影响。

外商直接投资

传统上，公司生产能力的领土外扩张是通过外商直接投资实现的。外商直接投资与外商组合（或间接）投资不同。前者涉及一揽子资产或中间品，包括金融资本、管理和组织经验、技术、企业家精神、激励结构、价值、文化规范以及跨国的市场渠道的转移。而后者只涉及金融资本的转移。出于上述原因，大多政府采取了一些政策，包括提供不同投资激励的政策，以吸

引外商直接投资及与其相关的资产投资。

　　某些跨境资本流动反映的是市场扭曲而非真实的经济活动。中国内地和香港之间、俄罗斯和塞浦路斯之间所谓的返程投资（round-tripping）便是例子，两个例子均是利用了向外国投资者提供的投资激励。通过控股公司在一些国家如英属维京群岛、百慕大、荷兰和卢森堡进行直接投资也是例子，这些国家被跨国公司用作避税港（Beugelsdijk et al., 2010；Desai, Foley, and Hines, 2006；UNCTAD, 2006）。经济合作与发展组织修订，并于 2014 年底生效的《外商直接投资基准定义》文件的目的，便在于对此类特殊目的实体相关的资本流动与涉及就业和增值的真正外商直接投资（OECD, 2008）作出区分。政府设计投资激励时，对返程投资的理解是重要的，因为公司完全可能通过重组以利用这些激励而对东道国不创造任何额外利益，在这种情况下，激励对政府来说纯粹是一个负担。

动机

　　在我们开始考虑影响区位选择的要素之前，重要的是列出外商直接投资不同的动机——资源寻求型、市场寻求型、效率寻求型和战略资产寻求型投资。上述动机并非总相互排斥，因为其影响跨国公司对激励的敏感度。[1]

资源寻求型投资

　　现实中，存有三类主要的资源找寻者。第一类，是找寻各种各样与实际区位地绑定的资源的跨国公司。这些公司包括，找寻如石油、煤炭和天然气这类化石燃料；像铜、锡、锌这类金属；钻石；以及如橡胶、烟草、糖、香蕉、菠萝、棕榈油、咖啡和茶这类农产品的投资者。这类资源密集型跨国公司活动的特征之一，便是其通常涉及可观的资本支出。此外，此类投资一旦实施，则其相对而言是区位绑定性的。一些服务部门的外商直接投资也意在开发区位地绑定资源。如旅游、汽车租赁、石油钻探、建筑，以及医疗和教育服务。

　　第二类资源寻求型投资者包括找寻廉价的不熟练或半熟练劳动力充足供给的跨国公司。这类跨国公司中的大多数存在于更加先进的工业化发展中国家或地区，如墨西哥、中国台湾和马来西亚。而在欧洲内部，南欧、中欧和东欧国家存有一些劳动者寻求型投资。然而，随着劳动力成本上涨，投资已转移至如中国、越南、土耳其、摩洛哥和毛里求斯等其他国家。为吸引上述投资性生产，东道国通常会设立自由贸易或出口加工区。这类资源寻求型投资与第一类显著不同。相对不熟练劳动力的充足供给可被视为区域性的"自然资源",但其很少是一种独特的资源。然而,改进劳动力培训和技能水平的投资可使其变为一种"创造出来的"资源,从而更可能吸引成熟的跨国公司进行效率寻求型投资。

第三类资源寻求型的跨国公司是,需要获得高度专业化、且在母国不容易获得技术能力、管理或营销技巧和组织技术的投资者。如美国公司在英国设立的猎头公司,英国化学公司在日本设立的研发情报站和法国医药公司在美国设立的研发情报站等。如果跨国公司通过并购外国公司以增强或提高其自身的能力,则部分这类投资也可转变为战略资产寻求型投资。

市场寻求型投资

市场寻求型投资意在维持或保持现有市场,或开发、促进新市场。除市场规模和市场增长前景外,有五大主要原因促使公司进行市场寻求型投资。

第一,是公司主要供应商或消费者建立了外国的生产设施。为维持业务,公司需要跟随这些供应商到海外。服务业中,会计、审计、法律和广告公司的跨境并购和收购就是明显的例子。[2]

第二,产品常需要适应当地口味、语言、商业习惯、法律要求和营销过程。

第三,从邻近设施服务当地市场的生产和交易成本显著低于远距离做出的供应(所需的成本)。

第四,进行市场寻求型投资一个日益重要的原因是,跨国公司可能考虑有必要在其竞争对手(寡头垄断)占有的主要市场保持实际存在。这样的投资可能是出于防御性或战略性的原因。如中国的潜在市场规模已经吸引了史无前例的外资流入,其中一些投资就是为跟随其关键消费者而进行的投资,而另一些则是伴随行业领导者而流动(的投资)。

第五,市场寻求型投资可能是东道国政府实施征收关税或其他进口控制抑制进口政策的结果。

效率寻求型投资

效率寻求型投资者通常是经验丰富、大型且多样化的跨国公司。其生产相对标准化产品。为获得效率寻求型的海外生产,跨境市场必须是发达和开放的,以使得投资在区域综合市场内蓬勃发展。效率寻求型外商直接投资带来一个更加细化的价值链分段,其通常有两类。第一类意在利用发达国家和发展中国家传统要素禀赋可获得性和相对价格方面的差异。这包括成熟的跨国公司能以最低可能价格获得中低技能劳动者的能力,这就要求跨国公司不但要对改善劳动力的技能水平进行投资,也要求其对一些支持性基础设施进行投资。因此,资源和效率寻求型投资都可受益于利用相对低廉成本的劳动力。在资源寻求型投资中，利益主要来自劳动力对资本的替代，而效率寻求型投资则要求有高效整合公司跨境价值链活动的能力而不改变生产的资本或劳动比例。

第二类效率寻求型投资发生在经济结构和收入水平大体相似的发达国家之间，旨在利用规模经济和范围经济以及消费者口味和供应能力之间的差异。在这方面，传统的要素禀赋在影响外国直接投资方面发挥的作用并不那么重要，而创造能力，包括高技能劳动力和高质量支持机构的可用性，则起着更重要的作用。

战略资产寻求型投资

第四类跨国公司包括那些通过获得外国公司从而促进其长期战略目标而从事外商直接投资的公司。投资公司包括已经设立的追求一体化的全球或区域战略的跨国公司，以及首次在陌生市场购买某种竞争能力的外国直接投资者。战略资产寻求型投资的动机较少是为了利用获得公司竞争者的特定成本（技术的）或营销优势，而更多是为了加强其全球实际资产和人员组合的能力。故逐渐地，在公司重组其资产以实现其目标时，战略和效率寻求型外商直接投资均通常会齐头并进。重要的是，来自新兴经济体的跨国公司也逐渐实施战略资产寻求型投资，以获得市场渠道以及如研发设施这样的知识密集型资产。

区位性因素

外国投资项目对区位的选择包含对国家及公司特定因素的考量。国家特定因素取决于投资的动机，包括诸如市场规模、发展水平（人均 GDP）、自然资源、劳动力成本、交通、能源和信息基础设施等源自经济地理的传统因素。它们也包括诸如政治稳定和经济开放的体系性要素，以及诸如普遍性信任等"软性"体制性要素，这种信任能降低交易成本（Dunning and Lundan，2008b）。对一个有特定投资动机的公司而言，我们认为，其会大致同等地对相同参数做出评估。

公司特定因素与投资公司累积的所有权优势有关，特别是公司本身的投资经验以及其收集与外国投资项目有关的风险要素知识的能力（Belderbos，Olffen and Zou，2011；Forsgren，2002）。信息的搜寻结果会在公司层面，特别是在公司高层管理层面被累积的经验所过滤。这些经验包括来源于先前投资项目的直接的第一手知识，以及对表面上忽视特定区位的非理性偏见（Schotter and Beamis，2013）。同时，这些经验也包括有关集群利益价值和竞争者所代表投资信号价值的管理决定。

对于资源寻求型投资，一般的区位因素是很容易被归纳的，其包括进入区域性（自然的）资源，这传统上是通过与政府谈判获得的（Grosse，2005）。由于其特殊性，资源寻求型投资不会受治理不善和各种机构缺陷等正常情况下将增加交易成本并"赶走"投资者（UNCTAD，2007）因素的影响。在谈判市场准入权利时，政府想要确保从投资中获得更广泛的利益，而投资者则试图保护其投资免于被征收和被迫重新谈判。总之，传统的投资激励对资源寻求型投资来说不是决定性的考虑因素。尽管跨国公司会利用现有的任何激励，不过影响资源寻求型投资区位选择和投资期限的是谈判的准入条件。这对资源寻求型投资而言具有重要的政策含义，即传统吸引外资的激励可能是代价高昂且无效的。

对市场寻求型投资而言，市场规模和 GDP 增长率是相关的影响因素。相比基于资源的投资，发展水平和交易成本也发挥重要作用。如日本式的不透明行政管理体制、印度式的经常性政策反复体制，这些都影响了长期投资者。据说，在人口众多的新兴市场，外国投资者看起来一直容忍对良治的重大偏离，以确保其在这些市场的地位。

效率型投资受不同市场的要素价格差异驱动，特别是半熟练劳动和诸如工程师和程序员这样更熟练工人的低成本。这些成本差异构筑了全球工厂的底气（Buckley，2011）。寻求效率是有关把活动或工作重新配置到可以最低成本实施的地方来细分价值链的能力。在这种情况下，当国家经历快速经济增长和收入提高时，它们对低水平组装工作的吸引力就会降低，这时效率寻求型投资将会重新配置到成本差异更明显的地方。区域转移的相对容易使得这种活动成为吸引新投资激励政策的合适目标。

在某种程度上，战略资产寻求型投资是无限特定区位的，原因在于公司的目的是获得特定区域的特定资产。然而，这种外国参与模式的可获得性受到合适目标可获得性的约束。除了这种可能性，选择依赖于一些有关资产可消化率的因素，卖方的意愿、总体市场情况（Harzing，2002；Hennart and Reddy，2000；Slangen and Hennart，2008）。当然，这些例子代表所有权的一个变化，而非额外的投资，但其被视为是必要的，以确保投资公司和被收购公司的未来，并允许它们更好进入全球经济中的增长市场。

当被收购公司会帮助投资公司进入不熟悉的市场时，战略资产寻求型投资可与市场寻求型投资的动机相结合。许多跨国公司在新兴市场的收购即为此种类型（Uhlenbruck，2004）。然而，战略资产寻求型投资也能使投资公司增加其他无形的优势，例如技术优势。中国和印度跨国公司在美国和欧洲的一些收购常常就针对提升技术和与市场相关的能力（Alon, Fetscherin and Gugler，2012；Sauvant et al.，2011）。

区位选择和集聚

众所周知，投资项目倾向于基于时间和空间的集聚。当一项投资以相当快的速度在同一产业被其他投资者跟进时，羊群效应或曰从众心理应运而生（Knickerbocker，1973）。现实中也存在更为经典的集聚模式证据，如特别专业化的公司相集中到一起。此外，这种集聚对新的外国投资可能产生某些信号性价值。特别是在新兴市场，当初始投资被视为是正向的成本收益分析标志时，尤为如此。因此，可以利用激励来加强现行的集中模式（立足于已成功的行业或地区），或鼓励在不那么成功的地区进行投资。

投资的空间集中度在国家层面上是可见的，因此，如果我们将外商直接投资视为跨国公司的代表，则它们仅集中于相对少数的国家。从地区层面来看，同样的模式依然存在：在大多数国家，少数地区吸收了大量外商直接投资。在增加或减少投资的地理集聚方面，激励措施具有重要影响。一方面，可以利用激励诱导集聚，这通过促进部门集聚和影响部门集中度予以实现。另一方面，可以利用激励来诱使一个领域内的投资分配得更为均衡。但这并不是说激励必定抵得上为此付出的成本，而是说投资政策具有增加或降低集中度的潜力。

马歇尔（Marshall，1920）以后的传统区位理论主要是关于公司获得规模经济、同时最小化跨境和交易成本的需求理论。虽然该模型仍能说明许多资源寻求型和市场寻求型跨国公司活动的区位决定，但是效率寻求型和资产寻求型投资明显要求对上述理论解释进行调整。特别是，经典区位模型中运输成本通常被更好地解释为有关诸如知识和制度实践转移的通讯成本。

如果我们试图将共驻一地（和溢出）的重要性并入区位选择模型，我们便获得三大类影响跨国公司投资区位的因素。邓宁和伦丹（Dunning and Lundan，2008a）将其描述为禀赋效应、集聚效应和政策诱导效应。禀赋效应来自贸易理论，其解释了为什么特定经济活动"自然地"被引向特定区域。禀赋效应因此是吸引资源寻求型投资的因素，诸如农业增长条件（如在葡萄酒行业）、矿产或石油储量或廉价电力的可获得性（如19世纪早期铝业生产商在尼亚加拉大瀑布大型水电厂附近的重新安置）。它们可包括存在大量低成本的劳动力。然而，它们也包括创造出来的或基于知识的禀赋，其构成大多数发达经济体竞争力的基础。

而基于开发特定资源的能力并不限于单一公司这一前提而言（如矿产特许协议），多个公司将坐落在地理上的资源区附近，因此这些公司也彼此邻近。在拥堵或过分开采带来非经济效用之前，集聚在一个地方是有利的。这种非经济性可能包括不可再生资源价格的抬高、污染的增加以及资源的枯竭。此外，一个特定行业的最低有效规模（及随后的市场结构），限制了可能的竞争者数量，而这些竞争者在使用相同自然资源时可能聚集在同一个地方。如果最低有效规模很大，仅一个或两个公司去开发一个特定地区的资源是可能的。如果最低有效规模较小，更多公司可能聚集在一起，但它们仍然可能这么做，尽管彼此的存在并非因为如此。

第二类影响区位选择的效应是集聚效应。根据马歇尔（1920）的理论，其认为该效应有三种来源：专门劳动力的可获得性，容易与划算地获得其他专门投入品，知识溢出。与禀赋效应不同，集聚效应的关键是吸引一家公司通常会使其对吸引其他公司更具有吸引力。尽管与集聚效应相关的自我加强趋势可归因于简单的模仿，其更可能是因为其他公司的存在发出了信号：在一个特定区域有一些外部的经济体。

实际上，空间群聚通常是禀赋效应和集聚效应结合的结果。空间上共居一地可能仅仅表现为，跨国公司附属机构在重要消费者所在地（禀赋效应）设置生产设施，但由此的集聚和带来的联系和溢出潜力，可能也吸引其他公司到该地区来（集聚效应）。在人与人之间关系对竞争力有着重要作用的行业，集群的利益可能主要基于知识溢出，如伦敦或纽约的金融服务业，即便如此，传统的区位因素仍然发挥作用。通常大城市对投资的吸引力是由于专业化劳动力的可获得性和集聚效应（Acs, 2002; Goerzen, Asmussen, and Nielsen, 2013; McCann, Arita, and Gordon, 2002）。

政策作用

因投资者的所有权、动机、跨国程度、分散程度、金融和技术资源不同，投资者具有异质性。当考虑对不同部门经营的不同类型外国投资者进行整合时，就可能会有许多不同的结果。因此普遍认为，一美元的投资并不会在每个地方都产生相同的效果。因此，包括通过使用投资激励措施的政策干预应针对未来投资的数量和质量。

如特蕾莎-莱曼（Tavares-Lehmann）在本书第二章所提及的，相关政策主要分为两大类：吸引投资政策（设立前）和目的在于最大化投资净利益的投资维持和业绩政策（设立后）。我们把设立前政策分为三类：

　　1. 聚焦于私营部门发展的政策（如教育和培训、吸收能力建设和制度完善）；

　　2. 有关经济开放的政策（如贸易和投资自由化，以及包含在国际投资协定和区域贸易协定中的专门条款）；

　　3. 专门吸引外国投资的政策（如投资激励、便利化、促进和牵线搭桥）。

　　投资政策的狭义定义仅包括第三类，但其他两个政策领域对国内和外国投资可能同等相关。确实，针对私营部门发展的一揽子政策有助于社会的良治以及社会和环境的可持续发展。

　　设立前政策寻求满足投资者有关东道国可以提供什么的期待，设立后的政策反映的是东道国对投资者业绩的期待。设立后政策包括：

　　1. 提升联系和溢出的政策（如知识产权保护和技术转移）；

　　2. 公共采购和当地来源的政策（如与贸易有关的投资措施政策）；

　　3. 鼓励投资留在东道国和在东道国再投资的政策（如参与当地的研发联盟和汇回税）。

　　尽管一揽子政策由此帮助形成一个特定地区对投资者的吸引力，学界和媒体都对特别用于影响区位选择的金融或财政激励给予了特别注意。除了尝试确认何种条件下这种激励可能增加直接投资的流入（Oxelheim and Ghauri，2004）外，评估激励措施的利益和机会成本也日益被关注（Young and Tavares，2004）。

　　如果各国能做出可靠的承诺，承诺不基于基本要素（如要素价格、有效的制度、充分的社会和经济基础设施）扭曲区位竞争，则它们可能不需要提供额外的金融或财政激励以吸引外商直接投资。由此带来的最终结果将是，基于竞争条件的投资分布。然而，由于缺乏做出可靠承诺的（集体）能力，同时，东道国和投资者间存在信息不对称（这时常出现），政府可能被诱使提供金融激励使跨国公司落户在该区域。这就使得其他地区倍感压力，从而提供其自身的激励，最后的结果则是这么一种情况：大家都提供激励，尽管程度不同。

　　一个提供金融和财政激励共同的理由是，由于跨国公司和当地公司之间存在绩效（生产力）差距，吸引外商直接投资比刺激本地公司发展更为值得。近几年来，该假设已受到诸如贝拉克（2004）等学者的证明，其认为外国投资者和国内公司间存在的业绩差距在任何这类激励构思前需要做实证调查以确定。此外,还需要确立任何已付激励的上限,并需要对期待溢出(和国内公司的吸收性能力)的现实评估(Blomström and Kokko,2003;Van Biesebroeck,2010)。

激励持续作为流行政策工具的一个理由是,存在财政和其他金融激励吸引显著数量投资的例子,如爱尔兰、瑞士和新加坡(也见本书的第二章和第八章)。然而,这些例子阐明的状况是,激励政策仅是吸引外国投资的协调政策的一个组成部分(Mathews,1999;Monaghan,2012),激励政策也包括,如在人力资本和基础设施的大量投资(如爱尔兰和新加坡),或努力改进当地竞争力和所有公司的竞争条件,无论是国内的还是外国的(如瑞士)。如朗迪内利和伯皮特(Rondinelli and Burpitt,2000)指出,激励政策普及的另一个理由是,从特定官员的观点来说,在一个较长时期内改进教育设施或有形基础设施的政策不会足够快产生成果,且可能看起来过分消极,特别是如果其他国家或地区提供金融或财政刺激。

一个公司被吸引到一个特定地区是由于基本要素(如要素成本、制度质量和基础设施的组合),可更好融入(或更嵌入)当地经济(Blömstrom and Kokko,2003;Cantwell and Mudambi,2005)。这种在当地嵌入的子公司,由于其已与当地环境建立起更为密切的联系,因此,反过来其会随着时间推移增加撤资的成本(Andersson,Forsgren,and Holm,2002)。相比之下,一个公司受金融或财政激励吸引,可能对该区域会较少承诺,后续投资也会更少,且对其他地区提供的刺激随时响应。此外,受金融或财政激励吸引的公司可能不会引来更多根据基本原理来作投资决定的公司。因此,有理由相信,使用激励可能带来逆向选择问题。尽管有些研究比较特定激励计划的效果,然而很少有投资期限和投资激励相联系的系统证据(Burger,Jaklič and Rojec 2012;Mallya,Kukulka and Jensen 2004;Mudambi,1998)。

一般而言,如果跨国公司利用的资源和能力(如劳动力)处于弹性供给状态,如果跨国公司不在市场中排挤当地公司,且如果当地公司受益于生产力溢出(Görg and Greenaway,2003;Hanson,2001),则通过金融或财政激励吸引外资更有可能取得成效。但正如我们已经讨论过的,现实中,上述条件难以满足或者仅有一个条件得以满足。当然,这并不是说各国不能或不应做任何事情来确保其经济为外国生产提供合适的平台,而是说,在基础设施和教育的协调投资,以及提供信息使跨国公司做更好的选择已经产生积极的结果,但是补贴外国投资却未鼓励当地公司接洽跨国公司的吸收性能力,不太可能产生预想的结果。

结　论

　　本章回顾了不同的投资动机以及这些动机如何与跨境区位选择相联系。同时也回顾了政府想吸引跨国公司投资的基本政策选择，以及使用金融和财政激励所受到的制约。其关注点是传统的股权投资。政策制定者高度评价且积极寻求此类投资。

　　然而，全球价值链的离岸外包和细分正改变跨国公司进行增值活动所需要的跨境关系的种类。因此，投资的区位选择正在变化。拿出自己资产的投资者自然是保守和谨慎的，其倾向于将投资集中在一个已知的"优秀"地方，为此，这种模式并不奇怪。

　　很明显，吸引外商直接投资的成功无法通过简单的资金数量予以评估，其评估需要对所包括吸引外资的种类而进行。对更加系统追踪吸引活动（如扩大国内产出的市场）而非投资（外国生产性资产的所有权）的能力存在日益增长的需求，因为这些是可替代的。政府需要一个综合和整体的有关外国投资和跨国公司活动非股权形式影响的视野，来制定明智的投资政策。投资政策与国内和外国投资者都相关，需着眼于创造一个长期稳定的，有助于投资的低交易成本的环境。这涉及多个领域和多个政策层面的政策协调，而非仅限于外国投资。

注释

　　1. 本部分基于邓宁和伦丹（2008a）的研究成果。

　　2. 目前，服务业外商直接投资与制造业外商直接投资在外商直接投资流量中的占比大致相等（UNCTAD，2013）。服务涵盖非常多样化的活动，从业务流程服务到合同研究、旅游和金融服务，并且可交易服务与需要在消费地点生产的服务之间在位置决定因素方面的依赖非常不同。在一些商业服务中，存在类似于制造业的规模经济。然而，在其他情况下，服务操作模式又不太适合规模经济。但是，与客户进行某种类型的合作也是必要的，例如在许多工业服务中。在金融服务领域，放松管制和跨境监管协调为跨境扩张创造了更多机会。

参考文献

Acs, Z. J. 2002. Innovation and the Growth of Cities. Cheltenham, UK: Edward Elgar.

Alon, I., M. Fetscherin, and P. Gugler, eds. 2012. Chinese International Investments. Houndmills, UK: Palgrave.

Andersson, U., M. Forsgren, and U. Holm. 2002. "The Strategic Impact of External Networks: Subsidiary Performance and Competence Development in the Multinational Corporation." Strategic Management Journal 23:979—996.

Belderbos, R., W. V. Olffen, and J. Zou. 2011. "Generic and Specific Social Learning Mechanisms in Foreign Entry Location Choice." Strategic Management Journal 32(12):1309—1930.

Bellak, C. 2004. "How Performance Gaps Between Domestic Firms and Foreign Affiliates Matter for Economic Policy." Transnational Corporations 13(2):29—55.

Beugelsdijk, S., J. F. Hennart, A. Slangen, and R. Smeets. 2010. "Why and How FDI Stocks Are a Biased Measure of MNE Affiliate Activity." Journal of International Business Studies 41(9):1444—1459.

Blomström, M., and A. Kokko. 2003. "The Economics of Foreign Direct Investment Incentives." NBER Working Paper 9489. Washington, DC: National Bureau of Economic Research.

Buckley, P. J. 2011. "International Integration and Coordination in the Global Factory." Management International Review 51(2):269—283.

Burger, A., A. Jaklič, and M. Rojec. 2012. "The Effectiveness of Investment Incentives: The Slovenian FDI Co-financing Grant Scheme." Post-Communist Economies 24(3):383—401.

Cantwell, J. A., and R. Mudambi. 2005. "MNE Competence-Creating Mandates." Strategic Management Journal 26:1109—1128.

Desai, M. A., C. F. Foley, and J. R. Hines. 2006. "The Demand for Tax Haven Operations." Journal of Public Economics 90(3):513—531.

Dunning, J. H., and S. M. Lundan. 2008a. Multinational Enterprises and the Global Economy. 2nd ed. Cheltenham, UK: Edward Elgar.

Dunning, J. H., and S. M. Lundan. 2008b. "Institutions and the OLI Paradigm of the Multinational Enterprise." Asia Pacific Journal of Management 25(4):573—593.

Forsgren, M. 2002. "The Concept of Learning in the Uppsala Internationalization Process Model: A Critical Review." International Business Review 11(3):257—277.

Goerzen, A., C. G. Asmussen, and B. B. Nielsen. 2013. "Global Cities and Multinational Enterprise Location Strategy." Journal of International Business Studies 44(5):427—450.

Görg, H., and D. Greenaway. 2003. "Much Ado About Nothing: Do Domestic Firms Really Benefit from Foreign Direct Investment?" IZA Discussion Paper No. 944. Bonn: IZA-Institute for the Study of Labor.

Grosse, R. 2005. "The Bargaining View of Business-Government Relations." In International Business and Government Relations in the 21st Century, ed. R. Grosse, 273—290. Cambridge: Cambridge University Press.

Hanson, G. H. 2001. "Should Countries Promote Foreign Direct Investment?" G-24 Discussion Paper No.9, UNCTAD, New York.

Harzing, A. W. 2002. "Acquisitions Versus Greenfield Investments: International Strategy and Management of Entry Modes." Strategic Management Journal 23 (3): 211—227.

Hennart, J.-F., and S. B. Reddy. 2000. "Digestibility and Asymmetric Information in the Choice Between Acquisitions and Joint Ventures: Where's the Beef?" Strategic Management Journal 21(2):191.

Knickerbocker, F. T. 1973. Oligopolistic Reaction and Multinational Enterprise. Cambridge, MA: Harvard University Press.

Mallya, T. J. S., Z. Kukulka, and C. Jensen. 2004. "Are Incentives a Good Investment for the Host Country? An Empirical Evaluation of the Czech National Incentive Scheme." Transnational Corporations 13(1):109—148.

Marshall, A. 1920. Principles of Economics. 8th ed. London: Macmillan.

Mathews, J. A. 1999. "A Silicon Island of the East: Creating a Semiconductor Industry in Singapore." California Management Review 41(2):55.

McCann, P., T. Arita, and I. R. Gordon. 2002. "Industrial Clusters, Transactions Costs and the Institutional Determinants of MNE Location Behaviour." International Business Review 11(6):647.

Monaghan, S. 2012. "Attraction and Retention of Foreign Direct Investment (FDI): The Role of Subnational Institutions in a Small, Highly Globalised Economy." Irish Journal of Management 31(2):45—61.

Mudambi, R. 1998. "The Role of Duration in Multinational Investment Strategies." Journal of International Business Studies 29(2):239—262.

OECD. 2008. Benchmark Definition of Foreign Direct Investment. 4th ed. Paris: Organisation for Economic Cooperation and Development.

Oxelheim, L., and P. Ghauri, eds. 2004. European Union and the Race for Foreign Direct Investment in Europe. Oxford, UK: Elsevier.

Rondinelli, D. A., and W. J. Burpitt. 2000. "Do Government Incentives Attract and Retain International Investment? A Study of Foreign-Owned Firms in North Carolina." Policy Sciences 33(2):181—205.

Sauvant, K. P., J. P. Pradhan, A. Chatterjee, and B. Harley, eds. 2011. The Rise of Indian Multinationals: Perspectives on Indian Outward Foreign Direct Investment. Houndmills, UK: Palgrave.

Schotter, A., and P. W. Beamish. 2013. "The Hassle Factor: An Explanation for Managerial Location Shunning." Journal of International Business Studies 44(5):521—544.

Slangen, A. H. L., and J. F. Hennart. 2008. "Do Multinationals Really Prefer to Enter Culturally Distant Countries Through Greenfields Rather than Through Acquisitions? The Role of Parent Experience and Subsidiary Autonomy." Journal of International Business Studies 39(3):472—490.

Uhlenbruck, K. 2004. "Developing Acquired Foreign Subsidiaries: The Experience of MNEs in Transition Economies." Journal of International Business Studies 35(2): 109—123.

UNCTAD. 2006. World Investment Report 2006: FDI from Developing and Transition Economies: Implications for Development. New York: United Nations Conference on Trade and Development.

UNCTAD. 2007. World Investment Report 2007: Transnational Corporations, Extractive Industries and Development. New York: United Nations Conference on Trade and Development.

UNCTAD. 2013. World Investment Report 2013: Global Value Chains: Investment and Trade for Development. New York: United Nations Conference on Trade and Development.

Van Biesebroeck, J. 2010. "Bidding for Investment Projects: Smart Public Policy or Corporate Welfare?" Canadian Public Policy 36:S31—S47.

Young, S., and A. T. Tavares. 2004. "Multilateral Rules on FDI: Do We Need Them? Will We Get Them? A Developing Country Perspective." Transnational Corporations 13(1):1—29.

第二部分
投资激励全球概览

第四章 投资激励措施的使用

——与研发相关的激励措施案例与国际投资协定

Christian Bellak, Markus Leibrecht

克里斯蒂安·贝拉克,马库斯·利布雷希特

广义而言,投资激励是政府对投资者给予特定金钱价值优势而做出的供给。在过去的30年,投资激励已经愈发重要(例如CCSI,2015)。该激励授予给国内外公司,并且形式种类繁多(参见本书第二章)。有些激励措施具有普遍适用性,其他措施则比较具体且只提供给特定的投资种类。投资激励措施通常采用较高的公共支出或较低的税收收益方式予以实现。他们也可能采用公共担保(例如贷款担保)的形式并合并进一个具体的法律规定中(例如投资协定或环保条款)。另外,如旨在于把削减交易成本而通过投资促进机构向投资者提供的信息,也被认定为一种具体的投资促进措施(正如第二章所阐述的)。

由于投资激励措施范围广泛,本章内容节略。本章关注范围比较狭窄,集中在作为一种特定种类的规制激励措施的财政和金融投资研发(R&D)激励措施以及国际投资协定(IIAs)方面。国际投资协定是用以吸引外商直接投资(FDI)的政策工具,而财政和金融研发激励措施则是选择性的、用以鼓励和支持特定种类投资的措施。[1]

本章的宗旨有两个方面:首先,简要概览提供投资激励措施的几个基本动因;其次,简述国际投资协定和研发投资激励在实际工作中利用率的上升。

投资激励措施的基本动因和福利影响

提供投资激励措施的基本原理是政府希望通过影响公司投资的选址(哪里)、规模(多少)、种类(什么)、时机(什么时候)和模式(如何),以最大化社会福利。包括但不限于这些考量,提供投资激励措施的潜在原理还有决策制定者的意图，即最大化其私有经济福利。尤其是，各种政治经济论点表明，政治家和官员利用税收和公共支出来增加再次当选的可能性，或者最大化其在政治决策过程中的地位和影响力。因此，为社会福利的意图而促进公司投资是第二考量因素。[2]

第一个基本原理的基础是良治政府，提出的一个问题是，在一个市场经济下，中庸的经济观点能否为投资激励措施提供理论依据。答案涉及分销、宏观稳定、分配相关的主张（例如 Musgrave，1957）。分销相关的理论依据在于，社会希望加速特定地区的发展，通过地区性税收优惠或补贴把投资向这些地区转移。显而易见的是，地区性的投资激励措施的另一个正当性依据是分配制度，目标在于通过在空间上重新分配资本存量，从而提高地区经济发展速度。宏观调控方面的正当性依据是，政治上希冀顺畅的商业周期波动，采用的措施包括在经济下滑时提供渐进的投资税收信贷或者费用。

投资激励措施在分配方面的论点是市场失灵理论。据此观点，市场机制在无法给出帕累托效率的情况下是失灵的。市场机制的失灵由很多因素引起，例如非排他性、信息和交易成本以及讨价还价不奏效（Gravelle and Rees，2004）[3]。市场失灵表现在很多方面（例如参见 Gruber，2013，321ff）：由于垄断和寡头导致的市场交易太少、由于积极的技术性的外部效果导致的市场交易太少，或者消极效果导致的交易太多、由于公共财产资源导致的市场交易太多、在纯公共产品的情况下没有市场交易、由于不对称的信息导致的太少的市场交易（反向选择和道德危险）。在这些情况下，政府介入、干预纠正市场结果可增加国家福利。[4]

但是，通过投资激励措施纠偏市场机制，可能需要更多税收收入，或者由于财政预算问题可能需要限制其他公共支出。由于增加的税收或者削减的公共支出通常会异化成为扭曲私有经济的决策，因此，即便是从一个纯粹分配的角度来看问题，市场机制的失灵也并不足以构成政府干预的正当性理论基础。政府干预并不是一场"免费的午餐"。而且，市场失灵更多的是常态而并非例外。该"市场失灵的这种普遍性……使得政府适当角色的分析更为困难；问题变成了不是确认市场机制的失灵……而是确认在政府干预提升福利的情况下存在大规模的市场机制失灵"（Stiglitz，1989，38f；原文是 italics）。

因此，合理的投资激励政策的基础就在于综合性的成本—效益或成本—效用分析，这个问题依次考虑了以下因素，如市场机制失灵的规模、更高的税率引起的扭曲（激励措施如何得到财政支持）、一国的经济发展水平

（如果提供投资激励措施，可获得的公共产品的水平和质量是否会降低），以及一国的自然资源（例如参见 James，2013，关于成本—效益分析的内容）。

就促进外商直接投资而言，分配方面的论点支持投资激励措施占主导地位（例如，James，2013）。布罗斯多姆（Blomström，2002）认为，支持该类（投资）激励措施的最强有力的论点是基于知识溢出效应（Blomström，2002，165）。根据 OLI（所有权—区位—国际化）模式，跨国公司（MNE）在服务外国市场时必定有所有权优势（例如 Dunning，2000）。所有权优势则使得跨国公司可以与本地公司在本地市场竞争。这些优势包括各个方面诸如经营管理能力、规模优势或高级的生产技术和专利（Blomström，2002）。所有权优势，包括专有技术有可能溢出到本地的上游、下游公司，通过一些前后的链接或本地竞争对手，从而增加相关公司生产力。

跨国公司通常在做出外商直接投资决策时并不会考虑上述积极的外部效果。因此，某种特定种类的、在社会角度上对东道国非常有利的外商直接投资或许根本就不会被执行（外商直接投资的广泛幅度），或者由于相对较低的私有回报而仅仅有小部分被低效执行。投资激励的目标就在于缩小投资带来的社会回报与私有回报之间的差距（Blomström，2002）。哈夫拉奈克和伊索瓦（Havranek and Irsova，2012）最新的实证分析发现一些实际证据，以证明外商直接投资通过向后链接而对国内公司的生产力产生（即对国内供应商的溢出）积极的溢出效应。这些作者们发现，外商直接投资（外国存在）每上升 10 个百分点，国内供应商公司的生产力就上升 1.2 个百分点。相反，其他种类的溢出效应幅度基本可以忽略（Havranek and Irsova，2012，1389）。

由于溢出效应而导致的在社会和私有企业回报方面的差异经常被用作支持研发类投资激励措施的理论依据（例如 OECD，2012b）。实际上，实证研究发现，“研发的社会回报率远远高于私有企业的回报率”（Griffith，2000，1）。跨国公司在全球范围内的研发活动中举足轻重。而且，跨国公司越来越将其研发投资活动国际化（例如 UNCTAD，2005）。这种研发的国际化为东道国开启了通过研发相关的外商直接投资而提高增长表现的可能性。另外，与研发相关的外商直接投资的决策通常都是通过升级现有的价值链而升级已有的外商直接投资（Guimón，2013；Wellhausen，2013）。因此，除了吸引外商直接投资外，研发激励措施也是一个使得现有的外商直接投资可持续的重要方式。

作为外国商业环境不确定性的结果，潜在的投资者可能面临着交易成本提高的问题（例如高搜寻和议价成本或者高监控成本）。高交易成本可能阻止跨国公司向外国投资，即便从福利角度来看外商直接投资是一件非常有价值的事情。跨国公司的投资激励措施可削减这些成本。例如，公司收入的税率水平可标志外国的商业环境质量。[5]国际投资协定的宗旨是为外商直接投资获取一定的政策矢量，通过向跨国公司提供有效执行其知识产权的条款而削减交易成本。而且，国际投资协定还可能是缓解"套牢问题"的一个方式，这个问题出现在以下情况下，即某代理的具体关系投资的部分回报可被贸易伙伴事后征收。当投资者预期到东道国政府的该行为时，提高效率的外商直接投资就可能不会发生。[6]

从积极的经济角度来看，分销、宏观稳定性、分配等投资激励措施的正当性依据可能无法完全解释投资激励措施的实际提供。政治经济方面的考量，如执政政府的再次当选（包括"邀功和推卸责任"的论点）、利益集团的寻租行为或者决策制定者接收"政治收入"的需求表明，投资激励措施是在没有大规模市场机制失灵或分销和宏观稳定需求的情况下提供的。[7]重要的是，这些政治经济考量暗示，提供投资激励措施的首要原理就在于最大化决策制定者的私有福利。另外，即便是在一个纯粹的"好的"决策制定者的情况下，有限的信息也可能导致在没有政府干预的情况下出现投资激励措施。对公司而言，在这种情况下会出现纯粹的意外获利。由此，由于决策制定者不能或者不愿主要基于公民利益而采取行动（"政府失灵"），投资激励措施可导致无效的、福利削减的资源分配。

前面的评论表明，实际观察到的很多激励措施主要有两种：提供的投资激励措施是基于合法原因、没有任何合法根据提供的投资激励措施。另外，存在以下情况，市场过程中的政府干预从常规来看具有合理性，但是政府并没有纠正市场失灵。特别地，一种吸引外商直接投资的方式是通过宽松的规制环境或法理上限制性规则的宽松执行。即，尽管在文本中的环境外部性有利于政府干预，但外商直接投资是被负面环境外部性的非内部化所吸引。

投资激励措施普遍使用的总结

总而言之，提供投资激励措施其中一个原因是基于促进公司投资，从而增加社会福利。经济学中的公共福利流派提出一系列论点，原则上解释了向公司提供投资激励措施的正当性依据。但是，实际情况是，投资激励措施使用的频率远远高于该传统的经济推理。提供投资激励措施的唯一根据可能不是促进投资和增加社会福利。事实是,基于体制性环境,政治家和官员可能利用这些政策工具来获取连任或提高其自身地位和政治影响力。但是,即便是提供投资激励措施的唯一根据是促进投资和增加社会福利,投资激励措施可能伴随着负面的福利影响(例如,由于负面的外部影响的非内在化或者通过扭曲税收而资助投资激励措施的需求)。

就促进外商直接投资而言,必须记住的一点是,金融和财政上的投资激励措施对种类繁多的外商直接投资而言,既不是唯一,也不是最重要的驱动力。大量研究表明,例如在采用较低的有效税率的情况下,投资激励措施是与外商直接投资正相关的。[8]但是,这些研究也表明,一国自己的市场规模以及附近市场的规模、产品的可获得性与成本的因素、普遍的体制性和经济基本因素(例如宏观经济和政治风险以及行政壁垒),在一个跨国公司的选址决策中具有决定性作用。其中,有些基本因素在公共决策制定者的范畴内,在政府考量把财政和金融激励措施作为政策工具之前,这些基本因素需具备一定的质量。主要由财政和投资激励措施驱动的 FDI 可能具有"无拘无束"和"最优选择"的特点。正如布罗斯多姆和科科(Blomström and Kokko,1996,27)所强调的,自由的外商直接投资表明,几乎没有物质资本被"锁定",这使得公司可以轻易而快速地迁移其投资到一个新的更适宜的环境。

而且,为将从跨国公司投资的积极溢出效应内部化,本地公司需要特定水平的吸收能力。它们还必须在金融方面能够适应新科技或雇用高技能工人以实现生产收益。由此,当向外商直接投资提供财政或金融投资激励措施时,政策制订者必须考虑如何确保本地公司能够从外国跨国公司身上实现可能的生产收益,即激励措施必须契合国内公司吸收能力的提高。

上述论述表明,投资激励措施绝不是促进投资的万应灵药。但是,一旦整体制度性和经济基本要素具备一定的品质,投资激励措施可构成更为广泛的全国性发展策略的一个因素。

以某些特定行为为目标的投资激励措施:研发的财政金融激励措施

根据新的增长理论(例如 Romer,1990),研发投资不仅仅是重要的创新、科技进步、经济增长的驱动力。研发似乎还与经济增长具有积极关联,即便是具体国家的因素(如体制环境)在实际的效果上具有决定性作用(例如 Pessoa,2010)。

正如上文所谈,研发公共投资激励措施最重要的依据在于研发的社会收益和私有经济收益之间的正差,这导致追求利益最大化的公司研发投资的储备不足。研发投资激励措施意图纠正该不足,并由此,提高长期的增长表现。文本提出了几项支持研发投资激励措施的补充论点(参见 OECD,2010b;Mohnen,2013):

1.研发投资风险很大并且部分不可撤销,可能要经过相当长一段时间才能得到回报。鉴于信息不对称,研发密集的年轻公司,因为无法依赖于留存收益作为金融来源,所以受信贷约束。而公共支持,例如采用直接补贴或信贷担保形式的,则因此有理由克服信贷担保约束。[9]而且,漫长的回报期可能会使短视的经理不再投资于研发。财政措施,例如在延长期间内可以把损失向前和/或向后平均,可激励该类投资。

2.信息问题和交易成本可导致协调失败。例如,不对称的信息或高交易成本可导致熟练工的缺乏、对研发的补充性投入。简化高技能外国工人的移民程序或提供公司、大学之间研发合作激励措施可在此方面有所帮助。

3.研发的知识具有纯公益的特征(消费方面的非竞争性和非排他性)。非排他性导致搭便车,并且在极端情况下,导致私有企业在研发方面零投入。保护知识产权,例如通过暂时性的注册,可有助于克服该类市场失灵。金融和财政激励措施可削减注册成本(Guimon,2009)。[10]

4.而且,正如经济与合作发展组织所强调的(2010b),税收和金融研发激励措施是在宏观金融危机期间增加投资的政策工具。

由此,各方提出的提供研发激励措施的各种论点符合以下观点,即财政和金融激励措施对于内化积极的溢出效应、对缓解信贷约束、对调整宏观经济形势非常具有相关性(还可参见 Mohnen,2013)。

实证证据

就财政和金融研发激励措施的普遍性、规模和有效性而言,其重要程度如何?

记录显示,在过去几十年,在很多国家,研发支出作为国内生产总值的一个份额(在研发中的总支出——GERD)一直增长(参见,例如"OECD 主要科技指数"数据库和欧盟委员会提供的欧盟统计局数据库提供的数据，2012）。[11]研发投资激励措施重要性的可比较数据比较少。[12]

就一系列采样国家中央政府提供的税额和研发投资激励措施，OECD（2013）提供了一个参数。[13]图 4.1 包含 2011 年的数据。研发投资激励措施的浮动幅度从低的国内生产总值的 0.01（墨西哥）到 0.4（俄罗斯）。所有OECD 国家向研发提供直接（金融）激励措施（通过补贴、贷款和政府采购）。[14]相反，并不是图 4.1 中的所有国家都提供财政激励措施。两个 OECD国家，即墨西哥和新西兰废除了 2016 年的研发财政激励措施；但是，其他国家最近已经开始提供财政激励措施或开始探讨（例如波兰、芬兰和德国；参见 OECD，2011，2013；Delloit，2014）。值得一提的是，除了中国以外，几个欧洲国家（1973 年的爱尔兰、比利时、卢森堡、法国、荷兰、西班牙、瑞士和2005 年以来的英国；参见 Cardinal Intellectual Property，2014）最近已经引进了优惠的专利制度，该制度允许对公司从专利获得的利润征收较低的法定企业所得税。[15]该制度主要针对研发密集型的外商直接投资。最后，根据图 4.1 可看出，在 10 个国家，作为国内生产总值一部分的财政激励措施比直接激励措施重要得多。

表 4.1 所列的国家包含于图 4.1 中。表 4.1 显示了 2007 年至 2011 年之间，这些国家的研发投资激励措施的数量和结构的发展情况。这两年，韩国是实施研发激励措施力度最大的国家，而墨西哥则是提供财政和直接激励措施最小的（GDP 占比）国家。财政激励措施的平均增长（以百分比衡量）比相应的直接激励措施的平均增长幅度大。直接激励措施占国内生产总值比重，美国最高（2008 年和 2011 年），尤其是由于竞争性的研发合约（OECD，2010）的重要性。该段期间，美国在直接投资激励措施方面的增长最大。而财政激励措施在加拿大（2007）和法国（2011）最重要。2007 年至 2011 年期间，法国在财政激励措施方面的增长最大。而且，在提供的投资激励措施总占比方面，法国增长最大。2007 年至 2011 年间，研发激励措施全部份额有 5个国家是降低的，日本居首。日本在全部研发激励措施的削减唯一原因在于财政激励措施重要性的降低。除了日本以外，另外两个国家（丹麦和加拿大）也削减了财政激励措施。2007 年，加拿大从一个相对较高的价值水平开始削减。7 个国家削减了其直接激励措施占国内生产总值的份额。总之，从表 4.1 可见，研发投资激励措施的重要性有所提高，同时，财政激励措施相对更为重要。

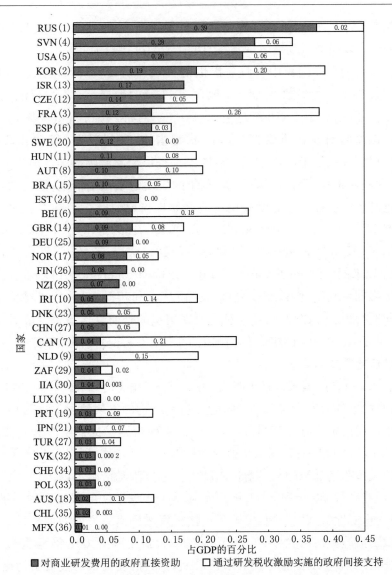

注：数值一般为 2011 年；对智利、澳大利亚、巴西和以色列，数值为 2010 年；对卢森堡、南非和中国，为 2009 年；对瑞士，数值为 2008 年。BERD＝Business expenditure on R&D(商业研发费用)；直接(中央的)政府研发资助是政府所资助的 BERD 的数额(正如公司所报告的)。直接的政府资助构成各类组成(采购、贷款、补助/补贴)的总和；税收优惠是指中央政府放弃某些税收(中央政府因研发税收抵免、研发补贴、研发工人工资税减免和社会保障缴费以及加速研发资金折旧而放弃的收入，详见 OECD，2013)。以色列有关税收激励的数据缺乏。据 OECD(2013)，展示的参数在性质上是实验性的；国家之间的对比性由此受到限制。更多细节和国家数据，参见以下网址：http://www.oecd.org/sti/rd-tax-stats.htm。

图 4.1　商业研发的政府直接资助与研发的税收激励措施，2011 年

资料来源：OECD，2013。

表 4.1　研发投资激励措施数量与结构的发展

2011 年或（　　）	直接	财政	总额	2007 年或（　　）	直接	财政	总额	数值差分直接	数值差分财政	数值差分总额
墨西哥	0.01	0.00	0.01	墨西哥	0.01	0.00	0.01	0.00	0.00	0.00
澳大利亚（2010 年）	0.02	0.10	0.12	澳大利亚（2006 年）	0.05	0.05	0.09	−0.03	0.05	0.03
波兰	0.03	0.00	0.03	波兰	0.02	0.00	0.02	0.01	0.00	0.01
斯洛伐克	0.03	0.00	0.03	斯洛伐克（2008 年）	0.03	0.00	0.03	0.00	0.00	0.00
土耳其	0.03	0.04	0.07	土耳其	0.03	0.00	0.03	0.00	0.04 *	0.04
日本	0.03	0.07	0.10	日本	0.03	0.12	0.15	0.00	−0.05	−0.05
葡萄牙	0.03	0.09	0.12	葡萄牙	0.02	0.06	0.08	0.01	0.00	−0.01
卢森堡（2009 年）	0.04	0.00	0.04	卢森堡	0.05	0.00	0.05	−0.01	0.00	−0.01
意大利	0.04	0.003	0.04	意大利	0.04	0.00	0.04	0.00	0.003 *	0.003
荷兰	0.04	0.15	0.19	荷兰	0.02	0.08	0.10	0.02	0.07	0.09
加拿大	0.04	0.21	0.25	加拿大（2008 年）	0.02	0.22	0.24	0.02	−0.01	0.01
丹麦	0.05	0.05	0.10	丹麦（2008 年）	0.05	0.06	0.11	0.00	−0.01	−0.01
爱尔兰（2010 年）	0.05	0.14	0.19	爱尔兰	0.05	0.09	0.13	0.00	0.05	0.06
新西兰	0.07	0.00	0.07	新西兰	0.05	0.00	0.05	0.02	0.00	0.02
芬兰	0.08	0.00	0.08	芬兰	0.09	0.00	0.09	−0.01	0.00	−0.01
挪威	0.08	0.05	0.13	挪威（2008 年）	0.09	0.04	0.12	−0.01	0.01	0.01
德国	0.09	0.00	0.09	德国	0.08	0.00	0.08	0.01	0.00	0.01
英国	0.09	0.08	0.17	英国（2008 年）	0.08	0.06	0.14	0.01	0.02	0.03
比利时（2010 年）	0.09	0.18	0.17	比利时	0.07	0.14	0.22	0.02	0.04	0.05
奥地利	0.10	0.10	0.10	奥地利	0.10	0.09	0.19	0.00	0.01	0.01
匈牙利	0.11	0.08	0.19	匈牙利	0.05	0.08	0.13	0.06	0.00	0.06
瑞典	0.12	0.00	0.12	瑞典	0.11	0.00	0.11	0.01	0.00	0.01

(续表)

2011 年或( )	直接	财政	总额	2007 年或( )	直接	财政	总额	数值差分直接	数值差分财政	数值差分总额
西班牙(2010 年)	0.12	0.03	0.13	西班牙	0.12	0.03	0.15	0.00	0.00	0.00
法国	0.12	**0.26**	0.38	法国	0.15	0.08	0.23	−0.03	**0.18**	**0.15**
捷克	0.14	0.05	0.19	捷克	0.13	0.03	0.16	0.01	0.02	0.03
韩国	0.19	0.20	**0.39**	韩国	0.15	0.19	**0.34**	0.04	0.01	0.05
美国	**0.26**	0.06	0.32	美国	**0.18**	0.05	0.23	**0.08**	0.01	0.09
mean(平均)	0.08	0.07	0.15		0.07	0.05	0.12	0.01	0.02	0.03
median(中值)	0.07	0.05	0.12		0.05	0.05	0.11	0.00	0.00	0.01
最小	0.01	0.00	0.01		0.01	0.00	0.01	−0.03	−0.05	−0.05
最大	**0.26**	**0.26**	**0.39**		**0.18**	**0.22**	**0.34**	**0.08**	**0.18**	**0.15**

资料来源：OECD，2010，2013。

注：mean 和 median 代表未加权价值；2007 年的数据只有一部分国家可获得，包括图4.1；瑞士除外，OECD 不同的来源提供 2008 年的不同数据(OECD，2010a，2013)。

＊ 意大利和土耳其在 2007 年提供了财政激励，但是，OECD(2010a)没有量化其成本；这两个国家在财政信贷方面的变动可因此夸大真实的变化。

从理论方面来看，直接的研发激励与财政激励措施涉及不同的经济效用(参见 OECD，2010b；Busom，Corchuelo and Martinez Ros，2012；Ramayana，2012；Mohnen，2013)：

1. 直接激励措施提供资金支持，而财政激励则基于投资的利润或税收责任；因此，在财政激励的情况下，公司必须能在一开始就资助项目(Busom，Corchuelo and Martinez Ros，2012)。

2. 由于其重要性，补贴更适宜支持信贷约束(年轻、小型)公司；换句话说，基于盈利的财政激励措施更喜欢成熟、大型公司，而不是年轻的、有潜力的活力、有创新性的公司(例如 Mohnen，2013)。

3. 类似地，就危机时期的宏观调控而言，投资补贴或费用可能是比以盈利为基础的税收激励措施的更好选择。

4. 税务执行成本比财政激励措施低(例如 Tanayama，2012)；但是，有人可能会认为，大型、成熟的公司能更好地应对复杂的税收结构；因此，对于成熟公司而言，财政激励措施相对于直接资助的税务执行成本优势可能更

高一些。(Mohnen，2013)

5. 直接投资更为中性且更易命中目标，因为是公共官员，而不是公司，决定金钱花费的具体的研发项目(例如 Mohnen，2013；Tanayama，2012)。一方面，这暗示着，一个"仁慈的社会规划者"可以使用直接激励措施挑选社会意义上最具价值的项目；另一方面，直接激励措施更便于使用，以满足决策制定者的客户。而且，一个仁慈的公共官员挑选最有价值的研发项目所需的信息在实践中通常都是缺失的；在这些考量中，更少扭曲效应的财政激励措施，提供给某些高创新领域投资，并且形式上是递增(以减少公司意外之财的可能性)，或许是更好的选择。

6. 直接激励措施或许是一种减少信息不对称的方式；接受研发补贴意味着接受公共官员审查，而这可能构成财政机构的一个信号(核准效果。Takalo and tanayama，2010；Busom，Corchuelo and Martinez ros，2012)。

7. 政府规模通常有以下衡量因素，如政府花费占国内生产总值比重，或者税收占国民生产总值比重。直接激励措施增加政府规模，而税收激励措施则削减；因此，即便是直接或税收激励措施对总体公共预算具有相同的影响，政府对公众干预的可见性比起直接投资更高。

8. 据 OECD(2010b)，税收抵免大部分用于鼓励短期应用研究，而直接激励措施则有利于更为长期的基础研究。

图 4.1 中所显示出的各国之间在提供研发激励措施结构方面的差异，可以作为一个预示，即不同种类公司和不同种类研发所针对的目标。主要依靠财政激励措施的国家，在其他条件不变的情况下，喜欢大型、成熟公司，而不是年轻的、小型公司，同样的，喜欢短期适用的研究而不是长期的基础研究。

表 4.1 表明，研发的财政和金融激励措施(作为国内生产总值一部分)在经过一段时间已经具有相当重要性。同时，跨国公司的研发行为的国际化程度已经大大提升。[16] 在所有重要原因中，即跨国公司为什么开始在研发中放弃"本土偏好"，是因为需要"外国科技适用本地市场，可以雇佣高技能研究人员、学习外国领先市场和客户"(UNCTAD，2005，159)。成本问题和研究人员的可获得性在重要性方面一直攀升(UNCTAD，2005，159)。因此，通过提供削减成本的公共研发项目，包括研发投资激励措施，各国愈发能够吸引外国跨国公司的研发活动(或者把国内跨国公司的研发活动留在国内)。

一方面，该促进研发密集的外商直接投资的能力，明确地通过激励措施开拓了外商直接投资的横向竞争（激励竞争）。[17]另一方面，国际化的趋势开启了一种可能性，即新兴经济体不仅吸引研发的外商直接投资，还使得现有的、非研发相关的外商直接投资具有可持续性。[18]的确，据吉蒙（Guimón，2013，3）研究，由于公司之间吸引研发的竞争，"研发密集型的外商直接投资通常通过升级现有的补贴而展开，而不是通过新投资"（第3页）。由此，研发激励措施在原则上，对于外商直接投资的可持续发展尤其重要。

正如财政激励措施喜欢大型、成熟公司，可以假设的是，研发税收抵免和提高的限额，对于在某一产业吸引和维持主要公司的研发密集的外商直接投资尤为重要。直接补贴，可以用于具体的公司和项目，对于小型但具有高度创新性的外国公司的融资可持续性尤为重要。换句话说，直接投资激励措施可能是更优选择，以帮助更小更年轻的外国公司攀升价值链，走向研发密集型的产品和服务。

从东道国政策的角度来看，一个关键问题是研发投资激励措施是否真的能够推动研发密集型的投资。该问题上的实证经验比较缺乏，基于广泛的样本国家，不仅仅是因为在研发投资激励措施方面缺乏可比较数据。现有的研究指向了促进研发密集型外商直接投资的财政和金融激励措施的重要性欠缺。威尔豪森（Wellhausen，2013）验证了两个假设：（1）研发的外商直接投资是一种升级决策；（2）财政和金融激励措施并不能促进研发密集型外商直接投资。其使用了从美国到各发达国家和发展中国家近几年的涉及研发的外商直接投资数据。在假设的验证中，东道国覆盖和考量的年份各不相同。值得注意的是，假设1验证的样本是1985年至2005年期间的11个发展中的东道国。威尔豪森为其两个假设都找到了实证经验的支持。

瑟斯比（Thursby，2006）提出了一份调查结果，涉及200个跨国公司所在国家，横跨15个产业，处理的各种因素影响跨国公司对研发选址决策。其中大部分跨国公司在美国或西欧都有总部。研究结果是按照发达国家和新兴经济体的划分而构建。研究者发现，税收减免和研发密集型外商直接投资之间联系微弱。对发展中经济体来说（51％位于中国和印度），研究者谈道："可以很合理地反驳以下论点，即税收减免和/或直接的政府支持正在引诱公司在发展中或新兴经济体内设立研发设施。"（第24页）他们总结认为："不管各公司在哪里设立研发中心，都有四个关键因素需要考虑：最终产品市场潜力、研发人员素质、大学合作和知识产权保护。"（第1页）

高格和斯特罗布（Görg and Strobl，2007）提供的证据，则证明在增加已设立外国公司的研发行动中，研发激励措施的重要性不高。他们的分析是基于 1999 年至 2002 年期间爱尔兰共和国制造业的工厂级数据。他们在其分析中考量了金融投资激励措施。对于外国工厂而言,他们找到的证据既不是增量,也不是研发激励措施的所产生的挤出效应。因此,研发投资激励措施对研发有关的外商直接投资的集约边际没有影响。

坎特韦尔和穆达比(Cantwell and Mudambi, 2000)提出疑问,投资激励措施作为一项地域因素是否与公司和其他地域相关的变量同等重要,其重要性是否会递增,或者其在跨国公司的研发决策中是否完全不重要。在允许考虑其他地域因素后,"增量的"被界定为还具有重要作用。作者考量财政激励措施(例如税收抵免)以及金融激励措施(例如贷款或贷款担保)。基于公司层面的数据(通信调查得到的数据),工程类以及工程相关类的位于英国中部地区的外国公司,其发现在跨国公司的研发选址决策中,税收抵免具有增量效果,但没有直接效果。由此,投资激励措施是由公司和其他地域相关的因素主导。然而,它们可能对盈利空间有影响。坎特韦尔和穆达比总结认为,"当主要公司和选址参数非常类似时,在做选址决策时,投资支持将发挥重要作用"。

投资激励措施适用的总结

本章总结,从福利的角度来说,我们应该就投资激励措施的积极策略,尤其是外商直接投资保持质疑。实践经验的角度看,我们更应该强调这一点。财政和金融激励措施对于促进研发密集型的外商直接投资在重要性上位居其次,尤其是在发展中国家。相反,发达国家和发展中国家同样的应该持续地努力提升教育体系,研究人员的可获得性同样的对研发的外商直接投资是必需的。而且,有必要调整电信基础设施,因为研发行为要求通信和信息交流。当然,各国需要设立并可靠地获取跨国公司所需要的进行研发密集型外商直接投资所需要的各机构。得到知识产权在这方面也非常重要,因为科技引领者担心盗版是在研发投资中倾向于祖国的一个原因(例如Belderbos, Lenten, and Suzuki, 2013)。换一个表述,各国必须获取和/或维持相关的科技门槛水平,以及基础设施、和机构相关的能力,以便供跨国企业的研发行为做参考(UNCTAD, 2005; Guimón, 2013)。

外国投资者可广泛获得的投资激励措施:国际投资协定

自 1960 年以来,双边投资协定已经用于保护外国投资,此种保护不仅适用于高收入国家和低收入国家之间的投资，而且在高收入国家集团之间的投资之适用也越来越多。同样，低收入、中等收入国家集团之间也存在类似情况。随着时间推移，签署双边投资协定的国家的范围已经有所变动，当中包括了一些不那么危险的国家，但是双边投资协定的目标一直非常稳定：资本输出者寻求保护，而资本输入者则通过签署条约以寻求外商直接投资。另外，政府已经越来越喜欢在地区层面签署双边投资协定，大部分是通过纳入《北美自由贸易协定》等类似的地区贸易协定中的投资条款。到目前为止已经成为常识的是，国际投资协定（其包括双边投资协定和包含投资条款的自由贸易协定）试图通过其保护功能直接促进外商直接投资，通过其标志功能间接地促进外商直接投资。更少为大家普遍认识到的是，国际投资协定可能提高外商直接投资的其他地域因素的效应，包括外商直接投资激励措施。例如，双边投资协定有关非直接征收的条款能够加强优惠知识产权体制的效应，类似保护伞条款的双边投资协定条款可以提供给投资者进入各类公私合伙关系提供额外激励。相应的，该部分首先重新考察了如何在国际投资协定情况下的政策干预找到理论根据。接下来有实证证据，双边投资协定作为国际投资协定最重要的种类，在何种程度上促进了外商直接投资，并增加了其他地域因素在外商直接投资上的影响。

国际投资协定的经济原理

在此，我们从无效交易的角度讨论国际投资协定的原理；即，"一旦一公司进行了外商直接投资，某些谈判能力即转移到了东道国政府，该政府有动机改变投资条款，以获取更大收益份额"（Buthe and Milner，2008，743）。

国际投资协定的经济正当性根据还可以从市场失灵的情况下衍生出来，揭示一个事实，即政府承诺缺乏公信力。作为缺乏公信力的结果是，一项有效的投资，将不会进行或者在缺乏国际投资协定情况下以一种非常低效的方式展开。更具体的情况下，公信力的缺乏与两种类型的市场失灵有关：反向选择与时间不一致性，也即所谓的套牢问题（例如 Tomz，1997；Guzman，1998）。一开始就值得注意的是，对于出现公信力问题，套牢问题既不是一个必需也不是一个充分条件，因为没有必要试图欺骗东道国。相反，反向选择和时间不一致性会恶化无效交易（Vernon，1971）。

反向选择是指以下事实，即一个政府的真实意图的信息可能是私密的，因为"当观察者缺乏有关推动政府采取某项政策的信仰和价值的信息时，这些政策包括自由化资本流动"（Tomz，1997，2）。这种类型的市场缺陷甚至可以更为严重,如果有问题的政府在管理一个国家时缺乏公信力的机构,正如发展中国家。政策变动的诱因可能是国内的,也可能是外部的。

时间的不一致性是指以下事实,即东道国政府将一直有"短期而言改变现有外国投资的条款的动机,但短期利益超过长期成本的情况下"(Büthe and Milner,2008,743)。短期福利最大化可主导长期福利最大化/有效性,并采取各种形式,其所关注的就在于转移外商直接投资盈余从而有利于东道国政府。在改变盈余划分的协定是"各方的减让和承诺"。例如,东道国可能同意向投资者提供某些税收优惠,同意允许盈利汇回国内,并放弃某些进口限制。另一方面,公司可能承诺提供一定水平的雇佣职位、某些技术转让、本地含量/增值等(Guzman,1998,661)。值得注意的是,如果完全避免信息不对称的问题,即如果公开所有信息,则时间不一致性的问题仍然存在。

盈利划分的问题可能存在于国内公司和本地政府之间,但如果外资公司是盈利的主要来源,则在发展中国家该问题可能会严重。而且,正如比特和米尔纳(Büthe and Milner,2008,743)所称,"被资源捆绑的发展中国家政府可能比发达工业国家政府有更大的动机去贴现长期利率"。托姆兹(Tomz,1997)列出了一系列原因,即一政府可能被敦促在事后在贸易政策中寻求保护主义,即便是自由贸易在事前是优先考虑的:"例如,商业自由化的某一项目可能与财政缩减目标冲突"。一个类似的问题是一项不断变坏的往来账户。托姆兹总结:"由此,一旦投资者已经承诺,对'真正'改革者的升级关税的诱惑可能证明是不可抗拒的。这种类型的推理很容易被转移至投资政策领域:例如,一政府可旨在自由化资本流动和资金的自由转移,但可以在经济危机时随后恢复资本管控;或者提高再进口的货物和中间服务的关税,尽管总体来说存在一个自由政策的方式。"(第 4 页)[19]

鉴于存在两种市场失灵同时出现的可能性,国际投资协定如何解决这种情况? 克纳(Kerner,2009)辩称,存在两种可能性:事前成本(信号)和事后成本(承诺)。两者之间的相互作用很重要:"在一个不完美信息的背景下,所有承诺都是信号,而不是所有信号都是承诺"(Tomz,1997,5)。在国际投资协定和外商直接投资情况下的信号可以被界定为"发出一个被广泛接收到的'信号',即某一国家是值得信赖的"(Kerner,2009,74)。换句话说,投资者们对东道国政府真正意图的怀疑,来源于信息不对称,当东道国政府签署/批准国际投资协定时,随着投资者们更新其信念,有怀疑可以减少。

当国际投资协定"对签署国构成重要的事后成本时,"则其束缚了签署东道国的自由(Kerner,2009,74)。就这点来说,一项国际投资协定就是一项承诺设置。[20]因为，一项国际投资协定包括了两个主权国家之间的一系列承诺，违反一项国际投资协定"构成违反国际承诺，而这使得那些承诺的违规成本更为高昂"。[21]不管是发挥标杆功能还是承诺功能，其最终均有利于促进外商直接投资。

重要的是要注意到，这些概念性的论点与单个的双边或地区协定相关，但是，他们忽视了一个事实，即国际投资协定是这些协定制度的一部分。一旦采取一个系统性的观点（参见 Poulsen，2011；Poulenc and Aisbett，2013），双边投资协定标准和双边投资协定的适用中（仲裁法庭）缺乏一致性的问题就出现了。这暗示了，就一个更为系统的观点而言，以上论点需要正当性。例如，基于大量面试，鲍尔森（Poulsen，2011）报道，有关条约的实际应用，东道国政府严重缺乏知识。例如，确定一政府改变税收政策的决定活激励机制是否真正构成违反双边投资协定，是一件不确定的事情，并且可能需要冗长的、费用高昂的诉讼来确定。并且不同的法庭可能基于同样的事实得出不同的结论。这些证据明确表明，双边投资协定无法自动解决两种类型的市场失灵。因此，从概念性的观点来看，东道国双边投资协定的目标能否达成值得质疑。

实证证据

世界银行（2014）世界治理指标表明，在（1）政治稳定性[22]，（2）规制质量[23]，或（3）法治[24]三个方面指标最低的国家，数量很大，改善的进程长期以来一直很慢。政治风险仍是外商直接投资的一个决定性威慑因素。

投资政策，不管是在发展中国家还是发达国家，已经越来越多的包括国际投资协定，因此，经过一段时间，其已经有了大幅增长（UNCTAD，2013）。最近以来，国际投资协定的增长率已经下降。2014 年一开始，有 3 196 个国际投资协定，其中有 2 857 个是双边投资协定。这两个数字之间的差别主要是通过自由贸易协定得到解释，最显著的是，保护投资条款的地区协定。

随着国际投资协定数量的增长（参见 UNCTAD，2014；Chaisse，2013），投资者—国家争端解决（ISDS）案件的数量一并增长。自 2000 年以来，投资者发起的案件的数量已经加速增长。截至 2013 年，共有大约 568 起 ISDS 案件，仅仅在 2013 年就发起了 56 起。值得注意的是，2013 年案件的一半是针对发达国家提起的，56 起案件中的 45 起都是由来自发达国家的投资者提起的。这表明，类似诉求并不仅仅是发达国家发展中国家之间的游戏，其是在双边投资协定的形成初期。

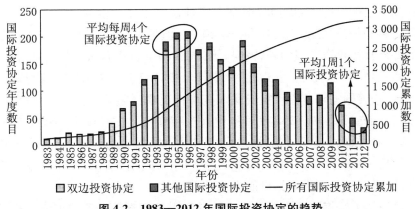

图 4.2　1983—2012 年国际投资协定的趋势

资料来源：UNCTAD，2013，102。

就国际投资协定是否增加外国向国内的外商直接投资的问题，大多数谈到，实验证据显示有各种情况（参见例如 Sauvant and Sachs，2009）。然而，荟萃分析可以就这个问题提供一个客观的定量分析，展示公众倾向。[25]在经验研究中，用来比较双边投资协定对外商直接投资影响的关键衡量措施是半弹性，其被用于界定为外商直接投资里的百分比变动，基于双边投资协定里的单位变动（由一项双边投资协定导致的全部双边投资协定总量的增加或某些国家之间新的双边投资协定的出现）。基于大约 35 份双边投资协定对向国内的外商直接投资流动影响的实证研究的荟萃分析的初步结果（Bellak，2015a，2015b）表明，就双边投资协定在 8.2 秩序（79 份观察；在 1% 层面的重要性），当双边投资协定在由一个沉默的变数和 2.3（110 份观察；在 1% 层面的重要性）方面外商直接投资的半弹性，当使用累积双边投资协定时。在两种情况下，有关半弹性的最精确的估计接近零（注意这里的精确在这里是基于一份实证研究中系数评估的标准错误的大小）。

至于结果的数据重要性问题，艾斯贝特（Aisbett，2009）谈道："各国似乎相信，双边投资协定在外商直接投资促进能力方面超出……法律和政策成本。我没找到证据支持这种信念。而且，我的结果显示，以前的双边投资协定参与具有积极影响的认定……几乎都是归因于在内因性方面的关注度不够。"但是，更为近期的研究得出双边投资协定影响积极，即便是考虑到内因性。其中有些研究在下文段落有提及（Büthe and Milner 2014；Busse，Joni Get and Nunnenkamp，2010）。

虽然说区分短期和长期影响很重要，正如假设所谈及，通过国际投资协定提高可信度可能需要时间，但是在实证研究中几乎没有发生过。一个例外是爱格和梅洛（Egger and Merlo，2007），但是他们使用的是向外而不是向内的外商直接投资。佩因哈特和托德（Peinhardt and Todd，2012）进行了一项时间系列的干预分析，发现在 32 个国家中，"只有三个国家在执行双边投资协定后，美国的外商直接投资流入有增长现象"（第 771 页）。比特和米尔纳（2014）的研究发现，双边投资协定并没有在流入的外商直接投资方面有一个长期的效果。基于此证据，可以得出结论，概念上合理的、赢取东道国政府信任的耗时过程没有发现实证支持，而双边投资协定对外商直接投资积极的、显著的长期影响到目前为止尚不明确。

该证据无法得出双边投资协定不是吸引外商直接投资的重要方式的结论。而且，尽管其在通过向其他国家的投资者发出信号吸引外商直接投资方面的间接作用可能很重要，波尔森、邦尼查和哈克（Poulsen，Bonnitcha and Yackee，2013）公布的研究报告令人信服的显示，因为国际投资法的体制特点，这些效果可能有限。但是，缺乏证据证明双边投资协定在外商直接投资吸引方面的作用并不代表双边投资协定与该类引资无关。其中一项论点明确，通过其外商直接投资保护功能，双边投资协定可以对外商直接投资的可持续发展作出重大贡献。一个重要方面是，双边投资协定允许投资者针对东道国政府采取法律行动，包括经常是长期存在的双边投资协定期间，还包括双边投资协定失效期间（终止、时间流逝等），因为存续条款，双边投资协定中固定下来的权利在一定的期间是有保证的。

在以下问题上，即国际投资协定是否会对外商直接投资的其他决定有影响，证据仍然稀缺，但是有增长。主要的观点是，国际投资协定可以提高其他基本要素、选址因素和其他激励措施对外商直接投资的影响，因为国际投资协定解决了（外商直接投资通道）堵塞的问题，其影响了政府政策的所有领域。例如，因为以前的部分处理研发激励措施问题，假定一东道国政府在一定期间内向所有公司提供研发激励措施。但是，由于预算约束，突然提高了外国投资者得到研发激励措施的门槛。[26] 外国投资者可以引用一条或更多双边投资协定条款（例如公平、公正的待遇标准，或者国民待遇标准）质疑政策中的该类变动。威胁引用双边投资协定条款可能对东道国政府具有规范效果，而引发以下结果，即决定不提高门槛或提高幅度低于原先计划。更普遍的说，双边投资协定中固定下来的承诺，通过束缚政府之手，可能会加强对外商直接投资的投资激励措施。因为双边投资协定覆盖的投资者在政策变动时可以引用双边投资协定条款，包括在投资激励计划中的变动（例子参见本章注释 27)。

几项研究模型互动对政府因素生效,如政治稳定性、政府稳定性、法律和秩序、市场规模、利率与货币供应、资本账户开放度、国内机构的质量、各州之间政治关系的质量。然而,确立该论点的实际相关性的主要困难在于,大多数研究并没有揭示出制定的条款联合作用的重要性。这将需要确立双边投资协定变量和双边投资协定变量结合之间交互作用的重要性,而这并不是标准的软件自动制造的;因此,这些数据重要性在过去无法建立。不幸的是,到目前为止,没有激励措施与双边投资协定变量之间进行互动,因此,这里没有激励措施放大作用的假设的实证证据。

利用国际投资协定的结论

与早期发展起来的激励措施的普遍使用方面的一些质疑论点相反,尤其是吸引外商直接投资方面,本部分讨论了国际投资协定作为一种工具在促进外商直接投资方面的优点。一方面,国际投资协定作为一种政府担保的针对政治风险的保险,可有助于吸引外商直接投资;但是,另一方面,现有的实证证据表明,其对投资流的影响巨大,或者即便存在,一旦实证结果在出版时得到校正,其影响并不非常具有说服力。根据计量经济学的结果,波尔森在采访中谈到,约束理性框架可以最好地阐释现代国际投资协定的扩展,并从发展中国家官员报告反馈,即反映以前谈判代表一些不是很合理的期望。其总结,全国性的经济增长已经被高估,而成本被忽略。

然而,缺乏实证证据可能只是人为的情况,因为国际投资协定形式各样,而这种多样性几乎不会纳入早期的实证研究的考量中。在缺乏贝拉克(2015b)分析证实的研究基础上,巴斯、科尼尔、努南坎普(Busse, Königer and Nunnenkamp,2010),以及伊诺迈尔和斯佩斯(Neumayer and Spess,2005)曾例外宣称,国际投资协定能够替代有利于外商直接投资的制度因素的缺乏(例如发达的法律制度或健全的金融财政政策)。换句话说,尽管国际投资协定可在制度因素存在问题的环境下施展其保护作用,不充分的基础设施和国际投资协定的结合无法构成一项成功的吸引外商直接投资政策。还应提及的是,使用集合的外商直接投资数据和双边投资协定集合数据的实证研究面临着条约滥用的问题,这也是一个普遍被接受的做法,即为了得到在东道国的第三国双边投资协定保护,通过第三国的渠道在东道国投资。使用双边外商直接投资数据的一些研究越来越关注这个问题。不管怎样,外商直接投资本身的低价值感限制了该领域实证研究的重要性和相关性。[27]而且,因果关系在这里是一个问题,因为很多双边投资协定也涵盖双边投资协定签署之前的投资。

　　总之,目前为止,加强国内体制以最小化政治风险看起来似乎是东道国政府的一个必要的、有前景的选择,同时并行的有他们最后自己创设的政治风险的保险。该结论是重要的,正如像詹迪亚拉(Jandhyala)、亨尼斯(Henisz)、曼斯菲尔德(Mansfield)等政治学者曾在实证证据的基础上令人信服的宣称:"随着各国之间双边投资协定数量密度的增加,越来越多的国家签署协定,以便在没有充分理解其成本和能力的情况下以获得合法性和接纳。"

结　　论

　　投资激励措施的重要性与日俱增。研发与国际投资协定中的激励措施也不例外。认为其增加福利的大多数观点均是基于市场失灵理论。但是,市场失灵无法构成足够理由,不管是从一个正常的观点来看提供投资激励措施,还是解释其普遍的适应。正如任何其他政策措施,一项投资激励措施应该基于国内层面的彻底的成本—效益分析。并且其应该考虑一些意外后果,如流动资本产生有害的激励措施竞争,而这个问题最终只能在多边层面解决。而且,应该注意的是,本章一直在讨论的政策需要反映具体国家的情形,因为各项激励措施的经济效用在各国是不同的。本书的第九章和第十章更深入地探讨了上述问题。

注释

　　1. 这里的可持续性可理解为保持跨国公司在该国的运营,可能改变其类型(如从一个纯粹的制造工厂升级到提供研发服务的工厂)。

　　2. 通过税收和公共支出以提高地位和影响力的可能性特别依赖于政府部门内的权力分配。尤其是,如果预算机构赋予财政部门重要的决策权力,则其他政府实体使用投资激励措施以增加其私人福利的机会将会被严格限制。

　　3. 英曼(Inman, 1987)认为,市场失灵有一个共同的原因:市场无法执行公用事业或利益最大化机构的合作行为。这导致"囚徒困境"。

　　4. 马斯格雷夫(Musgrave, 1957)还引入了有益商品或有益需求的概念。与公共产品或溢出效应相反,在个体倾向被接纳作为决策基础(消费者主权)的情况下,从有益商品角度考虑问题是一种家长作风。如果接受有益商品的存在,则投资激励措施则可能找到其他正当性根据,例如,出于一个公司管理层的"短视"规划。

5. 但是,针对外国资本的投资激励措施可能导致各独立辖区之间对流动资本激励措施的竞争,还有潜在的负面的福利方面的后果。对流动资本的横向税收竞争,由于积极财政溢出效应的非国内化,可以导致一个低效的公共消费产品供给(如 Sinn, 2004)。

6. 原则上来讲,垄断、纯公共产品、和公共财产资源也可构成外商直接投资激励措施的正当性基础。投资激励措施,通过削减沉没成本或经由放松信贷限制而增加竞争,可使得本地垄断化的市场具有竞争性。非排他性的问题可以经由提供补助而减轻排他性成本而予以削减。

7. 在公务员提供优惠待遇(例如,生产要素的超额支付、税收漏洞、优惠的经济立法)的情况下会发生政治性收入,这些待遇是向一些特定的组织提供以交换利益(形式各异,例如竞选捐献或雇用承诺)(Barro, 1973)。"邀功和推卸责任"的说法是基于一个认定,即以再选举为导向的政治家提供外商直接投资激励措施,由此,他们能够"因投资流入其辖区而居功,并在投资者选择去其他地方时最小化政治争吵"(Jensen et al., 2010, I)。提供外商直接投资激励措施的"邀功和推卸责任"的基本原理似乎具有一个明确的政治收益。

8. 很多不同的税收政策措施会产生低效税收负担,包括低法定税率和窄税基,其原因可归咎于某些种类的收入豁免或某一特定期间的税收。这些措施潜在的政策根据并不总是明确,但是有关公司税收政策的描述几乎从不遗漏吸引外商直接投资的效果。

9. 正如高吕和棚山(2010)所强调的,研发投资接受公共补贴可向金融机构提供一个信息信号,而其则会反过来,缓解其信用状况。

10. 由于积极溢出效应和那些由于公共产品特点而导致的市场失灵很明显是紧密相连的。为了避免免费搭车者,必须采取措施削减知识泄露,而这会反过来减少知识溢出的速度和程度。两种论点都假定本地公司一定程度的吸收容量。

11. 很多欧盟国家增加 GERD,尤其是由于欧洲 2020 战略设定的目标,该战略继里斯本战略之后,列出了欧盟的首要经济目标。欧盟 2020 GERD 目标浮动范围在 GDP 的 0.5%(2012 年塞浦路斯 0.46)和 GDP 的 4%(瑞典在 2012 年是 3.41%;芬兰在 2012 年是 3.55%)之间。方便比较,美国、日本、韩国和中国的 GERD(目标 GERD)的百分数分别是 2.67/(3)、3.25/(4)、3.74/(5)和 1.76(2.5)(欧盟 2012;欧盟统计局数据库,最新的可获得的数据是 2014 年 5 月)。

12. 单独向外国跨国企业提供的研发激励措施的相关数据,据我们所知,是完全缺失的。该类数据将提供有用信息,即哪些国家在使用特殊的财政工具竞争外国公司的研发投资,或者是以下问题,即投资激励措施政策是否歧视国内或外国公司。

13. 对于像德国或美国这样的联邦国家,这些数据或许低估了研发激励措施作为GDP 一部分的实际体量。

14. 图 4.1 涵盖希腊和冰岛。但是,根据经济与合作发展组织资料(2011),两个国家提供了直接补助,希腊是在 2009 年,冰岛是在 2008 年。

15. 而且,德国政府计划引进专利盒体制(2015 年 12 月)。

16. 吉蒙（Guimón，2013）包括一些描述性证据。例如，外国公司的年度研发投资在 OECD 的 1997 年到 2007 年之间翻倍，在 2007 年达到了 890 亿美元。

17. 参见本书的第十一章和第十二章，设计规制投资激励措施的使用方面的动议。

18. 对于东道国由于研发密集型外商直接投资相伴而来的风险，参见吉蒙（2013）。更为重要的是，研发密集型的外商直接投资可能会由于面临供给市场更为激烈的竞争，而排挤本地公司的创新努力。

19. 东道国政府有很多方式可以把盈利分配从投资者转移到东道国：提高税率、提高关税水平、改变法规、增加费用、选择性地执行法律、实施新的劳工要求等等。最极端的涉及征收（Guzman，1998，661）。与早期有关直接征收相比较（重要的是有关资源寻求型的外商直接投资），价值链越来越国际分工的现象已经降低了直接征收的可能性：作为一个公司全球生产链一部分的外商直接投资，使得一个采取征收行为的公司资产所剩无几，正如比特和米尔纳（2009）所谈到的。另外，东道国政府经营一个被征收的生产设施的能力可能会比较低。

20. 承诺是如何提高事后成本的？ 据比特和米尔纳（2008，745），正式的协定，例如条约，使得这些承诺更为明确。

21. 注意第一个和第二个论点之间的不同；原因在于以下事实，即第一个论点指的是所有投资者，包括双边投资协定没有涵盖的投资者，而第二个则仅指 BIT 涵盖的投资者。

22. 政治稳定性反映了对以下可能性的感知，即政府将不稳定或者被不合宪法的暴力方式推翻，包括政治推动的暴力和恐怖主义。

23. 规制质量反映了对政府构建和执行健全的政策和法规能力的感知，这些政策法规允许和促进私有企业的发展。

24. 法治反映出接受程度，即各机构对社会规则有信心并愿意遵守，尤其是合同执行的质量、知识产权、警察和法庭，以及犯罪和暴力的可能性。

25. 参见斯坦利（Stanley）和杜库利亚戈斯（Doucouliagos），2012 年，第 61 页。

26. 这并不完全是一个理论问题：根据投资仲裁报告（2013 年 6 月 18 日），西班牙曾被依据《能源宪章条约》被起诉，诉因涉及激励措施的削减，即其曾向投资者提供的激励措施以促进可再生能源的发展。

27. 例如，虽然委内瑞拉与美国之间没有双边投资协定；但是埃克森美孚公司被涵盖在《委内瑞拉—荷兰双边投资协定》之下，因为其在海牙开设了一个邮政信箱。很多投资者，不管其母国是哪个国家，会通过一个荷兰持股公司进行投资，并由此从荷兰和相关东道国之间的双边投资协定受益。因此，研究者是不太可能知道投资是否被条约所涵盖。

参考文献

Aisbett，E. K. 2009. "Bilateral Investment Treaties and Foreign Direct Investment: Correlation Versus Causation." In *The Effect of Treaties on Foreign Direct Investment*, ed. K. P. Sauvant and L. E. Sachs, 395—435. Oxford, UK: Oxford University Press.

Barro, R. J. 1973. "The Control of Politicians: An Economic Model." *Public Choice* 14(1):19—42.

Belderbos, R., B. Leten, and S. Suzuki. 2013. "How Global Is R&D? Firm-Level Determinants of Home-Country Bias in R&D." *Journal of International Business Studies* 44:765—786.

Bellak, C. 2015a. "Survey of the Impact of Bilateral Investment Agree ments on Foreign Direct Investment." In *Current Issues in Asia Pacific Foreign Direct Investment*, 71—78. Melbourne: Australian APEC Study Centre, RMIT University. http://mams.rmit.edu.au/cwgz1keqt2r8.pdf.

Bellak, C. 2015b. "Economic Impact of Investment Agreements." Department of Economics Working Paper Series, 200, WU Vienna University of Economics and Business, Vienna. https://ideas.repec.org/p/wiw/wiwwuw/wuwp200.html.

Blomstr, M. 2002. "The Economics of International Investment Incentives." In *International Investment Perspectives*, ed. OECD, 165—183. Paris: Organisation for Economic Cooperation and Development.

Blomstr, M., and A. Kokko. 1996. "The Impact of Foreign Investment on Host Countries: A Review of the Empirical Evidence." Stockholm School of Economics. Mimeo.

Botman, D., A. Klemm, and R. Baqir. 2008. "Investment Incentives and Effective Tax Rates in the Philippines: A Comparison with Neighboring Countries." IMF Working Paper 08—207, Washington, DC.

Busom, I., B. Corchuelo, and E. Martinez Ros. 2012. "Tax Incentives or Subsidies for R&D?" UNU-Merit Working Paper 2012-056, United Nations University-Maastricht Economic and Social Research Institute on Innovati on and Technology, Maastricht, The Netherlands.

Busse, M., J. Kiger, and P. Nunnenkamp. 2010. "FDI Promotion Through Bilateral Investment Treaties: More than a Bit?" *Review of World Economics* 146(1):147—177.

Büthe, T., and H. Milner. 2008. "The Politics of Foreign Direct Investment Into Developing Countries: Increasing FDI Through International Trade Agreements?" *American Journal of Political Science* 52(4):741—762.

Büthe, T., and H. Milner. 2009. "Bilateral Investment Treaties and Foreign Direct Investment: A Political Analysis." In *The Effect of Treaties on Foreign Direct Investment*, ed. K. P. Sauvant and L. E. Sachs, 171—224. Oxford, UK: Oxford University Press.

Büthe, T., and H. Milner. 2014. "Foreign Direct Investment and Institutional Diversity in Trade Agreements: Credibility, Commitment, and Economic Flows in the Developing World, 1971—2007." *World Politics* 66(1):88—122.

Cantwell, J., and R. Mudambi. 2000. "The Location of MNE R&D Activity: The Role of Investment Incentives." *Management International Review* 40(1):127—148.

Cardinal Intellectual Property. 2014. "The Patent Box." Cardinal IP, IP News & Strategy. http://www. cardinal-ip. com/ip-news-strategy/the-patent-box/, accessed December 28, 2015.

CCSI. 2015. "Investment Incentives: The Good, the Bad and the Ugly." *2013 Columbia International Investment Conference Report*. New York: Columbia Center on Sustainable Investment.

Chaisse, J. 2013. "Assessing the Exposure of Asian States to Investment Claims." *Contemporary Asia Arbitration Journal* 6(2):187—225.

Che, Y. K., and J. Sákovics. 2008. "Hold-Up Problem." In *The New Palgrave Dictionary of Economics Online Edition*, ed. S. N. Durlauf and L. E. Blume. Palgrave Macmillan, accessed May 27, 2014. http://www. dictionaryofeconomics. com/article? id = pde2008_H000171, accessed December 28, 2015.

Deloitte. 2014. "2014 Global Survey of R&D Tax Incentives." Amsterdam, The Netherlands.

Desbordes, R., and V. Vicard. 2009. "Foreign Direct Investment and Bilateral Investment Treaties: An International Political Perspective." *Journal of Comparative Economics* 37(3):372—386.

Devereux, M. P., Elschner, C., Endres, D., and C. Spengel. 2009. "Effective Tax Levels Using the Devereux/Griffith Methodology." TAXUD/2008/CC/099, Centre for European Economic Research, Mannheim, Germany.

Dunning, J. H. 2000. "The Eclectic Paradigm as an Envelope for Economic and Business Theories of MNE Activity." *International Business Review* 9(2):163—190.

Egger, P. H., and V. Merlo. 2007. "The Impact of Bilateral Investment Treaties on FDI Dynamics." *World Economy* 30(10):1536—1549.

European Commission. 2012. "Europe 2020 Targets: Research and Development." Brussels: European Commission.

Gorg, H., and E. Strobl. 2007. "The Effect of R&D Subsidies on Private R&D." *Economica* 74(4):215—234.

Gravelle, H., and R. Rees. 2004. *Microeconomics*. 3rd ed. Essex, UK: Pearson Education.

Griffith, R. 2000. "How Important Is Business R&D for Economic Growth and Should Government Subsidizes It?" IFS Briefing Note 12, Institute for Fiscal Studies, London.

Gruber, J. 2013. *Public Finance and Public Policy*. 4th ed. New York: Worth.

Guimón, J. 2009. "Government Strategies to Attract R&D-Intensive FDI." *Journal of Technology Transfer* 34(4):364—379.

Gruber, J. 2013. "National Policies to Attract R&D Intensive FDI in Developing Countries." Innovation Policy Platform Policy Brief, World Bank, Washington, DC.

Guzman, A. T. 1998. "Why LDCs Sign Treaties That Hurt Them: Explaining the Popularity of Bilateral Investment Treaties." *Virginia Journal of International Law* 38: 639—688.

Haftel, Y. Z. 2007. "The Effect of U.S. BITs on FDI Inflows to Developing Countries: Signaling or Credible Commitment?" Paper presented at the Annual Meeting of the Midwest Political Science Association, Chicago, April 12.

Haftel, Y. Z. 2010. "Ratification Counts: US Investment Treaties and FDI Flows Into Developing Countries." *Review of International Political Economy* 17(2):348—377.

Havranek, T., and Z. Irsova. 2012. "Survey Article: Publication Bias in the Literature on Foreign Direct Investment Spillovers." *Journal of Development* Studies 48(10): 1375—1396.

Inman, R. P. 1987. "Markets, Governments, and the 'New' Political Economy." In *Handbook of Public Economics*, ed. A. J. Auerbach and M. Feldstein, 2:647—777. Oxford: Elsevier.

James, S. 2013. "Tax and Non-tax Incentives and Investments: Evidence and Policy Implications." World Bank, Washington, DC.

Jandhyala, S., W. J. Henisz, and E. D. Mansfield. 2011. "Three Waves of BITs: The Global Diffusion of Foreign Investment Policy." *Journal of Conflict Resolution* 55(6):1047—1073, 2011.

Jensen, N. M., and E. J. Malesky. 2010. "FDI Incentives Pay-Politically." Columbia FDI Perspectives on Topical Foreign Direct Investment Issues 26, Vale Columbia Center on Sustainable International Investment, New York.

Jensen, N. M., E. J. Malesky, M. Medina, and U. Ozdemir. 2010. "Pass the Bucks: Investment Incentives as Political Credit-Claiming Devices Evidence from a Survey Experiment." Prepared for presentation at the International Political Economy Society Annual Meeting, Harvard University, Cambridge, MA, November 15.

Kerner, A. 2009. "Why Should I Believe You? The Costs and Consequences of Bilateral Investment Treaties." *International Studies Quarterly* 53(1):73—102.

Kukenova, M., and J. A. Monteiro. 2008. "Does Lax Environmental Regulation Attract FDI When Accounting for Country Effects?" MPRA Paper 11321, University Library of Munich.

Kydland, F., and E. Prescott. 1977. "Rules Rather than Discretion: The Inconsistency of Optimal Plans." *Journal of Political Economy* 85:473—490.

MIGA. "World Investment and Political Risk Report 2013." Washington, DC: Multilateral Investment Guarantee Agency.

Mohnen, P. 2013. "R&D Tax Incentives, European Commission, Innovation for Growth." I4G Policy Brief 25, I4G, Bristol, UK.

Musgrave, R. A. 1957. "A Multiple Theory of Budget Determination." Finanzarchiv 17(3):333—343.

Neumayer, E., and L. Spess. 2005. "Do Bilateral Investment Treaties Increase Foreign Direct Investment to Developing Countries?" *World Development* 33(10):1567—1585.

OECD. 2010a. "Investing in Innovation—Firms Investing in R&D." In *Measuring Innovation: A New Perspective*, 76—77. Paris: Organisation for Economic Cooperation and Development.

OECD. 2010b. "R&D Tax Incentives: Rationale, Design, Evaluation." In *OECD Innovation Platform*. Paris: Organisation for Economic Cooperation and Development. www.oecd.org/innovation/policyplatform.

OECD. 2011. "Tax Incentives for Business R&D." In *OECD Science, Technology and Industry Scoreboard 2011*. Paris: Organization for Economic Cooperation and Development. http://dx.doi.org/10.1787/sti_scoreboard-2011 48-en.

OECD. 2013. "R&D Tax Incentives." In *Science, Technology and Industry Scoreboard 2013: Innovation for Growth*. Paris: Organization for Economic Cooperation and Development. http://dx.doi.org/10.1787/sti_scoreboard-2013-16-en.

OECD. 2014. "Science and Technology Outlook 2013." Paris: Organisation for Economic Cooperation and Development.

Peinhardt, C., and A. Todd. 2012. "Failure to Deliver: The Investment Effects of US Preferential Economic Agreements." *World Economy* 35:757—783.

Pessoa, A. 2010. "R&D and Economic Growth: How Strong Is the Link?" *Economics Letters* 107(2):152—154.

Poulsen, L. N. S. 2011. "Sacrificing Sovereignty by Chance: Investment Treaties, Developing Countries, and Bounded Rationality, Thesis Submitted to the Department of International Relations of the London School of Economics and Political Science." London: London School of Economics and Political Science.

Poulsen, L. N. S. 2014. "Bounded Rationality and the Diffusion of Modern Investment Treaties." *International Studies Quarterly* 58(1):1—14.

Poulsen, L. N. S., and E. Aisbett. 2013. "When the Claim Hits: Bilateral Investment Treaties and Bounded Rational Learning." *World Politics* 65(2):273—313.

Poulsen, L. N. S., J. Bonnitcha, and J. W. Yackee. 2013. "Costs and Benefits of an

EU-USA Investment Protection Treaty." LSE Enterprise, London.

Romer, P. 1990. "Endogenous Technological Change." *Journal of Political Economy* 98(5):71—102.

Royal Swedish Academy of Sciences. 2004. "Finn Kydland and Edward Prescott's Contribution to Dynamic Macroeconomics: The Time Consistency of Economic Policy and the Driving Forces Behind Business Cycles." Royal Swedish Academy of Sciences, Stockholm.

Sauvant, K. P., and L. E. Sachs. 2009. *The Effect of Treaties on Foreign Direct Investment*. Oxford, UK: Oxford University Press.

Sinn, H.-W. 2004. "The New Systems Competition." *Perspektiven der Wirtschaftspolitik* 5(1):23—38.

Stanley, T. D., and H. Doucouliagos. 2012. *Meta-regression Analysis in Economics and Business*. London: Routledge.

Stiglitz, J. 1989. "On the Economic Role of the State." In *the Economic Role of the State*, ed. A. Heertje., 11—85. Oxford, UK: Basil Blackwell.

Takalo, T., and T. Tanayama. 2010. "Adverse Selection and Financing of Innovation: Is There a Need for R&D Subsidies?" *Journal of Technology Transfer* 35(1):16—41.

Tanayama, T. 2012. "Overview of R&D Tax Incentives." In *Yearbook for Nordic Tax Research: Tax Expenditures*, ed. J. Bolander, 185—196. Copenhagen: DJOF.

Thomas, K. 2007. "Investment Incentives: Growing Use, Uncertain Benefits, Uneven Controls." Global Subsidies Initiative of the International Institute for Sustainable Development, Geneva.

Thursby, J., and M. Thursby. 2006. *Here or There? A Survey of Facts in Multinational R&D Location*. Washington, DC: National Academies Press.

Tobin, S., and J. Rose-Ackerman. 2005. "Foreign Direct Investment and the Business Environment in Developing Countries: The Impact of Bilateral Investment Treaties." Research Paper 293, Yale Law School, New Haven, CT.

Tobin, S., and J. Rose-Ackerman. 2011. "When BITs Have Some Bite: The Political-Economic Environment for Bilateral Investment Treaties." *Review of International Organizations* 6(1):1—32.

Tomz, M. 1997. "Do International Agreements Make Reforms More Credible? The Impact of NAFTA on Mexican Stock Prices." Harvard University, accessed May 24, 2014, http://www.stanford.edu/~tomz/working/credible.pdf.

Tortian, A. Z. 2007. "International Investment Agreements and Their Impact on Foreign Direct Investment: Evidence from Four Emerging Central European Countries."

Thèse pour le Doctorat en Sciences Economiques，Université Paris I，Panthéon-Sorbonne，Paris.

UNCTAD. 2005. *World Investment Report 2005：Transnational Corporations and the Internationalization of R&D*. New York：United Nations Conference on Trade and Development.

UNCTAD. 2013. *World Investment Report 2013：Global Value Chains：Investment and Trade for Development*. New York：United Nations Conference for Trade and Development.

UNCTAD. 2014. "Investor-State Dispute Settlement：An Information Note on the United States and the European Union." IIA Issues Note，Geneva.

Vernon，R. 1971. *Sovereignty at Bay：The Multinational Spread of U.S. Enterprises*. New York：Basic Books.

Wellhausen，R. L. 2013. "Innovation in Tow：R&D FDI and Investment Incentives." *Business and Politics* 5(4)：467—491.

World Bank. 2014. "World Governance Indicators." World Bank，retrieved May 22，2014，http://info.worldbank.org/governance/wgi/index.aspx#reports.

第五章　欧盟的激励措施

Philippe Gugler

菲利普·古格勒

　　欧盟及其各成员国均采取许多策略,以加强商业环境吸引力。促进投资和创新被视为是提高竞争力的必要步骤。在全球(OECD,2013;Guimón,2007)及欧盟成员国范围内(Oxelheim and Ghauri,2004),投资竞争兴起。而国家激励措施,则是一个国家(或其司法管辖区)采取的增加其对投资者吸引力的众多措施之一。国家援助,由欧盟内部强有力的、旨在限制恶性投资竞争的监管框架所规制。虽然《欧盟运行条约》(TFEU;European Commission,2008)禁止国家援助,但也规定了特定豁免。本章通过确定和分析欧盟根据上述豁免给予的激励来说明相应规则的应用。

　　本章包括七个部分。第一部分简要概述欧盟国家援助监管框架,第二部分描述欧盟国家援助政策的演变,第三部分列出欧盟内部授予的主要国家援助类型,第四部分和第五部分专门探讨在本书范围内特别重要的两种主要国家援助:区域发展援助和研发与创新(R&D)援助。第六部分重点介绍欧盟有关税收激励政策。第七部分讨论欧盟内部国家援助规制的有效性。

欧盟治理框架

　　欧盟成员国的激励政策受欧盟援助法律和政策共同约束。欧盟将国家援助定义为:"国家公共机构有选择性地对企业授予的任何形式之利益优势"(AEA,2012,1)。国家援助监管框架建立在一套复杂的条约条款、通报及指引体系之上(见表5.1)。

　　《欧盟运行条约》第107条、108条和109条是国家援助的核心性条款(转载于本章附录)。第107条第1款禁止"成员国授予的或通过国家资源授予的,以任何形式存在、以有利于特定企业或特定商品生产,从而扭曲或威胁扭曲竞争，以至于对成员国间贸易造成影响的任何援助。"其后，第 107 条，规定了该禁令豁免的两类援助，两类援助分别是：第 107 条第 2 款，被认为是"与（欧盟）内部市场一致"的援助以及第 107 条第 3 款，"可能被认为与（欧盟）内部市场一致"的援助。"与（欧盟）内部市场一致"的援助包括应对社会关切或诸如自然灾害等特殊事件的措施以及德国部分地区在德国分裂前而获得的援助。"可能被认为与（欧盟）内部市场一致"的援助，包括与经济发展、欧盟内部实施的重要项目、特定经济活动便利化以及文化促进相关的等不同类型措施。

第 108 条涉及欧盟国家援助政策的程序机制，第 109 条授权欧盟理事会"就适用第 107 条及第 108 条，制定适当条例以及……确定第 108（3）条适用的条件和免除此程序的援助类别。"[1]

自 20 世纪 90 年代末以来，国家援助程序已被简化（European Commission，2007 年）。其中一个重要的成就便是 1998 年通过的《一般集体豁免条例》（GBER；European Commission，1998a，1—4），该条例于 2013 年被修改（European Commission，2013d，II）。根据《一般集体豁免条例》的规定，欧盟委员会（EC）可决定将以下援助类别视为与条约相一致（不需要事前通知）：有利于中小企业、研发、环境保护、就业和培训的措施（1998 年 5 月 7 日理事会第 994/98 号条例第 1 条）。2013 年通过的《一般集体豁免条例》修正案提出了新的援助类别，包括有利于"创新、文化、自然灾害、体育、特定宽带基础设施、其他基础设施、向偏远地区运输的社会援助和针对特定农业、林业和渔业问题的援助措施"。[2]

表 5.1　欧盟国家援助治理框架：主要条款

规制条款	主　要　内　容
《欧盟运行条约》第 107 条第 1 款	禁止"就其影响成员国之间的贸易而言，以有利于特定企业或者特定商品的生产……从而扭曲或威胁扭曲竞争"的国家援助。
《欧盟运行条约》第 107 条第 2 款	列出应与欧盟内部市场一致的国家援助类型： （a）向个人消费者提供的具有社会性质的援助，只要该援助并非基于与有关产品的原产地相关的歧视而授予； （b）协助妥善处理自然灾害或特殊情况造成的损失的援助； （c）向德意志联邦共和国特定地区经济授予的援助，援助视为弥补分裂造成的经济劣势之需要而定。《里斯本条约》生效五年后，理事会根据委员会的建议，可以通过一项决定以废除本规定。

（续表）

规制条款	主　要　内　容
《欧盟运行条约》第107条第3款	列出可能被认为与单一市场一致的国家援助类型： （a）鉴于其结构、经济和社会状况，协助促进生活水平异常低下或就业不足的地区以及第349条所述地区的经济发展的援助； （b）协助促进执行欧洲共同利益的重要项目，或修正成员国经济严重不稳定的援助； （c）促进某些经济活动或某些经济领域发展的援助，该援助不会对贸易条件造成不利影响； （d）促进文化遗产保护的援助该援助不会影响欧盟内贸易条件和竞争，不会与共同利益不符； （e）理事会根据委员会的建议作出之决定所指明的其他类别援助。
《欧盟运行条约》第108条	欧盟国家援助政策程序性规定
《欧盟运行条约》第109条	授权欧盟理事会根据委员会的建议，经咨询欧洲议会后，可以对适用《公约》第107条和第108条的规定作出适当的规定，特别可以确定第108（3）条适用的条件和免除此程序的援助类别。
《一般集体豁免条例》	豁免（不需要事前通知）涉及创新、文化、自然灾害、体育、特定宽带基础设施、其他基础设施、向偏远地区运输的社会援助和援助特定农业、林业及渔业的措施问题类型的援助。
微量条例	豁免（不需要事先通知）三年内达到一定的门槛（20万欧元）的国家援助。并提供若干简化程序，特别是针对中小企业的简化程序。

资料来源：http://eur-lex.europa.eu/LexUriServ/LexUriServ.do?uri＝OJ：C：2008：115：0047：0199：en：PDF；European Commission，1998a，1—4，2006a，2013d，11。

　　欧盟委员会认为："将来，新的《一般集体豁免条例》可能覆盖今日3/4的援助措施和约2/3成员国授予的援助总额。若成员国充分利用《一般集体豁免条例》，设计出符合其要求的援助措施，这一比例甚至可以扩展至所有援助措施的90％"（欧盟委员会，2014年）。因此，欧盟委员会日后仅"事前"审查具有潜在减损竞争可能的援助并会就此作出通知（欧盟委员会，2014年）。

　　此外，欧盟委员会已经制定微量条例，在一定门槛下放宽了国家援助授予的规定（第2条）。微量条例几经修改。2006年的修订版本，将微量援助标准从三年内每项业务10万欧元提高到20万欧元。[3]其后的2013年版本（European Commission，2013e）继续维持了20万欧元的标准。同时，上述修订也简化了程序，并介绍了对面临财务困难的企业的援助可能属于最低限度范围的可能性。[4]但是必须指出，就面临财务困难企业的概念，定义依然模糊不清，没有明确界定。

欧盟国家援助政策发展与演变

2005 年，欧盟委员会通过了"国家援助行动计划"（SAAP），该计划突出了一项有关国家援助政策的新经济手段——"强化的经济手段"（European Commission，2005）。如同海姆勒和珍妮（Heimler and Jenny，2012）所强调，不同于专注于国家援助所引起的扭曲竞争新经济手段，该计划强调国家援助在市场失灵情况下的积极方面（Heimler and Jenny，2012，第 356 页）："强化的经济手段，只会增强欧盟委员会的豁免能力。"欧盟委员会为此采用所谓的"平衡标准"。该标准考察援助的目标，考察援助是否是实现该目标的适当手段，以及考察是否存在危害较小而可以实现相同目标的其他措施。标准还考虑了援助预期成果对援助目标的积极影响和对竞争的负面影响（OECD，2010a，21）。正如经济合作与发展组织（2010）观察认为，"对欧盟国家的援助规制手段已经逐渐从纯法律主义转向效果主义"（OECD，2010，23）。该做法体现了新的政策方针——国家援助灵活性和开放性程度的提高可能有助于实现经济增长、竞争力、创新能力和区域发展的重要目标。

这个新方向的一个主要例子便是欧盟委员会 2010 年通报（European Commission，2010b）中所明确的以"欧洲 2020 战略"为视角对欧盟国家援助条例实现现代化。这一战略促进了"三个相互支持的优先事项"："智能增长""可持续增长"和"包容性增长"（European Commission，2010b，5）。上述通报表明，"在促进获得公众对投资、风险资本和研发资金的支持"的同时，国家援助政策也可以通过促进和支持更具创新性、高效率和更环保的技术倡议，积极地推动欧洲 2020 年目标（European Commission，2010b，21）。在欧盟层面（欧盟委员会级别）和成员国一级预期的措施中，通报确定了许多类型的支持措施。例如，在促进创新的措施领域，通报提到成员国将采取措施"优先开展知识开支、包括利用税收激励和其他金融工具来促进更多的私人研发投资"（European Commission，2010b，13）。就促进产业政策措施而言，通报建议包括通过快速重新部署新兴高增长部门和市场需要之技能，以及欧盟国家援助机制和/或全球化的支持调整基金的方式推进"将来发展行动存在难点部门的重组"（European Commission，2010b，17）。2012 年的《欧盟国家援助现代化》通报（SAM）明确提出了推动欧洲 2020 战略的政策转变，确保"公众支持激励创新、绿色技术、人力资本开发，避免环境损害，最终促进增长、就业和欧盟竞争力。此种援助在修正市场失灵的同时最为有助于增长,从而补充而不是取代私人支出"(European Commission,2012a,4)。

欧盟国家援助种类

图 5.1 显示 2012 年欧盟成员国向欧盟申报的国家援助数量,图 5.2 显示成员国所采取的措施类型。国家援助分为两类:"非与危机有关的国家援助"和"与危机有关的国家援助"。第一类援助包括"横向援助"和"行业援助",特别包括"税收减免"、"参股"和"软贷款"。而"与危机有关的国家援助"背景下给予的援助则是"资本重组措施、担保、资产减免干预以及除担保以外的流动性措施"(European Commission,2012c)。大部分非与危机有关的援助主要集中在工业和服务业,主要措施是赠款和减税(见表 5.2)。我们观察到,1992 年至 2011 年期间,欧盟内部非与危机有关的援助总量有所下降(见图 5.3)。同样,如表 5.3 所突出反映的,以非与危机有关援助总额占GDP 的百分比为视角,2001 年至 2011 年期间的(援助)总量也有相同的(下降)趋势。就非与危机有关的援助来源而言,其主要来自为实现共同利益的横向目标,特别是为区域发展、研发创新和环境保护而提供的援助。就其地理分布情况而言,法国和德国是主要援助国,两国的援助额占总额的 40%。6 个国家:法国、德国、意大利、英国、西班牙和瑞典,则共占总额的 60%。[5] 就税收减免而言,法国和德国授予的税收减免总额约占 2009 年至 2011 年期间登记的税收减免总额的一半(见表 5.2)。非与危机有关的援助在 2006 年至2011 年期间下降(见图 5.4)。

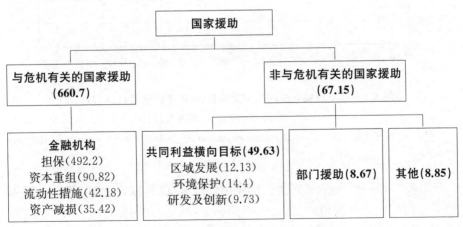

图 5.1 2012 年欧盟国家援助(10 亿欧元)

资料来源:State Aid Scoreboard, http://ec. europa. eu/competition/state_aid/scoreboard/non_crisis_en. html.

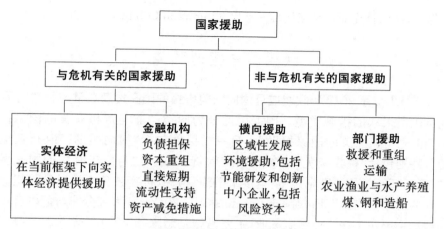

图 5.2　欧盟国家援助种类

资料来源:改自 http://ec. europa. eu/competition/state_aid/scoreboard/index_en. html; http://ec. europa. eu/competition/state_aid/scoreboard/financial_economic_crisis_ aid_en. html。

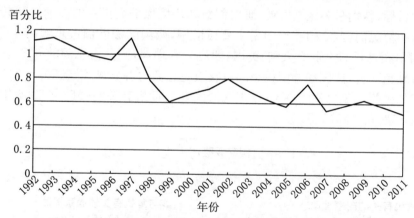

图 5.3　非与危机有关的国家援助总额(无铁路项目)(EU-27),
1992—2011 年(占 GDP 的百分比)

资料来源:http://ec. europa. eu/competition/state_aid/studies_reports/expenditure. html#5。

　　如表 5.4 所示,与危机有关的国家援助自 2009 年以来大幅下降:金额从 2008 年占国内生产总值的 27.6%,下降到 2009 年的 4.6%,2010 年的 3.1% 以及 2011 年的 2.2%。但是,在 2012 年,援助金额实现了增长(占国内生产 总值的 3.4%)。

**表 5.2　2009—2011 年通过成员国及援助手段对工业及服务业提供的
非与危机有关援助(百万欧元的年平均值)**

	补助	税收减免 (包括税收延迟)	参股	软贷款	担保
欧盟 27 国	32 393	23 903	602	1 895	1 255
比利时	981	625	9	61	1
保加利亚	18	7	0	0	0
捷克斯洛伐克	753	113	0	6	100
丹　麦	1 139	60	6	9	1
德　国	8 245	5 289	29	201	76
爱沙尼亚	13	3	0	0	0
爱尔兰	325	439	2	30	0
希　腊	825	117	0	0	1 013
西班牙	2 498	984	0	740	7
法　国	4 971	6 458	14	328	14
意大利	3 147	383	20	226	11
塞浦路斯	84	2	0	0	0
拉脱维亚	36	15	1	1	0
立陶宛	95	13	1	0	0
卢森堡	90	0	0	1	0
匈牙利	803	488	1	24	5
马耳他	38	98	0	0	0
荷　兰	1 461	315	6	18	10
奥地利	1 407	222	2	54	12
波　兰	1 777	747	17	38	1
葡萄牙	190	2 603	14	19	0
罗马尼亚	219	2	4	3	0
斯洛文尼亚	308	6	1	2	0
斯洛伐克	115	106	0	0	0
芬　兰	550	294	19	34	3
瑞　典	442	2 356	2	5	0
英　国	1 863	2 157	452	96	1

资料来源:http://ec. europa. eu/competition/state_aid/studies_reports/expenditure.
html♯3(2014 年 3 月 15 日访问)。

表 5.3　对工业和服务业的非与危机有关援助,2001—2011 年(占 GDP 的百分比)

年　份	2001	2002	2003	2004	2005	2006	2007	2008	2009	2010	2011
欧盟 27 国	0.55	0.63	0.59	0.49	0.45	0.46	0.41	0.47	0.51	0.48	0.42
比利时	0.32	0.36	0.24	0.24	0.25	0.29	0.32	0.35	0.51	0.54	0.34
保加利亚	n.a.	0.45	0.56	0.25	0.11	0.12	0.09	0.04	0.08	0.04	0.05
捷克斯洛伐克	1.85	3.79	2.74	0.35	0.44	0.54	0.6	0.73	0.51	0.64	0.76
丹　麦	0.77	0.71	0.6	0.7	0.67	0.63	0.67	0.69	0.88	0.31	0.35
德　国	0.85	1.18	0.86	0.71	0.7	0.72	0.57	0.6	0.62	0.57	0.48
爱沙尼亚	0.12	0.13	0.08	0.09	0.13	0.08	0.06	0.09	0.07	0.1	0.11
爱尔兰	0.51	0.43	0.29	0.29	0.39	0.44	0.39	0.49	0.48	0.6	0.43
希　腊	0.43	0.22	0.19	0.22	0.2	0.21	0.27	0.56	0.76	0.77	1.01
西班牙	1.1	0.73	0.62	0.52	0.52	0.38	0.37	0.42	0.44	0.39	0.35
法　国	0.34	0.39	0.34	0.42	0.42	0.41	0.41	0.55	0.63	0.64	0.52
意大利	0.41	0.43	0.4	0.34	0.36	0.38	0.26	0.28	0.3	0.19	0.18
塞浦路斯	2.45	2.68	2.1	1.05	1	0.49	0.4	0.46	0.38	0.52	0.54
拉脱维亚	0.41	0.22	0.27	0.15	0.19	0.16	1.4	0.2	0.12	0.41	0.29
立陶宛	0.16	0.41	0.32	0.15	0.14	0.21	0.16	0.15	0.3	0.3	0.4
卢森堡	0.16	0.24	0.23	0.15	0.14	0.14	0.13	0.14	0.26	0.19	0.19
匈牙利	1.01	1.05	1.16	0.87	1.16	1.1	0.96	1.86	1.41	1.74	0.86
马耳他	4.22	4.38	2.1	3.34	3.14	2.4	2.01	1.71	1.61	1.14	1.43
荷　兰	0.16	0.23	0.22	022	0.24	0.28	0.24	0.25	0.3	0.32	0.3
奥地利	0.3	0.28	0.42	0.4	0.39	0.7	0.36	0.48	0.58	0.63	0.5
波　兰	0.63	0.44	2.98	1.05	0.39	0.7	0.36	0.48	0.58	0.63	0.5
葡萄牙	2.18	2.02	2.15	1.34	0.86	0.87	1.26	0.91	0.96	0.87	1.02
罗马尼亚	n.a.	1.83	2.22	2.56	0.52	0.63	0.24	0.19	0.14	0.15	0.21
斯洛文尼亚	0.83	0.47	0.59	0.51	0.45	0.47	0.35	0.46	0.79	0.78	0.91
斯洛伐克	0.35	0.3	0.39	0.48	0.5	0.37	0.37	0.44	0.36	0.37	0.23
芬　兰	0.27	0.29	0.36	0.36	0.36	0.37	0.34	0.42	0.47	0.44	0.56
瑞　典	0.21	0.2	0.39	0.78	0.88	0.87	0.83	0.81	0.8	0.75	0.72
英　国	0.16	0.2	0.18	0.21	0.19	0.18	0.23	0.22	0.27	0.28	0.24

注:n.a.意思为数据不可得。

资料来源:http://ec.europa.eu/competition/state_aid/studies_reports/expenditure.html#5;HTTP://EPPeurostat.ec.europa.eu/tgm_comp/table.do?tab=table&plugin=1&language=en&pcode=comp_ncr_12。https://open-data.europa.eu/fr/data/dataset/UEYFD8fgvaXP5irAcOsWQ/resource/8b3724a8-dc6e-4339-b50e-1d5ce2745b0e。

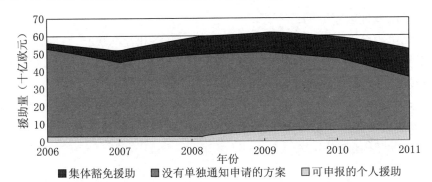

图 5.4　所使用的非与危机有关的援助措施类型趋势(EU-27),2006—2011 年(十亿欧元)

资料来源：http://ec.europa.eu/competition/state_aid/studies_reports/expenditure.html#5。

表 5.4　与金融危机有关的援助(欧盟 27 国)：核准的数量，2008 年至 2012 年 10 月 1 日(百万欧元)

时　间	数　量	占　比
2008 年	3 457.49	2008 年占 GDP 的 27.6%
2009 年	541.66	2009 年占 GDP 的 4.6%
2010 年	383.55	2010 年占 GDP 的 3.1%
2011 年	273.70	2011 年占 GDP 的 2.2%
2012 年	429.54	2011 年占 GDP 的 3.4%
2008 年至 2012 年 9 月 30 日	5 085.95	2001 年占 GDP 的 40.3%

资料来源：改编自 http://ec.europa.eu/competition/state_aid/studies_reports/expenditure.html#。

区域性国家援助

欧盟委员会认为，区域性国家援助是一种特定类型的横向援助(即不指向具体行业,旨在实现欧盟共同利益之目标)："地域性发展目标将区域性援助与其他形式的援助诸如研究援助、开发和创新援助、就业援助、培训援助、能源或环境保护援助区分开来,后述诸援助均是根据《欧盟运行条约》第 107 条第 3 款,追求共同利益的其他目标"(European Commission,2013a,1)。成员国可以按照《欧盟运行条约》第 107 条第 3a 款或第 107 条第 3c 款的规定给予区域性国家援助：

● 第 107 条第 3a 款规定："鉴于其结构、经济和社会状况，协助促进生活水平异常低下或就业不足的地区以及第 349 条所述地区的经济发展的援助可能被认为与欧盟内部市场一致。"[6]

● 第 107 条第 3c 款规定："促进某些经济活动或某些经济领域发展的援助，该援助不会对贸易条件造成不利影响而与共同利益不符。"其可能会被认为与欧盟内部市场一致。

欧盟委员会对用于评估特定形式的援助是否可被视为"与（欧盟）内部市场一致"的标准和条件做出了界定。关于区域性国家援助，这些条件在《通用豁免条例》《区域性援助指引》（RAG）、2009 年《关于区域性援助大投资项目深度评估标准的通报》（European Commission，2009a，2013b，7）文件中均有明确。如果援助符合《通用豁免条例》规定的条件，成员国可以在没有事先通知欧盟委员会的情况下给予援助。在其他情况下，一个成员国必须通知欧盟委员会其有意提供具体援助。在上述情况下，欧盟委员会将根据《区域性援助指引》的规定和在上述 2009 年通报的规定（如果援助项目涉及大量投资）（European Commission，2013b，7）评估此类援助（与欧盟内部市场）的一致性。

作为一般原则，欧盟委员会规定："只有当区域性援助产生激励作用时，该区域性援助方能被认为与（欧盟）内部市场相符。"根据欧盟委员会的观点，以下情况被视为产生激励作用：（1）接受援助公司从事额外的有助于该地区经济发展的工作；（2）接受援助公司在没有援助的情况下不会从事该额外活动（European Commission，2013b，14）。

欧盟委员会会定期审查《区域性援助指引》，以修改、撤销或增加新的规则。目前的指引在 2014 年至 2020 年期间生效，并取代了 2007 年至 2013 年期间通过的指引。欧盟委员会已经采用了适用于具体部门的国家援助指引（例如向机场或能源部门提供的援助）（European Commission，2013b，3）。

就《区域性援助指引》2007 年至 2013 年期间的应用评估情况而言，兰博和梅崔克斯（Ramboll and Matrix，2012，2）确认，为获得欧盟委员会的批准，区域性援助应符合若干标准：援助需指向目标、与问题相称、并产生超过潜在负面影响的积极影响。

为此，《区域性援助指引》特别设定了关于区域国家援助的最高限额，以防止成员国相互竞争,造成竞争扭曲(Ramboll and Matrix,2012,1)。

研发及创新的国家援助

推动研发与创新是欧盟"共同利益"的重要目标(European Commission,2006b,4)。因此,为此目的而提供的援助,是欧盟法律允许的另一种横向国家援助。《欧共体条约》第163条规定:"共同体的目标是加强共同体工业的科技基础,鼓励共同体工业在国际上更具竞争力,同时推动所有必要的研究活动。"

2006年《共同体研发与创新援助框架》通报规定:"(框架)的目标在于通过国家援助来提高经济效益,从而促进可持续增长和就业"(European Commission,2006b,4)。促进研发创新的国家援助可以根据《欧共体条约》第107条第3b款和第107条第3c款关于豁免的条款获得批准。授予个别公司的国家援助不属于《通用豁免条例》范围。在为个别公司提供国家研发援助的情况下,欧盟采取平衡测试的方法以决定允许或禁止该援助。2006年通报规定:对于《禁止豁免条例》,若满足条件,则国家援助是相容的……然而,对于由于援助金额巨大从而导致巨大扭曲潜力的单个援助措施,委员会将根据比例原则对援助的积极和消极影响进行全面评估。已经确定了以下几种类型的研发和创新援助措施,与《欧共体条约》第107条第3c款一致:

- "涉及基础和工业研究和实验发展项目的援助";
- "技术可行性研究援助";
- "中小企业工业产权成本援助";
- "年轻创新型企业援助";
- "服务过程和组织创新援助";
- "咨询服务和创新支持服务援助";
- "高素质人员贷款援助";
- "创新集群援助"。

给予研发项目的援助措施如果符合若干条件,并且满足根据受益于激励措施(见表5.5)不同类型行为确定的阈值(净成本的百分比),就可被视为符合《欧盟运行条约》(《欧洲共同体条约》于2007年修订后,更名为《欧盟运行条约》)第107条第3款的规定。

表 5.5　研发项目允许的援助上限

	小型企业	中型企业	大型企业
研发项目援助			
基础研究	100%	100%	100%
行业研究	70%	60%	50%
● 取决于企业间的合作（大型企业、跨境企业或至少一家中小企业）或者企业与研究机构的合作 　● 取决于成果传播效果	80%	75%	65%
实验发展项目援助	45%	35%	25%
● 取决于企业间的合作（大型企业、跨境企业或至少一家中小企业）或者企业与研究机构的合作 　● 取决于成果传播效果	60%	50%	40%
可行性研究援助	50%	50%	50%
基础设施建设及升级研究援助	50%	50%	50%
中小企业创新援助	50%	50%	—
流程及组织创新援助	50%	50%	15%
创新集群援助			
投资援助	50%	50%	50%
运行援助	50%	50%	50%

资料来源：European Commission(2013f，36)。

税 收 激 励

　　欧盟范围内给予的国家援助数据表明，大多数非与危机相关的援助被引导入工业和服务领域，且税收激励是成员国所采取的主要措施之一（见图 5.2）。以税收激励为形式的国家援助是各国吸引新投资、特别是外国投资而采取的主要手段之一（European Commission，2010a）。这并非是欧盟成员国之特点（WEF，2013）。大多数国家，如美国，都采用税收激励吸引外资。但并非所有这些财政激励措施都属于欧盟国家援助框架范围。海伊（Hey）的观点认为（2002，8）："《欧共体条约》第 107 条第 1 款不足以解决不公平税收竞争的一切表现。只有对某些工业部门或地区的企业提供激励待遇，才可能落实具体的措施。向外国投资者提供的税收激励通常不能满足选择性标准。"每个成员国都应适用自己的财政政策（财政主权）。欧盟委员会认为，在欧盟内部达成税收协调的可能性微乎其微。这给欧盟成员国造成巨大挑战。根据《欧盟运行条约》第 107 条规定，被理解为国家援助的措施与不属于本条的措施之间的界限尚不清楚。故在此事上，不存在"一刀切"政策。对每一个受到质疑的个别案件的判例都表明可以允许或不允许税收激励的情况。必须指出，成员国往往不会透露可能已经给予特定公司的税收激励。因此，最终交易是当局和潜在投资者之间讨价还价的结果。

然而，国家援助与一般措施之间的区别为判断税收激励是否应归类为国家援助提供了一定的标准。根据欧盟委员会的统计，"纯技术性质的税收措施"和"追求一般经济利益"的措施不被视为国家援助，"除非其不间断地适用于所有企业和所有商品生产"（European Commission，1998c，13）。

在为新投资提供最佳地理优势的你追我赶中，成员国可能会以具吸引力的税收条件吸引潜在投资者，并卷入外商直接投资竞争。2009 年，欧盟委员会通过了《促进税收良好治理的通报》（European Commission，2009b）。通报的主要目的是改善欧盟内部的善治，促进欧盟内部及在其他场合（如联合国和经合组织）的国际协调。

为此，欧盟经济和财政事务理事会（ECOFIN）于 1997 年通过了《企业税收行为守则》（ECOFIN，1997）。该文件确定了 66 种被称为"有害的税收竞争"的税收激励政策（Schön，2003，10）。其同时解决了给予非居民投资者税收激励的问题。但是，《企业税收行为守则》并不是具法律约束力的文件。正如海伊（2002 年 6 月 6 日）所强调的："除了《欧共体条约》中规定的国家援助条款以外，并无其他法律强制手段阻止其他成员国提供税收优惠。"各国与跨国企业就税务问题进行谈判十分常见（"Brussels Probes Multinational's Tax Deals"，2013）。此外，在避税做法方面，一些跨国企业在欧洲地区的潜在利益也可能被认为是对在欧洲国家进行投资的激励措施，而欧洲国家容忍这种做法。如爱尔兰苹果公司和英国星巴克公司的最近个例，引起了欧盟委员会的担忧。

欧盟激励政策的有效性

虽然欧盟确实搭建了一个旨在防止特定类型国家援助的具体监管框

架，但是只要国家援助措施对竞争的潜在负面影响可以通过在东道国的正面溢出效应并根据国家援助监管框架规定的目标得到补偿，豁免制度就可能适用于广泛的新投资。因此，对迄今为止欧盟对国家援助适用的政策的分析往往凸显了可能受益于欧盟国家援助的投资类型的重要特征。但是一个具体问题则是需要厘清"可变成本援助（VCA）"和"固定成本援助（FCA）"（Marinello，2013，273）两者的区别。FCA 是项目启动时给予的援助，以减少企业的入场成本。欧盟委员会认为，FCA 较 VCA 更不扭曲竞争（第 273页）。瑞安—沙勒罗伊（2004 年 2 月 12 日欧盟官方公报，L137/1，引用Marinello，2013，274）的例子清楚反映了该做法。沙勒罗伊机场是一个公共控制实体，其向瑞安航空公司输送利益，意在为沙勒罗伊开辟新的航线。根据欧盟委员会的规定，有些补贴被认为与欧盟国家援助制度相符，因为它们与新航线的开通和落后的沙勒罗伊地区的发展相关。然而，欧盟委员会决定，为减少瑞安航空的可变成本（例如低借款利率）而给予的补贴与欧盟规定不符，因此该补贴需要返还（Marinello，2013，274）。这个案例彰显了欧盟委员会在决定投资初期所给予的援助是否合规，而禁止给予减少企业经营成本的援助（Marinello，2013，275）的一般立场。

　　由于国家援助案件需要逐案分析，因此，很难得出关于欧盟委员会在此问题上政策执行的一般结论。但有趣的是，与过去的做法相比，现在在欧盟委员会更为经常运用特定经济方法来审查具体情况。事实上，欧盟委员会的竞争政策，包括国家援助政策，正在越来越多地采用所谓的"更基于经济基础的做法"。欧盟委员会依靠经济手段来平衡特定援助对竞争的负面影响（例如，对支持共同目标项目的积极贡献）。这种类型的评估以"效应方法"和"平衡方法"为依据（Frideriszick，Röller and Verouden，2008，648—649）。更具体地说，欧盟委员会会应用三项经济测试来评估一项措施是否符合国家援助规则："私人投资测试"、"私人债权人测试"和"净附加成本测试"（EEMC，2014）。

　　当政府作为经济行为者而不是行使监管权力的公共机构时，"私人投资测试"便可适用。该测试考察一项措施是否能够使政府的收益率至少等同于私人公司为同一投资所要求的收入。如果答案是肯定的，则国家的措施并非非法。这一测试已经在若干行业，特别包括涉及航空业的行业中得到应用。在航空业中采用这项测试的第一个案例便是上文提及的比利时沙勒罗伊机场的瑞安航空公司案。在该案中，欧盟委员会宣布两项协议——瑞安航空公司与布鲁塞尔南沙勒罗伊机场（BSCA）的协议和瑞安航空公司与瓦伦大区的协议非法(European Commission，2004b)。欧盟委员会认为，私人投资测试适用于测试 BSCA 行动的合法性，但不适用于测试瓦隆大区行动的合法性。原因在于，当政府对瑞安航空公司因某些法规发生变化而对所蒙受损失做出赔偿时候，瓦隆大区是在履行监管能力。该决定在欧洲初审法院(瑞安航空诉欧盟委员会，案例 T-196/04)的决定中遭到质疑和否定。在该决定中，法院裁定，欧盟委员会应该对瓦隆大区和 BSCA 的措施均适用私人投资测试。

　　"私人债权人测试"在很多情况下被使用，也包括在航空业上的适用。在关于奥林匹克航空公司(European Commission，2002)国家援助的决定中，欧盟委员会特别指出，若要被视为国家援助，"所提供的支出便利应明显大于私人债权人给予的在与债务人有关的类似情况下所给予的支出便利"。[7]

　　"净附加成本测试"适用于评估"一般经济利益服务"(SGEI)如邮政业务、能源供应、电信、公共交通和社会服务的措施。其目的是审查给予一般经济利益服务的服务供应商的"支持"，以确定"支持"是否合理或过度——"支持不得超过承诺履行服务所需但是允许合理利润的程度"(BIS，2011，49)。例如，在涉及意大利无线电视公司(RAI)的个案下，欧盟的结论是政府对公共广播公司的支持并不过分，因此不是非法的。这一决定得到深入严谨的经济分析支持(European Commission，2004a)。

　　成员国给予激励措施的能力受《欧盟运行条约》关于国家援助相关条款的约束。个别成员国的目标和利益并不总是符合欧盟在这方面的"正统"(Collie，2000)。虽然，将欧盟监管框架与全球国家援助的不同规则进行比较，并不在本章的讨论范围之内，但是，重要的是要解决几点问题。根据欧盟委员会的统计，与其他司法管辖区相比，"欧盟国家援助规则提供了一个更加透明、连贯和直面成长的框架，同时允许提供可比较的援助"(European Commission，2012a，5)。欧盟委员会通过参考世贸组织的一项研究(WTO，2006)来支持其声明，表示"欧盟成员国给予的援助水平与欧盟主要贸易伙伴(补贴占国内生产总值的百分比)"相当(European Commission，2012a，5)。

　　欧盟关于国家援助的监管框架与世界贸易组织补贴机制、定义和目标的规定有所不同(Luengo Hernandez de Madrid，2008；Heimler and Jenny，2012)。欧盟机制既能事前应用，又能事后适用，而世贸组织规则仅适用于事前(OECD，2010 年 9 月)。欧盟监管框架规定，一个成员国必须宣布每个项目何时得到国家援助，而且必须等待欧盟批准才能给予援助——除非国家援助受到一个或多个批准的援助计划所规定的国家援助。欧盟委员会也控制和审查现有援助(事后程序)。世贸组织规则则只包括披露的一些要求,但只能预见成员对另一个成员提供的援助(WTO,2006)提出的补充程序。

　　欧盟的国家援助框架和世贸组织的补贴协定并非基于相同的定义基础(Luengo Hernandez de Madrid,2008,3—6)。其中一个主要区别是,世贸组织涵盖协定规定:"只有在直接扭曲国际贸易严格定义的情况下,才能禁止补贴"(Heimler and Jenny,2012,362)。相比之下,欧盟范围仅指成员国之间的贸易。换句话说,不影响内部市场贸易但扭曲全球竞争的援助可以被欧盟接受,但在世贸组织层面可能会遭受挑战。一个著名的例子就是空客案。在该案中,欧盟委员会航空航天委员会(European Commission,1998b)决定,法国对空中客车的援助不属于《欧盟运行条约》第107条第1款下所指的援助,因为该援助"不影响欧盟成员之间的贸易"(Luengo Hernandez de Madrid,2008,18)。在 WAM 案(2006 年初审法院)中,法院驳回了欧盟委员会的禁止决定,理由如下:"仅仅基于 WAM 参与社区内贸易的事实,并不足以得出其影响贸易或扭曲竞争的结论。对该援助进行深入分析是必要的"(OECD,2010,22)。

　　《欧盟运行条约》第107(3)条枚举了一个庞大的但并非穷尽的豁免清单。这一规定为欧盟委员会给予其他类型援助豁免提供了回旋余地(Heimler and Jenny,2012,354)。此外,在欧盟委员会和成员国的经济和社会政策的框架内,如上所述,如果对所追求的不同目标的积极影响可以补偿对竞争的扭曲影响,可以允许一些援助(Luengo Hernandez de Madrid,2008,19—20;Friederiszick,Röller and Verouden,2008,625—627)。因此,最终接受成员国给予企业援助的标准是相当"富弹性的"。

　　海姆勒和珍妮(2012,351)指出:"欧洲,是世界上少有的、规制国家援助的条款具拘束性的司法管辖区之一。"我们必须认识到,欧盟有关国家援助的详尽资料(European Commission,2012b)反映了其确保透明度的坚定意愿。然而,虽然有通知程序和数据公布,但我们观察到,这些数据并未能全面覆盖成员国提供的所有激励措施或欧盟机构授予的所有激励措施。我们当然也可以争辩说,这也许是由于欧盟法规允许欧盟委员会及成员国拥有自由裁量权,以决定向公司提供援助。《欧盟运行条约》第107条第2款和第3款以及《通用豁免条例》所确立的豁免制度,赋予了欧盟委员会向公司提供援助的自由裁量权。如表 5.4 所示,例如,2008 年 1 月 1 日至 2012 年 9 月30 日期间发生的与危机有关的国家援助显著,占 2011 年欧盟 GDP 的

40.3%。然而，自 2008 年以来，2009 年的与危机有关的援助金额最为重大，占 2009 年 GDP 的 4.6%。另外，诸如"平衡测试"等应用模式也允许对接受援助行使自由裁量权，又或是出于政策原因对激励"睁一只眼闭一只眼"。根据经济合作与发展组织引用的计量经济学研究结果（Aydin，2007），给予横向或部门激励的倾向取决于每个成员国的政治制度：一个国家的政治制度越是使得提供有针对性的援助在政治上是有利可图（例如在选民选区少、政党间的意识形态差距微弱、政党间统一意识淡薄的国家），对企业的有针对性（"部门"，欧盟的言论）而非"横向"援助的比例就越大。这表明，尽管受到欧盟委员会严格的控制，对特定行业提供的支持在一定程度上仍然是基于选举的考虑（OECD，2010，35）。

关于成员国授予的国家援助，最重要的问题之一是评估其真正的影响（Combes and Ypersele，2013）。2012 年《欧盟国家援助政策现代化》通报就涉及这一问题，并要求在欧盟委员会和成员国层面采取行动（European Commission，2012a）。欧盟委员会的一份问题文件清楚表明："委员会 2011/2012 年度的监督行动确定了执行大量援助计划的不足之处，因此成员国和委员会必须加紧努力，遵守国家援助规则"（European Commission，2013c，4）。一些成员国以及欧盟委员会已经在评估一些援助，例如欧盟结构基金计划的成效（European Commission，2012c，5）。然而，欧盟委员会的迫切目标是系统地审查整个欧盟的国家援助政策，使之能够做到如下几点（European Commission，2012c，6—7）：

- "确认根据事前评估计划批准的假设仍然有效"；
- "评估该计划是否有效实现其引入的直接目标"；
- "应对不可预见的负面影响，特别是大型方案的潜在综合效应"。

总的来说，我们可能会认为，欧盟在管理投资激励措施方面比其他司法辖区更为有效。如艾勒曼和戈耶特（2006，665）所言，这是因为"在应对内部严格补贴制度问题上，欧盟的态度在世贸组织成员中是独一无二的"。此外，专家们认为，欧盟对国家援助的限制更为迫切，且比世贸组织补贴体系更加严格（Ehlermann and Goyette，695—714）。使得欧盟国家援助体系更为严格的主要决定因素是对补贴的事先控制，而该控制在世贸组织框架下并不适用。然而，如上所述，根据欧盟法律，国家援助的定义比世贸组织法律下的补贴定义更为狭隘，从而滋生风险。因为在少数情况下，多边体系涵盖的一些措施并不为欧盟国家援助所规制（Ehlermann and Goyette，695—717）。

　　出于多种原因,难以得出关于欧盟国家援助治理的范围和效力的更具体的结论。目前,也没有任何工具来广泛地衡量欧盟体系对于国家援助在规范或限制使用激励措施方面的有效性。甚至更广泛地说,其是否有助于实现体系政策目标的有效性。进行上述分析将需要进一步提高公司寻求的、欧盟成员国政府授予或拒绝授予的国家援助之透明度,并在特定情况下更广泛地披露欧盟当局关于具体措施与国家援助规则一致性的决定。因此,欧盟为提高国家援助的透明度和评估而作出的努力对于更好地了解这一制度的有效性至关重要。

结　　论

　　在欧盟内部,关于国家援助的一个复杂体系规制着特定的激励政策。《欧盟运行条约》禁止动用国家资源、造成或可能造成竞争扭曲、对特定公司或产品倾斜,以及影响成员间贸易的国家援助(参见本章附录)。但是,《欧盟运行条约》及随后的通报和指引规定了允许豁免的条件。该"豁免伞"体系为成员国授予投资激励提供了框架。欧盟对国家援助政策的态度向更大的灵活性和开放性转变,认为国家援助对竞争力、生产力、增长和创新的积极影响可以弥补其对竞争的扭曲。欧盟内主要的与危机有关的国家援助主要包括工业和服务业的横向措施。这些措施主要是赠款或减税。关于影响投资的激励措施,特别是外商直接投资,国际援助类型最多的是区域发展和研发创新。欧盟委员会定期提供一份最新的欧盟国家援助记分牌。当然,这些数据并没有捕捉到可能给予的所有激励措施,例如"隐藏的"国家援助和欧盟制度措施。然而,"不透明"的程度可能被认为低于许多其他司法管辖区的程度。

　　当然,成员的激励措施必须符合世贸组织对补贴的相关规定。正如本章所强调,欧盟与世贸组织的框架体系是截然不同的。在欧盟体系内允许的国家援助可能会基于世贸组织涵盖协定而遭到质疑,特别是相应措施不影响欧盟内部贸易,而可能会影响第三国贸易的情况下更甚。

　　总的来说,尽管很难得出欧盟国家援助制度的效力结论,但是如果欧盟提高国家援助实践和政策的透明度和评估,前景将会更加明朗。

注释

　　1. 对第 108 条和第 109 条的详细分析,参见 Buts, Jegers and Joris, 2001,

401—405。

2. http://europa.eu/rapid/press-release_IP-13-728_en.htm。

3. 欧盟委员会，2006a；http://europa.eu/rapid/press-release_IP-13-1293_en.htm。

4. http://europa.eu/rapid/press-release_IP-13-1293_en.htm。

5. http://ec.europa.eu/competition/state_aid/scoreboard/non_crisis_en.html。

6.《欧盟运行条约》第349条规定，除其他外，考虑到瓜德罗普岛、法属圭亚那、马提尼克岛、留泥汪岛、圣巴泰勒米岛、圣马丁、亚速尔群岛、马德拉群岛和加那利群岛出于其偏远、偏狭、小型、地形及气候复杂、对几种产品的经济依赖，持久性和结合性严重制约其发展的结构性社会经济状况，理事会根据委员会之建议，在咨询欧洲议会后，应采取包括共同政策在内的具体措施，以明确"条约"适用于这些地区的条件。如果酝酿中的具体措施由委员会按照特别立法程序通过，则其还应在咨询欧洲议会后基于理事会建议实施。

7. 引自 http://curia.europa.eu/juris/document/document.jsf；jsessionid＝9ea7d2dc30db496ec9324e574bbea45bec2099e0cfed.e34KaxiLc3qMb40Rch0SaxuLc390?text＝&docid＝67548&pageIndex＝0&doclang＝en&mode＝lst&dir＝&occ＝first&part＝1&cid＝1354818。

附录 《欧盟运行条约》关于国家援助核心条款：第 107 条、108 条和 109 条

第 107 条

1. 除非"条约"另有规定，成员国授予的或通过国家资源授予的，以任何形式存在、以有利于特定企业或特定商品生产从而扭曲或威胁扭曲竞争的援助，就其影响成员国之间的贸易而言，与欧盟内部市场不符。

2. 以下援助与欧盟内部市场相符：

（1）向个人消费者提供的具有社会性质的援助，只要该援助并非基于与有关产品的原产地相关的歧视而给予；

（2）协助妥善处理自然灾害或特殊情况造成的损失的援助；

（3）向德意志联邦共和国特定地区的经济给予的援助，仅出于该援助方能弥补由于分裂而造成之经济劣势。《里斯本条约》生效五年后，理事会根据委员会的建议，可以通过一项决定以废除本规定。

3. 以下援助可能被认为与内部市场一致：

（1）鉴于其结构、经济和社会状况，协助促进生活水平异常低下或就业不足的地区以及第349条所述地区的经济发展的援助；

（2）协助促进执行欧洲共同利益的重要项目，或修正成员国经济严重不

稳定的援助；

（3）促进某些经济活动或某些经济领域发展的援助，该援助不会对贸易条件造成不利影响而与共同利益不符；

（4）促进文化及遗产保护的援助该援助不会影响欧盟内贸易条件和竞争，与共同利益不符；

（5）理事会根据委员会建议作出之决定所指明的其他类别援助。

第 108 条

1. 委员会应与成员国合作，不断审查成员国现行的所有援助制度。并应向后者提出符合逐步发展或内部市场运作要求的适当措施。

2. 在通知有关各方提交意见后，如果委员会在第 107 条件认为，国家给予的援助或通过国家资源给予的援助与内部市场不符，或者这种援助被滥用，委员会应决定有关国家在委员会确定的一段时间内取消或更改此类援助。

如果有关国家在规定的时间内不遵守本决定，委员会或任何其他有关国家可以减损第 258 条和第 259 条的规定的方式，直接将该事项提交欧洲法院。

经成员国申请，理事会可一致决定，该国授予或打算授予的援助应被视为与欧盟内部市场一致，作为第 107 条或第 109 条规定的例外，若该决定在特殊情况下是合理的。如果就存疑之援助，委员会已经启动了本款第一项规定的程序，有关国家向理事会提出的申请应具有暂停执行该程序，直至理事会已经表态。

但是，如果理事会在上述申请提出三个月内没有表态，委员会应就该申请作出决定。

3. 应提前通知委员会，使其有足够的时间就任何授予或更改援助的计划提交意见。如果委员会在考虑第 107 条情况下，认为任何此类计划与内部市场均不符合，其应不迟延地启动第二款规定的程序。在该程序产生最终决定前，有关成员国不得使其拟议的措施生效。

4. 委员会可以通过有关国家援助类别的条例，理事会依照第 109 条的规定，可以免除本条第三款规定的程序。

第 109 条

理事会根据委员会的建议，经咨询欧洲议会后，可以对适用《公约》第 107 条和第 108 条的规定作出适当的规定，特别可以确定第 108 条第 3 款适用的条件和确定免除此程序的援助类别。

参考文献

AEA. 2012. Integrating Resource Efficiency and EU State Aid: An Evaluation of Resource Efficiency Considerations in the Current EU State Aid Framework." Report for the European Commission. EA/R/ED575151.

Aydin, U. 2007. "Politics of State Aid in the European Union: Subsidies as Distributive Politics." Unpublished, Political Science Department, University of Washington, Seattle.

BIS. 2011. "The State Aid Guide: Guidance for State Aid Practitioners." London: Department for Business, Innovation, and Skills.

"Brussels Probes Multinationals' Tax Deals." 2013. Financial Times, September 11.

Buts, C., M. Jegers, and T. Joris. 2011. "Determinants of the European Commission's State Aid Decisions." Journal of Industry, Competition and Trade 11: 399—426.

Collie, D. R. 2000. "State Aid in the European Union: The Prohibition of Subsidies in an Integrated Market." International Journal of Industrial Organization 18:867—884.

Combes, P.-P. and T. Ypersele. 2013. "The Role and Effectiveness of Regional Investment Aid: The Point of View of the Academic Literature." Luxembourg: European Commission.

Court of First Instance(EU). 2006. Italy and WAM SpA v. Commission. Case T 304/04, September 6.

ECOFIN. 1997. "Conclusions of the ECOFIN Council Meeting on December 1, 1997 Concerning Taxation Policy." 98/C2/01, Council of the European Union, Brussels.

EE&MC. 2014. "State Aid and the More Economic Based Approach," accessed May 9, 2014, http://www.ee-mc.com/uploads/media/State_Aid_03.pdf.

Ehlermann, C.-D., and M. Goyette. 2006. "The Interface Between EU State Aid Control and the WTO Disciplines on Subsidies." European State Aid Law Quarterly 4: 695—718.

European Commission. 1998a. Council Regulation(EC) No 994/98 of 7 May 1998 on the Application of Articles 92 and 93(Now 87 and 88 Respectively) of the Treaty Establishing the European Community to Certain Categories of Horizontal State Aid. Official Journal L 142, 14.05.1998.

European Commission. 1998b. Commission Decision of 22 December 1998 Concerning Aid No 369/98, France, Repayable Advance to Aerospatiale for the Airbus A340—500/600. Official Journal C 52, 23.2.1999.

European Commission. 1998c. Commission Notice on the Application of the State Aid Rules to Measures Relating to Direct Business Taxation. Official Journal C 384, 10.12.1998.

European Commission. 2002. Commission Decision 2003/372/EC of 11 December 2002 on Aid Granted by Greece to Olympic Airways[Notified Under Document Number C(2002) 4831]. Official Journal L 132, 28.05.2003.

European Commission. 2004a. Commission Decision 2004/339/EC of 15 October 2003 on the Measures Implemented by Italy for RAI SpA. Official Journal L 119, 23.04.2004.

European Commission. 2004b. Commission Decision 2004/393/EC of 12 February 2004 Concerning Advantages Granted by the Walloon Region and Brussels South Charleroi Airport to the Airline Ryanair in Connection with Its Establishment at Charleroi(Notified in Document Number C[2004] 516). Official Journal L 137, 30.4.2004.

European Commission. 2005. State Aid Action Plan—Less and Better Targeted State Aid: A Roadmap for State Aid Reform 2005—2009. Consultation document, COM (2005) 107 final, 7.6.2005.

European Commission. 2006a. Commission Regulation(EC) No 1998/2006 of 15 December 2006 on the Application of Articles 87 and 88 of the Treaty to De Minimis Aid. Official Journal L 379, 28.12.2006.

European Commission. 2006b. Community Framework for State Aid for Research and Development and Innovation. Official Journal C 323, 20.12.2006.

European Commission. 2007. Amendments to the Treaty on European Union and the Treaty Establishing the European Community, Notice 207/C306/92, General Provisions 157 and 158. Official Journal C 306, 17.12.2007.

European Commission. 2008. Treaty on the Functioning of the European Union—Consolidated Version, Articles 206—207. Official Journal C 115, 9.5.2008.

European Commission. 2009a. Communication from the Commission Concerning the Criteria for an In-Depth Assessment of Regional Aid to Large Investment Projects. Official Journal C 223, 16.9.2009.

European Commission. 2009b. Communication from the Commission to the Council, the European Parliament and the European Economic and Social Committee Promoting Good Governance in Tax Matters. COM(2009) 201 final, 28.4.2009.

European Commission. 2010a. Communication from the Commission to the Council, the European Parliament, the European Economic and Social Committee and the Committee of the Regions: Towards a Comprehensive European International Investment Policy. COM(2010) 343 final, 7.7.2010.

European Commission. 2010b. Communication from the Commission: Europe 2020: A Strategy for Smart, Sustainable and Inclusive Growth. COM(2010) 2020 final, 3.3.2010.

European Commission. 2012a. Communication from the Commission to the European

Parliament, the Council, the European Economic and Social Committee and the Committee of the Regions: EU State Aid Modernisation(SAM). COM(2012) 209 final, 8.5.2012.

European Commission. 2012b. Commission Staff Working Document: Facts and Figures and State Aid in the EU Member States—2012 Update. COM(2012) 778 final.

European Commission. 2012c. Report from the Commission, State Aid Scoreboard: Report on State Aid Granted by the EU Member States. SEC (2012) 443 final, 21.12.2012.

European Commission. 2013a. Guidelines on Regional State Aid for 2014—2020. Official Journal C 209, 23.7.2013.

European Commission. 2013b. Impact Assessment, Accompanying the Document Communication from the Commission, Guidelines on Regional State Aid for 2014—2020. C(2013) 3769.

European Commission. 2013c. Issues Paper, Evaluation in the Field of State Aid. 12.4.2013. Accessed May 21, 2014, http://ec.europa.eu/competition/state_aid/modernisation/evaluation_issues_paper_en.pdf.

European Commission. 2013d. Council Regulation No 733/2013 of 22 July 2013 Amending Regulation(EC) No 994/98 on the Application of Articles 92 and 93 of the Treaty Establishing the European Community to Certain Categories of Horizontal State Aid. Official Journal L 204, 31.07.2013.

European Commission. 2013f. Paper of the Services of DG Competition Containing a Draft Framework for State Aid for Research and Development and Innovation. 19.12.2013.

European Commission. 2014. Memo, State Aid: Commission Adopts New General Block Exemption Regulation(GBER). 21.05.2014. Accessed May 21, 2014, http://europa.eu/rapid/press-release_MEMO-14-369_en.htm.

Friederiszick, H. W., L. H. Röller, and V. Verouden. 2008. "European State Aid Control: An Economic Framework." In Handbook of Antitrust Economics, ed. P. Buccirossi. Cambridge, MA: MIT Press.

Guimón, J. 2007. "Government Strategies to Attract R&D-Intensive FDI." ICEI Working Paper 03/07, Madrid.

Heimler, A., and F. Jenny. 2012. "The Limitations of European Union Control of State Aid." Oxford Review of Economic Policy 28(2):347—367.

Hey, J. 2002. "Tax Competition in Europe: The German Perspective." EATLP Conference, Lausanne.

Luengo Hernandez de Madrid, G. E. 2008. "Conflicts Between Disciplines of EC State Aids and WTO Subsidies: Of Books, Ships and Aircraft." European Foreign Affairs

Review 13:1—31.

　　Marinello, M. 2013. "Should Variable Cost Aid to Attract Foreign Direct Investment Be Banned? A European Perspective." Journal of Industry, Competition and Trade 13: 273—308.

　　OECD. 2010. "Roundtable on Competition, State Aid sand Subsidies." Paris: Organisation for Economic Cooperation and Development.

　　OECD. 2013. Checklist for Foreign Direct Investment Incentive Policies. Paris: Organisation for Economic Cooperation and Development.

　　Oxelheim L., and P. Ghauri, eds. 2004. European Union and the Race for Foreign Direct Investment in Europe. Oxford, UK: Elsevier.

　　Ramboll and Matrix. 2012. "Ex-post Evaluation of Regional Aid Guidelines, 2007—2013." Luxembourg: European Commission.

　　Schön, W. 2003. "Tax Competition in Europe General Report." Max Planck Institute, Munich, http://www.eatlp.org/uploads/Members/GeneralReportSchoen.pdf.

　　World Economic Forum. 2013. "Foreign Direct Investment as a Key Driver for Trade, Growth and Prosperity: The Case for a Multilateral Agreement on Investment." Geneva: World Economic Forum.

　　WTO. 2006. World Trade Report 2006: Exploring the Links between Subsidies, Trade and the WTO. Geneva: World Trade Organization.

第六章 美国的激励措施

Charles Krakoff，Chris Steele

查尔斯·克拉科夫，克里斯·斯蒂尔

　　本章探讨美国联邦、州和郡/市的投资激励措施。以总投资、创造就业、更高工资和/或投资的可持续性等要素评估所获激励与实现的投资效果之间的相关性（如果该相关性存在）为视角，考察具体投资和激励措施数据，同时也考察州和大都市地区投资的宏观层面数据。除关注投资激励措施的价值外，本章还评估不同种类激励措施，例如免除财产税或所得税、加速折旧津贴、培训补助金以及（提供）免费或补贴的土地和公用事业等的相对影响。本章可被认为是邀请其他研究人员对数据进行严格统计分析，以便测试我们结论之有效性。但我们并不依此行事，本章意在通过几项实证研究，评估美国——主要是国家以下一级政府特定激励措施的有效性。最后，我们试图判断所有符合某些预设标准的投资和根据具体情况进行协商的投资的普遍激励的相对有效性。

　　然而矛盾的是，对于恪守自由市场原则的国家而言，美国税法是企业投资豁免、津贴和信贷的真正聚宝盆。可以肯定的是，没有外国或国内的公司主要出于财政或其他激励措施而在美国投资。作为世界上最大的消费市场，作为许多先进技术领域的创新研发（R&D）领先中心之一，同时拥有良好营商环境，先进资本市场和强大的知识产权保护环境，美国为投资者提供了许多其他投资诱饵。但即便如此，为吸引或保留国内外直接投资，联邦政府与国家和市政府仍然提供了广泛的财政和金融激励。

　　在美国，联邦政府本身承担相对较少的国际投资促进活动，也并非像许多其他国家一般提供诸如免税期等激励措施。在联邦层面，投资激励措施往往通过税收抵免、折旧津贴以及在税法中规定给予既定范围内的外国和国内所有投资者同等待遇的类似机制的方式，针对特定的行业、部门或欠发达落后地区施行。

　　然而，在州及郡/市层面，则是另一番景象。虽然州及郡/市很少区别对待国内和国外投资者，但是州和市政府却是从互为竞争对手的辖区内抢夺诸如汽车制造厂等"明星"投资项目的"老手"，他们通过不断提高激励措施的价值实施上述行为。州和地方政府每年花费约 500 亿美元用作对投资者的税收激励（Davis，2013）。正如我们所熟知，这些战略就是以邻为壑政策。虽然在为数不多的情况下，这些竞价战中的获胜者会被证明是失败者，因为他们所给出如此慷慨的激励，以至于即便是最雄心勃勃的乘数效应计算，也无法测算出相应激励在经济上所造成的净损失。[1]

联邦投资激励

虽然主要大公司均被指控通过联邦税务当局获得优惠待遇，但是将近 1.3 万亿美元年度联邦"税收支出"（根据 1974 年《预算法》第 3 条第 3 款的规定，"税收支出"是指由于联邦税法允许特殊排除、豁免或扣除总收入或联邦税法规定的特别信贷、优惠税率或延期纳税责任而造成的财政流失）中的接近 90% 流向个人和家庭。2012 年的税收支出中，上述个人和家庭获得超过 1.1 万亿美元，而公司仅获得 1 560 亿美元（Joint Committee on Taxation，2013）。

当然，公司和个人税收支出之间并不总存在分水岭。个人支出账单中最大的单一项目就是已降低的资本收益和股息税率。其在 2012 年价值为 1 080 亿美元，而当中很大一部分是对冲基金或私募股权基金经理所赚取的"持有权益"。[2]

但并非所有的税收支出，即便是对企业的税收支出，均为投资激励。虽然，人们可以争辩说，对美国公司外国收入的税收延迟是一种投资阻碍因素，因为其会防止或拖延外国收入的回流，否则上述收入就可能会投资美国，也可能实际上构成对美国的投资激励。但我们经常认为的包括针对可再生能源和混合动力车辆、电器和窗户等节能产品在内的各种信用和扣减，以及对制造商、房地产业和信用合作社其他有待的"企业福利"，却仅占年度税收支出的约 3%（Joint Committee on Taxation，2013）。

税收支出也远非联邦仅有的对公司的激励。从 1995 年到 2012 年，联邦政府共花费 2 925 亿美元用于农业补贴，其中超过四分之三流向前 10% 的受益者，其平均获得 463 000 美元补贴（EWG，2013）。当中大多数受益者并非家庭农民，而是巨大的农业工业企业，如位于阿肯色州斯图加特的 Riceland Foods 公司，则是由阿肯色州、路易斯安那州、密西西比州、密苏里州和得克萨斯州 9 000 名水稻种植者所拥有的合作社。其标榜自己为世界上最大的稻米生产和经销商。1995 年至 2012 年间，其享受的联邦补贴高达 5.54 亿美元(Krakoff，2012)。

联邦政府通过 200 多个计划(GSA，2014)向广泛的行业提供直接拨款，其中包括：

● 能源部贷款项目，总额为 324 亿美元。其中包括清洁能源贷款担保计划，当中核电贷款为 100 亿美元，风能和太阳能贷款为 100 亿美元，先进技术汽车制造业(ATVM)贷款项目总额达到 250 亿美元，并为福特、日产、特斯拉和菲斯克(DOE，2014)的受益人授予了高达 59 亿美元的利益。

● 商务部渔业财政计划，为西北大比目鱼、鲨鱼和阿拉斯加螃蟹渔业的渔船和水产养殖设施的建造或重建提供长期融资(NOAA，2014)。

● 交通部拨款和贷款计划，如铁路修复和改善融资(RRIF)计划，授权向铁路公司提供直接贷款或贷款担保，以修复或建造新的铁路或多式联运设施(FRA，2014)。

● 住房和城市发展部就业信贷给投资于重建社区和赋权区的公司(HUD，2014)。

● 进出口银行每年约有 205 亿美元的出口前融资，出口信贷保险以及贷款担保和直接贷款(买方融资)来支持美国出口，其中约 40% 流向波音，到目前为止，进出口银行是最大的受益人(Akhtar，2015；DeRugy，2015)。

就企业可用的 226 个联邦拨款和贷款计划而言，上述数字仅仅是冰山一角(GSA，2014)。在大多数情况下，这些项目并非任意：也就是说，在满足整体支出限制前提下，符合预设标准的所有申请人都可以申请这些项目。然而，它们的非特异性并不能保证实现刺激生产性投资的预期目标。所提供的激励措施与所投入的美元、所创造的就业机会、所开发的技术、所减少的碳排放量或任何其他业绩指标之间的联系(如果有的话)将非常难以衡量。特别是考虑到在至少一个农业保护补贴项目中，政府每年向不种植特定作物的农民支付约 23 亿美元，而这就是政府不投资的最直接动因。

正如下一节所示，国家和市政府的激励措施与联邦项目不同，因为前者主要是基于广泛的自由裁量权而划定，而且通常也缺乏预估的支出限制。

州和市的投资激励措施

如同我们将论及，每年由州和市政府提供的将近 500 亿美元(Peters and Fisher，2004)至 800 亿美元(Story，2012)的财政激励(例如税收抵免和豁免）和金融激励（例如补贴/补助，贷款和贷款担保）在企业投资区位地决策中扮演比联邦激励更为重要的角色。

　　一般常识认为，激励措施不太重要，或仅在特定情况下对特定行业或市场而言重要。基础设施、员工技能、市场规模以及便利性等其他因素对投资者而言更为重要（Morisset and Pirnia，1999；Wells et al.，2001；UNCTAD，2004；Whyte，2012）。大部分由诸如联合国贸发会议和世界银行等国际组织进行的研究支持这一观点。上述研究认为，当所有其他因素重要性均等，而投资激励措施可能会朝着对一区位地的待遇优于另一区位地的趋势倾斜时，投资激励充其量仅能在边缘游离。然而实际上，特别是在州和市政当局实施激励措施情况下，激励措施似乎很重要。深入研究则会得出更为折衷的观点。

　　对特定大型激励的审视支持了投资激励十分重要这一说法，这与最近对将近 300 个"特大型交易"（特大型交易是指价值 7 500 万美元或更大数额的激励计划，其在过去 35 年合共获得 41 个州政府和市政府给予的超过 870 亿美元的赠款或税收放弃）考察后得出的报告（Mattera and Tarczynska，2014）相一致。虽然马特拉和塔钦斯卡（Mattera and Tarczynska，2014）对激励措施高度不满，理由是其补贴富裕的公司和个人，创造不出持久的经济或社会效益，但他们并不反对这些激励对关于投资区位地决策的影响。

　　同时，投资者和州或市政府之间的许多谈判已被广泛记录在案（其中几个总结如下）。谈判中，毫无疑问，企业积极进行谈判，但往往在不同辖区间两面三刀，以获得最为慷慨的激励一揽子计划；而地方当局则经常相互竞争，认为他们需要提供最佳的激励方案来确保既定的投资。有时在州或市政府之间进行竞争的激励措施显然会使平衡偏向于提供更为慷慨的一揽子计划一方。但大量的数据似乎并不支持普遍的看法，即政府提供的慷慨激励措施总是或最常失败。对于每一个明显被吸引，而从一个地方转移到另一个地方的投资者而言，似乎还可能有很多其他投资者排列在前，即使这些投资者获得较少的竞争激励或根本没有获得竞争激励。激励的具体类型和结构对于一个特大型交易而言，也极为重要。

　　一方面，州和地方的收入和财产税合计占制造业总投入成本的 1.1%（所得税为 0.8%，财产税为 0.3%），而劳动力和能源在制造业总投入成本中的占比则分别为 21.8% 与 27%（Kenyon，Langley and Paquin，2013，6）。因此，市政府最为青睐的激励措施之一的财产税豁免似乎不大可能是决定性因素。另一方面，"在州内的大部分投资、地方补贴或是减税均基于与上述补贴或税收毫无关系的原因而发生；相应的投资并不会被诱导，因为不管怎样其也会获得补贴……有实质证据表明,在许多这些情况下,企业在做出决定后就通过谈判获得激励"(Fisher,2004,第 i—ii 页)。Fisher 继续引用两个具体例子予以说明。第一个例子是内布拉斯加州政府提供 7 500 万美元税收减免,以吸引联合太平洋铁路公司将1 038 个工作岗位从圣路易斯转移至奥马哈。虽然联合太平洋铁路公司告诉内布拉斯加州官员,在没有激励条件下,他们是不会把工作转移至奥马哈的,但是在圣路易斯他们却演绎着另一个不同的故事。在圣路易斯,公司官员表示,公司这一举动是由"关键的战略考虑而不是税收激励"所驱动的(Fisher,2004,6)。第二个例子在 20 世纪 90 年代初的爱荷华州上演:"当地群众将当局向 IPSCO 钢铁项提供的补贴项目告上法庭,公司被问及如果该诉讼成功,其是否会改变在爱荷华州的决定?他们说不会。他们公开承认,激励措施不会导致不同后果。"(Fisher,2004,6)

在另一个个案中,制药公司 Sepracor 在 2008 年开始与马萨诸塞州马尔堡市政府就已经开始建设的新建筑物进行财产税减免谈判。由于该公司的总部和现有员工 600 多人在马尔堡,且其新建筑正在施工,因此,舆论认为 Sepracor 在马尔堡市而非其他地方进行企业扩张的决定似乎不太可能与提供的相对适度的税收激励有关。但是,"企业有明确的动机夸大税收激励的重要性,因为除非政策制定者认为激励措施会影响他们的定位决策,否则他们不可能获得税收减免"(Kenyon, Langley and Paquin, 2013, 5)。

与事实清单反映的相比,表 6.1 中反映的激励措施更为集中。例如,纽约,迄今为止为特大型交易提供了最大数量及价值(的激励),以30 年折扣电价协议形式向美国一家铝业公司(Alcoa)的一个发电厂提供了 56 亿美元激励,激励数额几乎为该项目总额的近一半。另有少数公司均不同程度获益:除了美国铝业公司,单一交易获得的激励价值超过给予任何其他公司激励的总额,其他主要受益人包括波音公司,四项交易价值 44 亿美元;英特尔,6 笔交易价值 36 亿美元;通用汽车,11 笔交易价值 27 亿美元;福特,9 笔交易价值 21 亿美元;耐克,1 笔交易,价值 20 亿美元。

表 6.1　1988 年至 2012 年各州实施的大型交易

州	总费用	交易数量
纽约州	11 377 331 907	23
密歇根州	7 101 236 000	29
俄勒冈州	3 515 500 000	7

州	总费用	交易数量
新墨西哥州	3 375 000 000	5
华盛顿州	3 244 000 000	1
路易斯安那州	3 169 600 238	11
得克萨斯州	3 104 800 000	12
田纳西州	2 509 900 000	11
阿拉巴马州	2 406 100 000	10
密西西比州	2 308 000 000	8
宾夕法尼亚州	2 100 000 000	3
明尼苏达州	1 781 000 000	4
密苏里州	1 740 000 000	8
北卡罗来纳州	1 569 600 000	8
南卡罗来纳州	1 556 800 000	6
俄亥俄州	1 533 300 000	12
新泽西州	1 362 335 785	10
肯塔基州	1 346 100 000	10
佛罗里达州	1 336 100 000	7
伊利诺斯州	1 159 937 000	7
印第安纳州	1 130 500 000	6
乔治亚州	914 800 000	5
康涅狄格州	820 500 000	6
堪萨斯州	577 000 000	5
加利福尼亚州	490 000 000	2
阿拉斯加州	330 000 000	2
爱荷华州	326 500 000	2
缅因州	317 000 000	2
爱达荷州	276 000 000	1
西弗吉尼亚州	225 800 000	2
阿肯色州	224 250 000	2

（续表）

州	总费用	交易数量
罗得岛州	215 000 000	2
犹他州	210 000 000	2
亚利桑那州	179 400 000	2
内布拉斯加州	160 000 000	1
威斯康星州	123 000 000	1
马里兰州	107 000 000	1
马萨诸塞州	99 500 000	1
弗吉尼亚州	98 000 000	1
内华达州	89 000 000	1
华盛顿特区	84 000 000	1

资料来源：Mattera and Tarczynska，2013。

马特拉和塔钦斯卡（2013）的数据仅记录了已完成的交易。随后更新的报告显示，对美国铝业公司的激励计划与其他交易相比，（见表6.2）（Mattera and Tarczynska，2014）则显得相形见绌；例如，2013 年 11 月，华盛顿州在现有 33 亿美元激励计划基础上又增加了 54 亿美元，用于吸引波音公司在西雅图地区生产新型 777X 飞机。2012 年 3 月，荷兰皇家壳牌 PLC 终止宾夕法尼亚州、俄亥俄州和西弗吉尼亚州之间的三方激励竞标战，宣布计划在宾夕法尼亚州比弗县建立一个价值 20 亿美元的乙烷裂解装置，以报答宾夕法尼亚州政府提供的工厂所生产的每加仑乙烯可享受 2.10 美元税收抵免额，总额价值 16.5 亿美元，为时长 25 年的激励（Detrow，2012；Sheehan，2015；Woods，2015）。[3]南非公司 SASOL 已经开始建设位于路易斯安那州卡斯季厄区教区价值 91 亿美元的乙烷裂解装置，该装置是规划中的包含一个天然气合成油工厂的 220 亿美元工业园区的一部分。总督鲍比·金达尔（Bobby Jindal）批准了 1.15 亿美元的拨款资助购买土地，并免除了当地财产价值可能在 20 亿美元到 30 亿美元之间的税收（Thompson，2014；Area Development，2015）。

这种竞争依然活跃。2011 年，爱荷华州立法机构批准了一项价值 3 700 万美元的激励方案，用于埃及公司 Orascom 在韦弗镇建设化肥厂。然而，为试图阻止伊利诺伊州的竞争性竞标，州政府官员又增加了 1.1 亿美元的税收抵免和建设偿还费用，然后，郡政府再次加码，提供额外长达 20 多年价值 1.3

亿美元的税收减免。

在另一个特大型交易中，一家由波士顿红袜队投球英雄柯特·席林(Curt Schilling)在马萨诸塞州设立的视频游戏公司38工作室，于2010年将其全部业务转移到邻近的罗德岛，并与罗德岛州政府谈判，达成7 500万美元的贷款担保；马萨诸塞州政府拒绝接受这一提议，称不会参与竞价。为给资助提供担保，罗德岛同意基于"道德义务"发行债券。债券作出隐含(如无约束力)承诺，若公司违约，政府支付债券持有人相应利益。[4]随后，由其无力偿还计划中的100万美元贷款，38工作室违约，并解雇其全部职员，让州政府背上了约1.12亿美元的本金和应计利息债务(Krakoff, 2012)。

值得重点关注的是，新闻报道往往会夸大其中一些交易的标题价值。美国铝业公司激励计划为公司位于纽约州北部经济萧条的马塞纳的三家铝冶炼厂提供了30年每年价值1.867亿美元，总计478兆瓦的廉价水力发电补贴(美国铝业公司的价格与电力价格的差异在公开市场上销售)。然而，这个数字是基于预期使用模式的而作出估计，并不反映例如随着世界铝需求在2008年国际金融危机之后下滑，美国铝业公司用量的下降。不过，以1.867亿元作为大致准确的数字，如果我们以目前的3.25%的主要贷款利率折现，我们仍然得出了35.4亿美元的现值——这是一个巨大的数字，但是远远小于广泛公布的未折现时的56亿美元。

表6.2　1988年至2013年30个规模最大的特大型交易

排名	公　　司	补贴金额(美元)	年份	州	情况描述
1	波音	8 700 000 000	2013	华盛顿	飞机制造设施
2	美国铝业	5 600 000 000	2007	纽约州	铝厂
3	波音	3 244 000 000	2003	华盛顿	飞机制造设施
4	Sempra能源	2 194 868 648	2013	路易斯安那	液化天然气出口设施
5	耐克	2 021 000 000	2012	俄勒冈	保留主要运动服装公司
6	英特尔	2 000 000 000	2004	新墨西哥	计算机芯片厂
7	英特尔	2 000 000 000	2014	俄勒冈	半导体制造设施
8	Cheniere能源	1 689 328 873	2010	路易斯安那	Sabine Pass天然气液化厂
9	荷兰皇家壳牌	1 650 000 000	2012	宾夕法尼亚	乙烷裂解装置
10	Corner公司	1 635 152 242	2013	密苏里	为医疗保健技术公司开发办公室

（续表）

排名	公　司	补贴金额(美元)	年份	州	情况描述
11	克莱斯勒	1 300 000 000	2010	密歇根	汽车组装工厂
12	特斯拉电动车	1 287 000 000	2014	内华达	电动汽车电池厂
13	日产	1 250 000 000	2000	密西西比	汽车组装工厂
14	AMD(速龙)	1 200 000 000	2006	纽约州	计算机芯片厂
15	蒂森克虏伯	1 073 000 000	2007	阿拉巴马	钢铁厂
16	通用汽车	1 015 000 000	2009	密歇根	汽车组装工厂
17	福特汽车	909 000 000	2010	密歇根	各种汽车设备
18	波音	900 000 000	2009	南卡罗来纳	飞机组装工厂
19	西北航空(现为达美航空成员)	838 000 000	1991	明尼苏达	飞机维修设施与发动机维修基地
20	内布拉斯加州家具市场	802 000 000	2011	得克萨斯	家具大型商店及周边发展
21	国际商业机器	660 000 000	2000	纽约州	计算机芯片厂
22	英特尔	645 000 000	1993	新墨西哥	计算机芯片厂
23	金字塔公司	600 000 000	2002	纽约州	购物广场扩建
24	得克萨斯装备	600 000 000	2003	得克萨斯	计算机芯片厂
25	梅奥医疗	585 000 000	2013	明尼苏达	健康护理园区扩建
26	英特尔	579 000 000	2005	俄勒冈	计算机芯片厂扩建/修复
27	大众	554 000 000	2008	田纳西	汽车组装工厂
28	斯克利普斯研究所	545 000 000	2003	佛罗里达	非营利性研究机构
29	森林城市柯灵顿	5000 000 000	2007	新墨西哥	梅萨德尔索尔土地开发
30	Hemlock 半导体	479 400 000	2008	田纳西	多晶硅厂

资料来源：Mattera and Tarczynska，2014。

比较财政激励与金融激励

政府通常更容易提供税收抵免和类似的财政激励措施，因为税收抵免和类似的财政激励措施涉及的是未来的收入而不是现金支出，而未来的支出或损失可能在任何情况下都是由后来的国家行政管理者所承担的。然而，许多激励计划均是部分或完全基于现金流。它们可能包括贷款担保。

如果受益人违约，类似 38 工作室的情况，则可能导致政府大量的实质性支出或直接的现金支付。

上述情况的一个例子便是发生在 2012 年的本特勒（Benteler International）案。本特勒是一家奥地利公司。当时，路易斯安那州经济发展局（Stateiana Economic Development）以及路易斯安那州经济开发公司（Cadence Parish）达成了 8 175 万美元的激励措施，以支持本特勒向位于路易斯安那州西北部一家钢管制造厂投资 9 750 万美元。路易斯安那州经济发展局的一揽子激励措施包括 1 275 万美元，用于开发一个新的培训设施，并偿还某些相关的搬迁和内部培训费用的贷款，以及 5 740 万美元额外的基于业绩贷款，用以偿还公司由于场地开发、基础设施和设备费用。红水路委员会提供了 600 万美元的基础设施援助，Caddo-Bossier 港和 Caddo Parish 政府则分别提供了 300 万美元和 260 万美元的额外资金。

本特勒公司于 2013 年在该项目中脱颖而出，并于 2015 年 9 月开始生产，也符合其他国家激励计划的资格，其中包括：

● 质量工作计划，为新的直接工作岗位提供长达 10 年的年度总工资 5% 或 6% 的现金回扣，资本支出的销售/使用退税率为 4%，合格的投资税收抵免额为 1.5%；

● 工业免税计划，免征国家和地方财产税 10 年。

考虑到上述额外收益，州、郡（县）和市的激励计划的总估计值上升到 2.28 亿美元以上，将对每份工作的价值激励从 121 000 美元提高到超过 337 000 美元（Louisiana Economic Development，2013）。

风险性业务

激励措施中固有的风险往往容易被忽视，直到为时已晚无法缓解上述风险时，人们方为警醒。就贷款担保和现金补助而言，即使责任人忽略了上述风险，但风险仍是显而易见的。在 38 工作室的案例中，罗德岛州长唐纳德·卡西里（Donald Carcieri）和罗德岛经济发展总公司（Rhode Island Economic Development Corporation）的高级管理人员都应该被问及但未被问及的问题是，为什么席林的公司无法从风险投资家那里筹集到资金。答案当然并非缺乏尝试。在转向罗德岛州政府（要求资助）之前，席林已经接触了数个波士顿的风险投资家，但后者都直接拒绝了席林的建议。正如《波士顿环球报》报道，这主要是因为，虽然席林是一个视频游戏狂热者，但席林并没有发展相关业务的经验。风险投资家普遍认为,席林的投资"需要大量的后续帮助者"(Wallack,Bray and Arsenault,2012)。此外,席林还希望得到一笔4 800万美元的巨额初创资金,但是问题在于席林没有收入且还不愿意放弃大量股票以做交换。因此,风险投资家意识到,4 800万美元是不够的。开发大型多人游戏的成本是巨大的,席林自己估计,他可能需要额外的1亿美元来完成公司旗舰产品哥白尼的开发。

但罗德岛州长唐纳德·卡西里(Carcieri)的行政团队显然已被席林公司的名气冲昏头脑,并在席林的要求中看到了通过开发一个新的高科技领域来取代罗德岛日渐式微的珠宝制造业的机会。但是这笔交易几乎榨干了该州合共1.25亿美元商业贷款担保的拨款,并且该做法也违背了风险投资中最为基本的规则之一:你不能把所有的钱都投入一家公司。一般而言,大多数观点估计,20%至30%的风险投资公司将失败,另有50%或60%的风险投资公司表现不如人意,仅仅偿还了投资本金或提供小额回报。拯救风险投资家免于身败名裂的是一次巨大的成功,也许是一个成功的企业的十分之一投资,但为此必须付出多次失败的代价(Krakoff,2012)。

如果那些唯一的工作就是选择获胜公司进行投资的人并不特别擅长投资,那么公务员的情况更为糟糕也就不足为奇了。当然,可能在有些情况下,相应的援助在经济上是有价值的:如果项目具有很大的积极外部性,或者一些投入在市场上被定价错误,使得项目的经济效益大于投资者所获得的经济利益,则公职人员可能希望作出大胆的承诺,以帮助投资获得宣传,吸引其他投资者到该地区。问题在于公职人员是否有能力识别这些潜在的外部因素,然后衡量其规模以及伴随的风险?

其他激励措施的风险更为隐蔽,因为这种激励措施往往不能保证一个优质珍贵的投资项目的持久性。1991年,通用汽车(GM)在获得2.5亿美元投资税收减免,并在当地减省其50%的税收后,关闭了在密歇根州伊普西兰蒂的一家工厂。伊普西兰蒂市迅速起诉通用汽车公司并获胜,但州上诉法院推翻了下级法院的判决,理由是借助创造工作或保留工作的预期征税减免并不构成有约束力的承诺(Zaretsky,1994)。即使在关闭这个工厂后,通用汽车在伊普西兰蒂的另一家工厂仍然获得了类似的收益,而该工厂在2010年之前保持开放状态,合计获取的税收减免估计为2亿美元(Lavery,2014)。实际上,作为联邦监督破产的部分结果,通用汽车需要关闭众多汽车工厂,但是相关工厂已经获得了大量的税收激励,其中包括2008年为田纳西州斯普林希尔(装配厂)提供的1 700万美元的现金培训补助金。随后,通用汽车公司将雪佛兰从斯普林希尔的生产转移到其位于密歇根州兰辛的工厂，使 4 000 名员工失业（"GM Collected ＄17 Million"，2011）——在 1990 年至 2007 年（"GM Invest 167M"，2013；Bartik et al.，1987）之间，该工厂的前身为国家培训补助金和物业税减免约为 1.25 亿美元。

　　尽管记录如此糟糕，通用汽车仍然继续获得相关激励。2001 年，通用汽车位于密歇根州湖口镇的装配厂从州获得了为期 20 年总额达到 5 900 万美元的税收减免，以防止公司搬迁（"State Encourages General Motors to Stay"，2001）。2010 年破产后，其又与美国汽车工人联合会和密歇根州政府达成协议，共斥资 20 亿美元，重组相同的湖口镇工厂，并将其转换为"二级"设施，向所有工人支付 14 美元每小时而不是常规的 28 美元每小时的时薪。该协议包括 20 年价值 7.79 亿美元的国家税收激励和职业培训学分，作为公司将其 Aveo 亚紧凑型汽车从韩国（UAW，2010；Haglund，2009）搬迁的对价。除了 7.79 亿美元的国家激励措施之外，到 2014 年雇用了 1 470 名工人的湖口镇工厂还获得了另外的国家拨款 1.3 亿美元的联邦资金，以用于工作培训，而该工厂所在地的奥克兰郡，则提供了 200 万美元资金用于工作培训，湖口镇则提供了 1 亿美元的个人财产免税额，使得福利总计超过 10 亿美元（Haglund，2009）。然而，2014 年 11 月，以汽油价格下滑导致对运动型多用途车辆的需求超过对小型车辆的需求为由，通用汽车公司宣布湖口镇工厂分阶段裁员 160 名工人，另外兰辛大河工厂也裁员 350 名员工（Shepardson，Burden and Wayland，2014）。同时，2014 年 3 月，该公司宣布计划在密歇根州兰辛市建立一个价值 1.62 亿美元的冲压厂，创造 65 个工作岗位。为该计划该市和兰辛经济区合作伙伴关系提供为期 14 年财产税对半减免（VanHulle，2014）。

　　但是，这并非意味着只有通用汽车一家如此操作。包括福特和克莱斯勒在内的其他汽车公司以及许多其他行业的公司在获得州和地方政府的大量激励后也同样关闭了工厂。底特律市与密歇根州立机构合作，在 2013 年 12 月宣布破产之前，继续进行大量投资补贴。2013 年 6 月，底特律市中心发展局与密歇根州战略基金会同意，从州公共债券中筹集 2.845 亿美元，作为一个耗资 6 亿美元的"催化剂发展"项目的部分融资，该项目以底特律红翼冰球队的一个新体育场作为基地（Downtown Development Authority，2013 年）。

　　1990 年，在美国 93 个不同地点发起竞价战后，美国联合航空公司在印第安纳波利斯建造了一个新的最先进飞机维修设施，承诺将投资 5 亿美元的自有资金，同时城市及机场当局通过债券发行筹集资金支持 3.2 亿美元。当初的期望是，联合航空公司最终将在该设施雇用 5 000 名技术熟练的机械师,并为之支付 25 美元每小时的时薪,而这些雇员所支付的所得税、销售税和财产税以及政府通过乘数效应收取的费用,应该很容易抵消掉政府所提供的补贴费用。但是最终,联合航空公司的投资只有 2.29 亿美元,并在 2003 年初其关门大吉之前,最多雇用了 2 500 名机械师(大部分来自加利福尼亚航空公司的维修业务),这是一项大幅降低成本的运动的一部分,它转向南部州的廉价私人承包商(Uchitelle,2003)。

这种激励措施的风险远远超出了即将到期的收入或所承担的债务负担,这些收益在项目收入蒸发后可能还需要偿还。更为根本的是,它们增加了社区对单一公司和项目的依赖,使得他们更容易受到同一组投资者随后的补贴要求的影响。密歇根州的伊普西兰蒂和田纳西州的斯普林希尔就是两个社区的例子,这些社区均满足了通用汽车接二连三关于税收抵免、培训补助金和其他公共支出的要求,以换取新投资的承诺和保护可能遭遇风险的现有工作。当一家像通用汽车这样规模的公司在拥有 31 000 人(土星工厂前只有 1 500 名居民来到镇上)这样规模的斯普林希尔社区雇用 8 000 名员工的时候,工作的大量损失可能是毁灭性的,以至于许多下岗职工别无选择,只能接受新工作,而工资比原来的低 50%。

自那以后,伊普西兰蒂市人口下降了 20% 以上,从 1990 年的近 25 000 人降至 2010 年的不到 2 万人(伊普西兰蒂,2011 年),伊普西兰蒂也发现自己陷入了类似的魔咒。在 1991 年和 2010 年,起诉通用汽车两次后,为了关闭柳树跑车厂,该镇将 2013 年大部分物业出售给计划拆除工厂的联合体,并建立了一个先进的车辆研发和测试中心("Willow Run Bomber Plant to Be Demolished",2013)。这个受到伊普西兰蒂乡镇官员热烈欢迎的企业将有资格获得一些州、郡和市的投资激励。

在人口 11 000 人的纽约马塞纳,美国铝业公司通过利用三家铝冶炼厂削减 1 300 个工作岗位的威胁,作为撬动州权力机构额外激励的筹码。尽管将工厂搬迁到另一个州威胁几乎不可信,但是替代现有能力的成本将高达数十亿美元。官员显然关注生产和就业减少的前景。最近的激励措施不是以创造新的工作或保留所有现有的工作为条件,而是委屈地以使总的就业损失不超过 400 个工作岗位为底线。

可见,在国际和国内层面,公司已经学会了通过努力的谈判及要价以获得激励。例如,英特尔已经善于利用各国和美国各州提供激励的意愿。当它在 20 世纪 90 年代初考虑两个新设施的地点时,就向美国西部几个州同时提出了正式的计划要求。当俄勒冈州表示不能提供任何重大的税收激励时,英特尔选择在新墨西哥州的兰乔海市 Mir 楼建厂，该市提出免除估计价值 10 亿美元的所有财产税(Spar，1998)。正如英特尔首席执行官奥尔贝尼(Paul Otellini)所说："我们正在爱尔兰、以色列、中国或马来西亚建厂，而你将获得诸如免税期、设备信用或类似价值几亿美元的激励，因为人们希望像我们这样的公司在那里投资并雇用他们的人。密西西比与马来西亚有什么不同？"(Atkinson and Ezell，2012，113)

评估激励措施的有效性

毫无疑问，用以证明美国地方政府投资激励措施的效用及其有效性的证据，两者是混杂的。关于这一议题，大多数研究均集中在财政激励上，并如同大多数州政府以净财政效应为标准评估其激励计划一般，这些研究以净财政效应为标准评估财政激励。大多数州级政府也都评估了其激励计划。佛罗里达州政府将激励措施的投资回报作为衡量标准，并表示："投资回报率(ROI)是经济效益的代名词，用于代替法定术语。这项措施并不涉及整体效益或社会效益问题；相反，其侧重于国家收入的有形财务收益或损失，以及最终受到国家税收政策的限制"(Florida EDR，2014，1)。佛罗里达州将激励措施的投资回报率定义为(州收入增加－州的投资)/州投资，但是在就业或投资方面的优势与收益之间却很难建立任何显著的相关性。[5]正如下文论及，这些交易和计划的倡导者往往强调他们较少的实际利益。

爱尔兰施行的投资激励措施与美国有关，这不仅因为其吸引的许多投资来自美国公司。例如，自 1989 年英特尔首次投资爱尔兰以来，爱尔兰官员就持续地对给予英特尔的数以十亿计欧元[6]的激励措施予以捍卫。爱尔兰的方法，特别是针对电子行业的方法，"就是为了吸引一些关键投资到爱尔兰，然后以这些重点企业选择爱尔兰作为欧洲基地为基础，有能力吸引更多的跨国企业落户……随着英特尔和微软落户，以及随后的惠普在印刷领域的落户，爱尔兰有效地建立了一个电子中心，该辐射效应迅速影响了数十个小型电子和软件企业，这些小型企业均希望与这些重要的行业领导者互联互通"(Ruane and Buckley，2006，10)。

爱尔兰的激励措施是高度酌情处理的："一个关键的工业项目，如英特尔，可能希望获得比电子行业常规项目更高的资助。"(Ruane and Görg，1999，8)爱尔兰官员认为这种做法是合理的，其为竞争性投资集聚的发展奠定基础，并会产生示范效应，同时著名的国际投资者已经为其他投资者提供了投资信心。正如爱尔兰前工商部长所言："英特尔来到爱尔兰，这一事实成功地吸引了许多其他公司到此投资。如果没有英特尔，可能这些公司并不会到

爱尔兰投资。"(O'Malley，2009)

我们可以将爱尔兰对待英特尔投资酌情激励法与于哥斯达黎加的做法做一对比。英特尔曾在1996年11月,宣布计划在哥斯达黎加兴建3亿美元的半导体组装和测试工厂。

> 哥斯达黎加官员似乎并没有为(英特尔的投资)提供任何激动人心的优惠或超越现有法律的安排,当然英特尔显然从来也没有要求任何上述安排。哥斯达黎加人绝对走出了自己独特的道路来适应英特尔,并愿意与立法机构和政府机构合作,修改不利于公司未来投资的法律、政策或程序。在税收、教育、基础设施和许可方面尤为如此。当交易受阻时,法律尽可能创造性地改变。但是哥斯达黎加制定的所有规定都是为了适用于该国的所有外国投资者,而并非仅仅适用于英特尔(Spar，1998，17—18)。

虽然英特尔在2014年结束了其位于哥斯达黎加的组装和测试业务以应对个人电脑市场的萎缩,导致1500个就业机会流失,但是讽刺的是,它将工程设计中心和全球服务中心的业务人员从1200人增加到了1400人("Business in Costa Rica"，2014)。英特尔的初始投资也因推动哥斯达黎加高科技集群发展而受到赞誉,当中就包括Infosys、IBM和HP等公司,且该集群中心已经扩大为涵盖工程和设计、汽车零部件、制药以及医疗器械领域的投资(CINDE，2015)。

为回应无党派纽约州公民预算委员会(CBC)对纽约州电力补贴的严格审查,纽约电力局局长理查德·凯塞尔(Richard Kessel)表示,停止或减少对美国铝业公司的补贴将是一个严重的错误,并发誓,只要他一天在位,就必须将补贴进行到底。"美国铝业公司是我们国家最重要的公司之一",他说,"我认为我们可以实施很多改革方案,但夺走美国铝业公司的权力并不在议程范围内"。通过援引马塞纳地区对美国铝业公司的依赖,他进一步指出:"补贴的价值不能通过简单的工作与兆瓦的比率予以衡量。"(Bomyea，2009)

而仅仅依靠上述比率做出衡量,当然令人对补贴的理由产生疑问。作为对电力补贴的回报,美国铝业公司承诺投资6亿美元,升级其位于马塞纳东部的工厂,并在其3个马塞纳工厂中至少保留1300个工作岗位中的900个岗位。折扣后补贴总值为35.4亿美元,这笔补贴等于美国铝业公司每投资1美元,政府就得花费近6美元,同时政府每保留一份工作就得花费将近400万美元。相比之下,CBC报告估计,如果按照现行市场利率出售补贴电力,现有价值在19亿美元至25亿美元之间的电力年均增长额将在9900万美元至1.31亿美元之间。对工厂领域的基础设施以及教育中的一小部分进行投资,可能会比保护长期前景令人怀疑的行业产生更大、更持久的收益。

许多其他特大型交易存有同样的疑问。路易斯安那州的Sasol激励计划意味着每创造一个岗位，需要 160 万美元的花费；爱荷华州对 Orascom 化肥厂的激励计划可能最终变为每个工作的成本为 145 万美元；尽管现值超过 11 亿美元的税收抵免已占壳牌计划资本支出的 45%（ICA，2014），但在未来 25 年获得超过 16.5 亿美元激励的壳牌宾夕法尼亚州乙烷裂解装置投资项目（Staub，2014），又将意味着，政府需要为新增的 400 个岗位中的每一个支付 412.5 万美元的成本，该金额已远超于上述新岗位员工终身收入的两倍。[7]

要证明与之相反的事实异常困难。如果爱尔兰没有给予英特尔初始税收减免，那么爱尔兰能否成功地发展技术部门？或者上述激励措施对英特尔而言是否根本重要？对之我们不能确定。但爱尔兰的公司税率（当时欧洲最低）、欧洲市场准入性、受过良好教育的劳动力、英语环境，甚至许多美国人感到的爱尔兰的亲和力（根据美国人口普查数据，其中近 4 000 万人声称其拥有爱尔兰血统）可能会更具决定性。

如图 6.1 所示，根据投资顾问协会（ICA）的激励数据和美国人口普查局关于州资本支出水平的数据，投资激励和制造业资本投资之间没有明显的相关性，而后者约占全国所有州级投资激励措施的四分之三。[8]例如，阿拉斯加是迄今为止给予投资激励最多的州份，人均激励为 991 美元，但在制造业人均资本支出中仅位列 46 位。特拉华州的人均激励仅为 48 美元，但在制造业资本支出中排名第三，达到人均 789 美元。

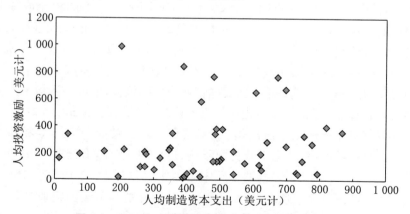

图 6.1　2011 年人均制造业资本开支及州投资激励

资料来源：U. S. Census Bureau; Annual Survey of Manufactures, Geographic Area Statistics: Supplemental Statistics for the U. S. and States: 2011, http://factfinder.census.gov/faces/tableservices/jsf/pages/productview.xhtmlpid＝ASM_2011_31AS202&prodType＝table; Census Bureau Population Estimates, http://www.census.gov/popest/data/state/totals/2011/tables/NST-EST2011-01. xls; IncentivesMonitor. com; "United States of Subsidies", 2012。

有趣的是,正如表 6.3 和表 6.4 所示,州激励措施的慷慨程度与其对待左右政党的立场几乎相反。人们可能会期望保守派或共和党的州份采取简约的立场,以符合其节制政府、小政府的态度;而自由或民主党的州份激励措施应该更为慷慨,但结果却是近乎相反。以人均激励措施金额计算,排名最靠前的五大州中的四个,排名前十的州中的六个均是共和党控制的州份;而排名前五的最不慷慨州份中的三个以及排名前十的最不慷慨州份中的五个均是民主党控制的州份。对于政府市场干预的保守性怀疑,似乎比起州首府而言更为适用于华盛顿州。

表 6.3 人均激励措施金额最高的十个州

州	人均激励措施金额（美元）	政 党
阿拉斯加	991	共和党
西弗吉尼亚	845	共和党
内布拉斯加	763	共和党
得克萨斯	759	共和党
密歇根	672	民主党
佛蒙特	650	民主党
俄克拉荷马	584	共和党
路易斯安那	394	共和党
宾夕法尼亚	381	民主党
缅因	379	民主党

资料来源：IncentivesMonitor.com, politicalmaps.org。

表 6.4 人均激励措施金额最低的十个州

州	人均激励措施金额（美元）	政 党
内华达	12	民主党
密苏里	16	共和党
新罕布什尔	30	民主党
南达科他	34	共和党
爱荷华	43	民主党
明尼苏达	35	民主党
特拉华	48	民主党

（续表）

州	人均激励措施金额（美元）	政　党
北达科他	49	共和党
阿拉巴马	58	共和党
北卡罗来纳	69	共和党

资料来源：IncentivesMonitor.com，politicalmaps.org。

　　激励措施与投资或是投资收益之间的联系充其量而言是脆弱的。如图6.2所示，州的人均激励措施金额与外国控股公司雇用的私营企业的百分比之间没有可观察到的相关性。可以肯定的是，虽然并非所有的激励均流向外商独资企业，但"涉及外商投资的交易可能最广泛地使用激励措施"（ICMA，2012）。虽然所投入的美元和所创造的就业机会之间往往没有直接的相关性，但创造的就业数量肯定是反映投资经济和社会价值的重要指标之一，同时也是对吸引相关投资而提供的激励的政治辩解。

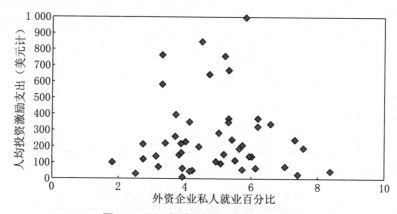

图6.2　国际投资激励及外资企业就业

资料来源："United States of Subsidies"，2012；ITA，2014。

　　ICA发明了激励透明度指数，该指数用于评估美国各州在通报激励计划的经济和社会影响的开放性。此外，其最近还将上述调查结果与皮尤慈善信托基金（2014）的研究相结合，以评估此类激励措施的有效性。调查结果表明，对激励措施有效性的评估和措施实施中的透明度两者携手前行；评估得分高的国家，开放程度也高，反之亦然。这种相关性似乎对税收激励计划的整体有效性和质量作出了重大贡献，因为在开放性和效率评估方面表现良好的国家倾向于提供更多的优质激励计划。

根据 ICA 北美总裁克里斯·斯蒂尔(Chris Steele)的说法,"透明度与有效性之间存在正相关性。这有力地表明,有效性也与公共部门明确建立的目标相关。我们怀疑这正是这么多州正在提高其计划透明度的另一个原因。"(Steele,2014)

皮尤(Pew, 2014)报告指出,"与直接州支出(不得不每个预算一起延长)不同,如果没有决策者重新考虑其成本或成效,税收优惠往往会无限期地延续下去。通过将税收激励政策的评估纳入决策过程,各州可以确保定期重新考虑激励措施,选举产生的官员将根据相关证据作出经济发展决策"。

皮尤(2014)的调查结果着重强调了几个州的良好实践表现,其中包括:

● 俄勒冈州,税收抵免额直至到期日;

● 华盛顿州,立法委员会就评估结果举行年度听证会;

● 罗德岛,新法律确保一并审查激励与其他国家支出;

● 明尼苏达州,旨在确定多少经济活动直接归因于激励措施,以及将会发生多少事情;

● 路易斯安那州,它考虑到激励措施的广泛影响,包括激励措施在多大程度上可能导致一些公司受益于牺牲他人;

● 马萨诸塞州,评估激励措施在多大程度上要求削减其他国家计划以及可能导致的潜在就业损失;

● 马里兰州、华盛顿州和佛蒙特州,颁布立法要求提供税收激励政策,包括目的陈述和评估是否达到目的的机制。

路易斯安那州在评估州属企业计划时发现,在某些行业中,参与该计划的公司的 90% 的新工作正在取代其他雇主的工作,并得出结论认为,该计划仅创造了 3 000 个新职位,而并非参与公司汇报的所谓 9 000 个职位。2013年,马萨诸塞州评估了该州电影制作业的税收抵免情况。结果显示,从 2006年到 2011 年,该税收抵免项目成本为 3.26 亿美元,项目共创造了 5 900 个工作岗位,平均每份工作的成本为 55 000 美元。但是,该计划的成本必须通过削减州预算中的其他开支来抵销,从而导致 3 700 份工作流失而这就意味着,工作数量的净增长仅为 2 200 个,但每份工作均是以三倍于初始估计的成本的代价换取的。

可悲的是,上述做法尚未得到普及。ICA 和皮尤的研究结果显示,有 14个州执行得好或者很好,而 24 个州的表现则是差强人意或十分不佳的(见

表6.5）。

表 6.5　投资激励透明度及有效性评估的各州排名

表现十分不佳 2 分	差强人意 3 分	中规中矩 4 分	表现不错 5 分	表现很好 6 分
阿拉巴马、特拉华、夏威夷、爱达荷、缅因、蒙大拿、新罕布尔什、内华达、北达科他、奥克拉荷马、南卡罗来纳、罗德岛、南达科他、田纳西、佛蒙特、怀俄明、西维吉尼亚	阿拉斯加、加利福尼亚、马里兰、明尼苏达、密西西比、犹他、新墨西哥	得克萨斯、维吉尼亚、内布拉斯加、亚利桑那、科罗拉多、阿肯色、伊利诺、佛罗里达、堪萨斯、印第安纳、华盛顿、乔治亚	马萨诸塞、密西根、肯塔基、纽约、北卡罗来纳、俄亥俄、宾夕法尼亚	康涅狄格、路易斯安那、爱荷华、密苏里、新泽西、威斯康星

资料来源：IncentivesMonitor.com。

激励措施有价值吗？选择性例子

在美国，州人均激励措施金额与人均直接投资或外资企业劳动力比例之间缺乏有意义的相关性表明，即使是通过提供慷慨激励措施成功吸引大量投资的州，其整体激励计划也并非就能经受得起拷问。像密歇根州伊普西兰蒂镇等的例子就是期望战胜实际的突出反映。——公司在获得了慷慨的激励计划后，在经济条件不符时毅然决然关闭了其工厂。这些例子还说明了，当一个单一的公司来统治经济时，激励措施可能会使一个地区随着时间的推移变得更加脆弱的危险。几乎可以肯定的是，在上述例子中，如果用于激励的资金被移作他用——例如用于改善基础设施及教育，加强社会安全网络和/或多样化衰退行业外的产业，则受影响的城镇或州可能会变得更好。

大多数州份在激励计划方面缺乏足够的透明度，并且缺乏对可能产生更好政策选择的结果的形式进行严格分析，使得很难确定激励措施是否值得。例如，我们无法得知，如果在1991年通用汽车第一次关闭其柳树跑车厂后，汽车行业得到进一步的激励，伊普西兰蒂是否会更好。但是美国不少城镇的经验显示，可能真的就是这样的。

缅因州的米连诺奇是一座造纸工业城市，其造纸业已呈现长期下滑态势。最近制定的经济发展战略指出，美国其他衰落的工厂和矿业城市成功地将自己改造为娱乐、旅游和创新中心，不是通过对衰落的传统产业提供大量补贴，而是投资于自己的再开发（CZB Associates，2015）。同样，底特律长期以来一直是经济下降的代名词,其已经开始了一项重建战略,它更多地依赖于联合公共和私人行动,而不是财政激励或补贴;依赖于创新和可持续技术的新型企业,而不是寄望汽车行业恢复其以前的突出地位。据估计,底特律市区 10% 的劳动力已经在先进行业的研发工作中受聘。同样,田纳西州的查塔努加,人口 16 万,已经利用其资本预算在美国建立最快的互联网,以吸引大数据计算公司(Brown,2014)。

即使是在州或市的激励措施被认为有效的情况下,一个地方的收益也可能是另一个地方的损失。从国家层面来看,州政府或市政府的激励措施可能对国家福利的贡献甚微,甚至可能会减损国家福利。因为就绝大部分激励措施而言,其将投资从一个美国管辖区转移到另一个管辖区,并将资源从更有效的用途转移出去。没有证据表明,州或市的激励措施促使公司在根本不投资的情况下进行投资,也很少有证据表明这种激励措施吸引了原本会流向其他国家的投资。

为结束州份和省份之间竞价战,许多州份和省份试图控制这些补贴。1994 年,加拿大联邦和省级政府签署了《内部贸易协定》,禁止将企业从加拿大的一个地方诱导至另一个地区。澳大利亚 6 个州中的 5 个和两个主要地区在 2003 年签署了类似的协议(只有昆士兰州拒绝加入);西德在 1982 年同意了于 1982 年和 1983 年制定广泛的补贴条例(Thomas,2011,343—357)。(有关这些协定的更多内容,请参见本书第十一章。)

相当部分美国州份也试图有样学样。20 世纪 80 年代,五大湖区管理委员会同意缔结一个《反侵入协定》,但其在生效之前就已经崩溃,1996 年为恢复该协定而做出的努力亦付诸东流。同样在 1996 年,俄亥俄州参议院一致通过了一项决议,要求国会遏制州际激励竞争(Thomas,2000,171)。

纽约州州长、新泽西州州长和康涅狄格州州长同意在 1991 年停止投放旨在吸引其他企业的广告,但新泽西州几个月后便违反了承诺,使得协议崩溃(Alden and Strauss,2014,2)。(关于通过使用激励措施来规范投资竞争的国家和国家以下地方政府的努力,请参阅本书第十一章)。

但是,并非所有这些尝试都失败了。大都会地区的一些郡,包括俄亥俄州的代顿,以及科罗拉多州的丹佛,都同意限制补贴竞争,而堪萨斯州和密苏里州正在考虑对跨越多方边界的堪萨斯城采取类似的措施。但是,上述例子并没有形成一个趋势。只有美国国会才能结束补贴战,但"历史上国会一直不愿干涉所谓的州保留的特权"(Alden and Strauss,2014,2)。

结　　论

　　本章通过回顾相关论证材料，得出几个初步结论。首先，通常而言，国家或地方税收负担仅占公司总体经营成本的很小一部分，因此，作为财政激励措施的减税可能很少成为投资区位地决策的决定性因素。诸如免费或补贴投入（土地、能源），资本补助和偿还或贷款担保等非财政激励措施可能比减税在吸引投资方面更为有效。这也是不足为奇的。因为上述激励措施通常比大多数税收激励更为重要，它们的全部价值更早为受益人所享受，并且对未来的紧急情况较少依赖，更直接地降低了投资风险。

　　其次，通过激励措施吸引的大部分投资都从其他地方转移而来，因此不会对整个国家带来任何净收益，相反，其可能造成净损失（例如，如果把搬迁导致总工作量减少或总工资下降记录在案）。很少有明确的案例表明新投资从外国转移到美国——通用汽车决定将 Aveo 的生产从韩国迁移到美国是一个例子，但通用汽车可能夸大了这一决定在多大程度上是基于激励措施，而不是将一些生产转移回美国的更广泛的战略。

　　再次，关于谈判激励与自动激励的相对效益和成本的辩论，通常集中在所谓的自动激励的浪费上，即其中很大一部分流向了在任何情况下都会进行既定投资的公司。但证据表明，谈判激励措施的很大一部分也流向了那些即使没有激励措施也能投入相同投资的公司。

　　最后，评估激励措施的净财政效应可能不是评估其有效性的一个完美工具，但对于寻求健全政策指导的政府来说，它可能是唯一合理一致和可靠的指标。大多数其他评估标准需要证明反事实论据或高度复杂的抽样和分析。实际上，对激励措施净财政效应的衡量，往往解决了官员们最关切的问题，他们必须对公共资金的使用情况作出说明。[9]

　　由于联邦禁令存在合宪性问题，在缺乏联邦禁令的前提下，国家和地方政府之间的激励性投资竞争将不会消失，特别是只要公司有意利用一个司法管辖区与另一个管辖区之间的竞争。希望最大化利益并最大限度地减少浪费支出的国家（或延伸到郡市政府）似乎最重要的不是奖励方面花费了多少，也不是那些激励措施所针对的部门和行业，而是这些激励措施如何构想、结构化、管理和评估。

　　理想情况下，激励措施的期限应该是有限的，只有通过审慎的政治决定而不是默认的方式来恢复。所授予的每项激励应具有明确的目标或相关绩效指标,可以轻松获取数据。最后,应定期评估激励,评估结果应公布。如可能,评估应该考虑到激励措施更广泛的经济影响,尽管在实践中可能很难做到。

采用这些做法不会消除政府对激励措施产生负面影响的风险。然而,这将允许政府更有效地组织激励措施,针对具体活动或公司,并有可能为未来政策决策提供信息的方式评估业绩。最后,采用这些做法可能会使政治家对他们的激励决策负责,从而减少或消除一些非常普遍的激励浪费。

注释

1. 净财政影响不是唯一可能衡量投资激励措施有效性或效率的指标。技能开发,示范和集群效应(一个或多个有助于吸引其他投资的高调投资),社区保护和许多其他溢出效应可用于解释投资激励,但是量化这些指标十分困难,也难将因果关系归因于给定的投资或激励。另外,"计算激励所吸引的任何增量外国投资的所产生的好处都需要评估影子价格和外部性……然而,令人怀疑的是,对今时今日任一相对开放的经济体进行测算的结果,都证明获得非常高的补贴等价是合理的"(Wells et al.,2001,59)。因为净财政影响往往比大多数其他可能的指标更容易计算,它们往往是大多数评估投资激励效果的标准。

2. 向对冲基金或私募股权基金的普通合伙人支付的利息或利润的份额被视为资本收益。以15%的税率征收资本收益,而不是基金经理所支付的35%普通收入。这种做法已经引起很大争议。

3. 壳牌已经入手并清理了一块面积为991英亩的土地,并获得了国家空气质量许可证,但其尚未确认是否继续进行项目。然而,几乎可以肯定的是,如果壳牌继续项目,它将在宾夕法尼亚州建造该工厂。

4. 道义义务是一种通常由市政府发行的收入债券,国家权力机构给予投资者与市政债券相同的免税额,但也得到国家或市政府的道义上的承诺或违约承诺。虽然道义义务没有法律约束力,但如果发券政府不履行承诺,其通常会受到负面的信用评级影响。

5. 这个计算似乎是基于这样的假设,即没有国家激励,投资就不会发生。在某些情况下可能是这种情况,但并不普遍。在评估激励措施的有效性方面,持续的挑战之一就是这一点:很少有可能最终证明,如果没有授予激励,那么给定的投资就不会发生(或者在别的地方可能会出现)。确定一定投资所需的激励措施可能更加困难,而不会超出必要的范围。

6. 爱尔兰给予英特尔的财政激励和赠款的确切价值从来没有被公开,这符合爱尔兰激励计划的自由裁量特点。然而,基于爱尔兰自1989年以来在资本投资上的金额已届125亿美元(ITA,2014),英特尔有可能已经获得至少20亿美元的资本补助、研发补助和财政奖励。另外,基于历史平均22.7%以及最高60%的补助水平,该金额可能已经翻番(Yuill et al.,1997)。

　　7. 激励监督者是一个全球激励交易数据库。其跟踪所有行业中向外国和国内企业投资者授予的所有重大财政和金融激励及补贴信息，并监督相关的激励计划。截至 2014 年 11 月，该数据库已包括 11 000 多个已授予激励交易；覆盖巴西、中国、印度、墨西哥、南非和土耳其等新兴市场在内的 63 个国家；并追踪了 500 多个活跃的激励计划。

　　8. 数据仅包括制造业的资本支出（NAICS 分类 31—33），因此不囊括农业、金融服务、零售和批发贸易或电影制作业的投资。上述行业是一些州的重要激励受益者。例如，加利福尼亚州的许多激励计划针对农业和电影业，而阿拉斯加州的激励则主要在于石油、天然气和采矿业。

　　9. 当然，这些衡量标准并不代表公共资金用于促进具有积极作用的外部性投资或用于纠正错误的投入。

参考文献

Akhtar, S. 2015. "Export-Import Bank: Overview and Reauthorization Issues." Congressional Research Service, March 25.

Alden, E., and R. Strauss. 2014. "Curtailing the Subsidy War Within the United States." Policy Innovation Memorandum No.45, Council on Foreign Relations, New York.

Atkinson, R., and S. Ezell. 2012. *Innovation Economics*. New Haven, CT: Yale University Press.

Bartik, T., C. Becker, S. Lake, and J. Bush. 1987. "Saturn and State Economic Development." *Forum for Applied Research and Public Policy* 2(1)(Spring):29—40.

Bomyea, L. 2009. "NYPA Chief Backs Alcoa." *Watertown Daily Times*, September 27. Accessed November 26, 2014, http://www. watertowndailytimes. com/article/20090927/NEWS05/309279942.

Brown, J. 2014. "What British Cities Can Learn from Detroit: Motor City's Turnaround Should Be a Model for Regeneration." *Independent*, June 18.

"Business in Costa Rica: Intel Outside." 2014. *Economist*, April 19.

CINDE. 2015. Costa Rican Investment Promotion Agency, accessed September 15, 2015, http://www.cinde.org/en.

City of Ypsilanti. 2011. "South of Michigan Avenue: Community Needs Assessment." November 30. Accessed December 23, 2015. http://www.ewashtenaw. org/government/departments/community-and-economic-development/plans-reports-data/human-services/2012/city-of-ypsilanti-south-of-michigan-avenue-community-needs-assessment. p.9.

CZB Associates. 2015. "An Open Letter to the Citizens of the Town of Millinocket, Maine," January 11. Accessed May 1, 2015. https://drive. google. com/file/d/0BwX4t-nQWwo5b3E5Y1JpZ3FIVlU/view?ref=inline.

Davis, C. 2013. "Tax Incentives: Costly for States, Drag on the Nation." Institute on Taxation and Economic Policy, Washington, DC, August 12.

De Rugy, V. 2015. "The Biggest Beneficiaries of the Ex-Im Bank." Mercatus Center, George Mason University, April 29. Accessed December 23, 2015. http://mercatus.org/ publication/biggest-beneficiaries-ex-im-bank.

Downtown Development Authority. 2013. "Authorization to Enter Into Memorandum of Understanding Relating to Catalyst Development Project," June 19. Accessed May 30, 2015, http://www. degc. org/data/uploads/MOU% 20Memo% 20Reso% 20with% 20Exhibits%206-19-13.pdf.

EWG. 2013. "Farm Subsidy Database, 2013." Environmental Working Group, accessed November 26, 2014, http://farm.ewg.org/index.php.

Fisher, P. 2004. "The Fiscal Consequences of Competition for Capital." Conference Paper, Humphrey Institute of Public Affairs, University of Minnesota, Minneapolis, February.

Florida Office of Economic and Demographic Research. 2014. "Return on Investment for Select State Economic Development Incentive Programs," January 1, accessed May 1, 2015, http://edr.state.fl.us/Content/returnoninvestment/EDR_ROI.pdf.

FRA. 2014. "Federal Railroad Administration," accessed November 26, 2014, http://www.fra.dot.gov/Page/P0021.

"GM Collected $17 Million from TN for Jobs, Then Left." 2011. *Tennessean*, July 31. Accessed May 1, 2015, http://archive. tennessean. com/article/20110731/NEWS0201/ 307310092/GM-collected-17-million-from-TN-jobs-then-left.

"GM Invests $167M at Spring Hill, Tenn., Factory, Will Add 2 New Models." 2013. *Detroit Free Press*, August 6. Accessed November 26, 2014, http://archive.freep. com/article/20130806/BUSINESS0101/308060079/general-motors-spring-hilll.

GSA. 2014. "Catalog of Federal Domestic Assistance," accessed May 1, 2015, https://www.cfda.gov/.

Haglund, R. 2009. "Tax Incentives, Job Training Funds Won Orion Township, Michigan GM's New Small Car Work," June 26, accessed November 26, 2014, http:// www.mlive.com/auto/index.ssf/2009/06/tax_incentives_job_training_fu.html.

HUD. 2014. "Department of Housing and Urban Development," accessed November 26, 2014, http://portal. hud. gov/hudportal/HUD? src=/program_offices/comm_plan-ning/economicdevelopment/programs/rc/businesses.

ICA and WavTeq. 2014. "Incentives Database," accessed November 26, 2014, www. incentivesmonitor.com.

ICMA. 2012. "Incentives for Business Attraction and Retention." ICMA, June 13, accessed November 26, 2014, http://icma. org/en/Article/102200/Incentives _ for _ Business_Attraction_and_Retention.

ITA. 2014. "Exports, Jobs, and Foreign Investment." U. S. Department of Commerce, International Trade Administration, March 3, accessed November 26, 2014, http://www.trade.gov/mas/ian/statereports/.

Joint Committee on Taxation. 2013. "Estimates of Federal Tax Expenditures for Fiscal Years 2012—2017." Prepared for the House Committee on Ways & Means and the Senate Finance Committee by the Staff of the Joint Committee on Taxation, Washington, DC, February 1.

Kenyon, D., A. Langley, and B. Paquin. 2013. "The Effective Use of Property Tax Incentives for Economic Development." *Communities and Banking* (Federal Reserve Bank of Boston), Fall.

Krakoff, C. 2012. "Good Money After Bad: Why Government Should Not Fund Private Businesses." *Emerging Markets Outlook* (blog), May 20. Accessed May 30, 2015, http://www.emergingmarketsoutlook.com/?p=1854.

Lavery, K. 2014. "Ypsilanti Offers Cautionary Tale on GM Tax Breaks." WKAR, Michigan State University, East Lansing, July 28.

Louisiana Economic Development. 2013. "SEDC Economic Development Incentives Discussion." Accessed December 22, 2015, http://c.ymcdn.com/sites/www.sedc.org/resource/resmgr/imported/D.%20Pierson.pdf. pp.3—10.

Mattera, P., and K. Tarczynska. 2013. "Megadeals: The Largest Economic Development Subsidy Packages Ever Awarded by State and Local Governments in the United States." Washington, DC: Good Jobs First.

Mattera, P., and K. Tarczynska. 2014. "Updated List of Megadeals in Spreadsheet Form." Good Jobs First, September, accessed November 26, 2014, http://www.goodjobsfirst.org/megadeals.

Morisset, J., and N. Pirnia. 1999. "How Tax Policy and Incentives Affect Foreign Direct Investment: A Review." Policy Research Working Paper, Foreign Investment Advisory Service. Washington, DC: World Bank Group.

NOAA. 2014. "National Oceanic and Atmospheric Administration," accessed November 26, 2014, http://www.nmfs.noaa.gov/mb/financial_services/ffp.htm. NOAA.

O'Malley, D. 2009. Videotaped interview in "Intel—20 years in Ireland," Intel Case Study, IDA Ireland. Accessed November 26, 2014, http://www.idaireland.com/how-we-help/case-studies/intel/.

Peters, A., and P. Fischer. 2004. "The Failures of Economic Development Incentives." *Journal of the American Planning Association* 70(1)(Winter):27—37.

Pew Charitable Trust. 2014. "Strategies for Evaluating Tax Incentives." Fact Sheet, Pew Charitable Trust, Washington, DC, June 13.

Ruane, F., and P. Buckley. 2006. "Foreign Direct Investment in Ireland: Policy Implications for Emerging Economies." IIS Discussion Paper No.113, Trinity College, Dublin, January.

Ruane, F., and H. Görg. 1999. "Some Reflections on Foreign Direct Investment Policy for the Manufacturing Sector in Ireland." Scott Policy Seminar, Economic Research Institute of Northern Ireland, Belfast, May.

Sheehan, A. 2015. "Many Still Concerned as Progress Continues at Site of Proposed Cracker Plant." KDKA/CBS Local TV, June 28. Accessed December 15, 2015, http://pittsburgh. cbslocal. com/2015/07/28/many-still-concerned-as-progress-continues-at-site-of-proposed-cracker-plant/.

Shepardson, D., M. Burden, and M. Wayland. 2014. "GM laying off 510 at 2 Michigan plants." *Detroit Free Press*, November 12. Accessed December 19, 2015, http://www. detroitnews. com/story/business/autos/general-motors/2014/11/11/gm-laying-orion-assembly/18853065/.

Spar, D. 1998. "Attracting High Technology Investment: Intel's Costa Rican Plant." Foreign Investment Advisory Service Occasional Paper No.11. Washington, DC: World Bank.

"State Encourages General Motors to Stay in Lake Orion: Michigan Competing for More Than 2 200 Jobs." 2001. Michigan's Former Governors, November 13, accessed November 26, 2014, http://www. michigan. gov/formergovernors/0, 4584, 7-212-31303_31306-4946—, 00.html.

Staub, A. 2014. "Corbett-Supported Ethane Cracker Plant Shuffles Ahead." *Pennsylvania Independent*, November 21, 2014. Accessed November 26, 2014, http://paindependent. com/2014/11/week-in-review-corbett-supported-ethane-cracker-plant-shuffles-ahead/.

Steele, C. 2014. "Six U.S. States Exemplify 'Best Practices' in Transparency and Evaluation of the Economic Impacts of Incentive Programs." ICA Press Release, May 27.

Thomas, K. 2000. *Competing for Capital: Europe and North America in a Global Era*. Washington, DC: Georgetown University Press.

Thomas, K. 2011. "Regulating Investment Attraction: Canada's Code of Conduct on Incentives in a Comparative Context." *Canadian Public Policy* 37(3):343—357.

UAW. 2010. "UAW and GM Bring Small, Energy-Efficient Car to U.S. from South Korea," October 8, accessed November 26, 2014, http://www. uaw. org/taxonomy/term/222/all?page=3.

Uchitelle, L. 2003. "States Pay for Jobs, but It Doesn't Always Pay Off." *The New York Times*, November 10. Accessed May 1, 2015, http://www.nytimes.com/2003/11/

10/business/states-pay-for-jobs-but-it-doesn-t-always-pay-off. html? pagewanted＝all.

UNCTAD. 2004. "Incentives." UNCTAD Series on Issues in International Investment Agreements. Geneva: United Nations Conference on Trade and Development.

"United States of Subsidies: A Series Examining Business Incentives and Their Impact on Jobs and Local Economies." 2012. New York Times, December 21. Accessed November 26, 2014, http://www.nytimes.com/interactive/2012/12/01/us/government-incentives.html＃home.

VanHulle, L. 2014. "GM to Build ＄162M Stamping Plant at Lansing Grand River, Add 65 Jobs." Lansing State Journal, May 6. Accessed May 1, 2015, http://archive.lansingstatejournal. com/article/20140306/BUSINESS/303060025/GM-build-162M-stamping-plant-Lansing-Grand-River-add-65-jobs.

Wallack, T., H. Bray, and M. Arsenault. 2012. "Curt Schilling's 38 Studios Lays Off All Staff." *Boston Globe*, May 24. Accessed May 1, 2015, https://www.bostonglobe. com/business/2012/05/24/curt-schilling-studios-lays-off-all-staff/G3eElygyIWl7JULNX 045aO/story.html.

Wells, L. Jr., N. Allen, J. Morisset, and N. Pirnia. 2001. "Using Tax Incentives to Compete for Foreign Investment: Are They Worth the Cost?" FIAS Occasional Paper No.15, International Finance Corporation and the World Bank, Washington, DC.

Whyte, R. 2012. "Do Incentives Influence FDI? Can Fiscal Incentives Compensate for a Poor Investment Climate?" Global Investment Promotion Best Practices 2012, Investment Climate Department. Washington, DC: World Bank Group.

"Willow Run Bomber Plant to Be Demolished; Vehicle Research Center Planned." 2013. Detroit Free Press, September 5. Accessed November 26, 2014, http://www. freep. com/article/20130905/BUSINESS0101/309050106/willow-run-bomber-plant-ypsilanti.

Woods, K. 2015. "Shell takes more steps for ethane cracker plant location in Monaca, Pennsylvania." *Shale Gas Reporter*, October 12. Accessed December 19, 2015, http://shalegasreporter.com/news/shell-takes-steps-ethane-cracker-plant-locationmonaca-pennsylvania/57828.html.

Yuill, D., K. Allen, J. Bachtler, K. Clement, and F. Wishlade, eds. 1995. *European Regional Incentives*, *1995—1996*. 15th ed. London: Bowker-Saur, cited in S. Roper and A. Frenkel. 2000. "Different Paths to Success—The Growth of the Electronics Sector in Ireland and Israel." *Environment and Planning C: Government and Policy* 18(6): 651—665.

Zaretsky, A. M. 1994. "Are States Giving Away the Store? Attracting Jobs Can Be A Costly Adventure." *Regional Economist*(Federal Reserve Bank of St. Louis), January.

第七章　世界各地的税收激励

Sebastian James

塞巴斯蒂安·詹姆斯

2013 年,牙买加在严峻的财政压力下,同意进行全面的税制改革,取消了许多慷慨而无节制的投资税收激励(Collister,2013)。在通过立法后,司法部长马克·戈尔丁(Mark Golding)参议员说:"当前基于行业的激励制度并未为牙买加经济带来积极影响。舆论一致认为,这种激励制度导致我国(牙买加)有限经济资源的错配,因而可能要为牙买加增长乏力负上一部分责任。"他还解释说,改革将确保为在行业内所有参与者(而不仅仅是那些"够得着部级决策者"的参与者)创造一个基于规则的公平制度(Linton,2013)。乌干达("Uganda Budget",2014)和巴基斯坦(Anthony and Mangi,2014)由于财政损失而在 2014 年实行了类似的税收激励改革。

另外,格林纳达财长此前宣布,为鼓励桑多兹度假酒店集团投资格林纳达,政府同意在未来 25 年里免除公司的所得税,限额征收财产税,免除所有进口关税,并免除未来 15 年内的消费品增值税。他进一步宣布,为改善经济状况,政府将注资 1 亿美元,创造 425 个就业岗位("Sandals Investing US ＄100 Million",2012)。2013 年,马来西亚宣布对其炼油和石油化工综合开发(RAPID)综合体提供新的税收激励,包括资本支出税费减免。2014 年,意大利通过了立法,为工厂和设备投资提供税收减免。

这些例子突出说明了当今世界各地使用税收激励的无可非议却又混乱不一。虽然一些国家正在缩减激励,但其他国家却仍在出台新措施。即使在国家内部,也可以看到政策方向的摇摆不定。例如,印度尼西亚最初采用免税期措施进行激励,继而取消了对 1983 年之后实行的投资激励措施,不再提供免税期,到 1994 年,政策再次发生逆转,重新使用免税期加以激励。印度尼西亚现在为某些"先驱"行业提供免税期。韦尔斯等人(Wells et al.,2001)研究显示,1983 年取消免税期对印度尼西亚的外商直接投资没有影响,但政府由于受到外商直接投资量出现的短暂下滑压力,于 1994 年再度引入免税期政策。

对于希望创造就业、引进新技术和技能、并提高其在国际市场的竞争力和准入的国家来说，吸引外商直接投资和鼓励国内投资是其重要的目标。投资激励措施——无论是部分或全部豁免公司税负的税收激励，还是非税财政激励（如现金补助和贷款担保）或监管激励措施，都是用于鼓励投资和/或影响投资者/投资活动的重要措施。政府在试图使用投资激励措施时，也面临着管理这些措施所留下的预算问题。因此，为制定合适的税收和其他政策，政府始终面临压力，政策既不能阻碍投资也不应减损政府预算。因此导致了政策困境和与激励措施相关的政策逆转也就不足为奇了。

如上文中案例所示，政府试图通过提供激励措施，鼓励特定部门、特定种类的投资（如上述马来西亚和意大利的情况）或向某些因市场失灵缺乏投资——甚至与邻国争夺投资（如格林纳达）的地区投资，从而微调税制政策；至少理论上是这样。然而，实际上，税收激励是由经济与政治共同驱动的。诸多情况下，政治家们认为公布新的税收激励轻而易举，因而可被视为能积极处理经济衰退或失业问题。此外，因这些决策涉及未来某时期的免税，其成本并不具有透明性。其他情况下，激励措施只是政府在大型企业的施压下，对其作为投资条件默许的结果（James，2009）。

本章调研了世界范围内的税收激励，其反映了政府面临的多变情况和压力。世界上几乎所有的政府都制定了税收激励，它们数量众多，不仅规定在税法中，其他法律中也有相应规定。因此，税收的设计和管理都是十分复杂的。

如印度尼西亚的案例所示，因税收激励不断变化，其复杂性也进一步增加。因此，对一个国家内的投资激励计划进行概括是具有相当大的挑战性的，而对全世界范围内的激励计划来说，就更加困难了。本章试图概述世界各地不同种类的税收激励及其管理方式，旨在让读者了解不同国家是如何将激励作为吸引投资的工具，且随着时间推移此激励又是如何变化的。

大多数投资激励计划涉及各种税种的免除或减少，特别是所得税、增值税（VAT）和关税。这些计划也可能包括免征财产税和较小额的税费，如印花税和登记费用。一些国家也可能提供现金激励和实物激励，如免费使用土地（有时甚至免费使用电力）。国家还提供贷款担保，以确保投资者能够获得开业所需的资金。此类非税收激励是非常复杂的，很难识别和概述。也就是说，非税收激励，特别是现金激励，较税收激励（见本书第二章）而言，其应用不太普遍。[1]因此,本章重点介绍税收激励,包括所得税、关税和增值税激励。

本章没有对经国际税收协定订立的激励,即对某些种类的非居民收入提供特殊税收待遇定进行分析。此类激励越来越受到新闻的关注,因公众目光注意到苹果、谷歌和微软等跨国公司在某些司法管辖区内,如爱尔兰、卢森堡和荷兰,支付税额很低。[2]这些特别规定基本上属于税收激励,因其对某些国家非居民的某些特定种类的收入给予特殊税收待遇。最近受到审查的另一种机制是使用宽松的转让定价规则[3]和预先定价协议(APA)作为税收激励。APA 是由一家跨国公司和某一国家的税务管理机构之间达成的协议,负责管理同一跨国公司的机构之间的跨税收辖区的交易如何定价(以及因此而获得的收入)。当协议允许将比例不相称的收入归入避税港,从而降低纳税义务时,则视为使用此类协议为该跨国公司提供特别税收待遇。欧盟委员会正根据其国家援助规则("State Aid SA.338373", 2014),调查爱尔兰政府据称提供给 Apple Operations International 的此类特殊待遇是否是禁止的。此外,欧盟委员会还对卢森堡政府据称使用 APA 向 Amazon 提供特别税收待遇一案进行类似的调查("State Aid:Commission Investigates", 2014)。2015 年 10 月,欧盟委员会裁定,荷兰向星巴克提供非法国家援助,卢森堡也为菲亚特提供同样的非法国家援助("Commission decides selective tax advantages", 2015)。这些特别税收安排虽然重要,但并不在本章的讨论范围之内。

本章的结构如下:首先,总结了世界各地提供的所得税激励,继而描述了增值税激励及其在世界上某些地区的使用情况。其次,简要介绍了各国利用关税豁免及作为吸引投资的手段在特别经济区内使用增加的减税措施。最后,描述了管理投资激励的不同方式及其对激励措施的应用和治理的问题。

世界各国的所得税激励

表 7.1 中显示了调查的 153 个国家对不同所得税激励的实施率。[4]尽管对于这些激励的有效性,各国看法不同,但几乎世界各国都在使用所得税激励却是不争的事实。

除 OECD 成员国以外,世界上不同地区都将免税期作为最常见的激励措施,可以免除投资者一年及以上 100% 的所得税。南亚各国都提供免税

期。在一些加勒比地区的国家，免税期可以长达 25 年（"Sandals Investing
US＄100 Million"，2012）。相反，在 OECD 成员国，投资补贴才是最常见
的措施。在撒哈拉以南的非洲国家，免税期和投资补贴都同样被普遍采
用，而在拉丁美洲国家，投资补贴则是第二常用的税收激励（居于免税期
之后）。

表 7.1　所得税激励措施在世界各国的实施情况

	调查国家数量（个）	免税期/税收免除（%）	减免税率（%）	投资补贴/税收抵免（%）	研发税收激励（%）*	大额减免（%）
东亚和太平洋地区	12	92	75	67	83	33
东欧和中亚	17	82	35	24	29	0
拉丁美洲和加勒比地区	24	92	33	50	8	4
中东和北美	15	80	40	13	0	0
经合组织国家	34	12	32	65	76	21
南亚	8	100	38	75	25	63
撒哈拉以南非洲地区	44	80	64	77	11	18

注：＊研发税收激励单独分为一类，尽管使用的激励工具也是免税期或投资补贴或
大额减免（即可以减免超出 100%的成本）。
资料来源：James，2014。

　　免税期常常会被滥用，如公司通常以不同名义改组其业务以延长免税
期。而且，与投资相关的激励（如投资补贴和加速折旧）相比，免税期的缺点
是无法根据业务资产支出的增长来调整激励额度。与投资相关激励的收益
是随着业务扩张而增加的，因而能激励公司不断扩大业务。

　　尽管免税期有这些缺点，政府依然继续提供这一激励。理由之一或许
是企业方大都支持免税期措施。除了企业有可能通过公司改组延长免税期
外，相较于与投资相关的激励，获得免税期对企业需要应付税务机构的要求
也相对较少（在一些国家，甚至没有要求；在一些国家，纳税人甚至不必进行
纳税申报）。政府想要阻止公司通过改组而滥用免税期或在免税期结束后
管理其税制政策则变得更为困难。表 7.2 展示免税期的应用是如何随着时
间推移而变化的。在 2000 年，UNCTAD 调查了 50 个国家使用免税期激励
的情况（UNCTAD，2000）。

表 7.2　免税期的应用情况，2000 年和 2014 年

	调查国家数量(个)(UNCTAD, 2000)	提供免税期的国家数量(个)	
		2000 年	2014 年
东亚和太平洋地区	7	7	6
东欧和中亚	3	3	2
拉丁美洲和加勒比地区	10	10	8
中东和北美	4	4	4
经合组织国家	8	6	3
南亚	2	2	2
撒哈拉以南非洲地区	参见表 7.3		

资料来源：UNCTAD，2000；James，2014。

　　该调查涵盖了主要类型的税收激励，包括免税期。当将这些结果和2014 年提供的激励相比较，则发现 2000 年调查的国家中有 94％都提供了免税期，而 2014 年中则只有 74％的国家提供了免税期。因此，尽管现今免税期被广泛使用，但较 2000 年，使用的国家数量已经大大减少。其中 OECD国家减少得尤其明显，多数都转而使用与投资相关的激励。这说明各国已经转向以更集中和更精确的方式使用投资激励。

　　当仅对被调查的非 OECD 国家进行分析，则发现使用免税期的国家数量仅从 2000 年的 100％下降到了 2014 年的 84％。在中东、北非(MENA)和南亚，使用免税期的国家保持稳定。

　　基恩(Keen)和曼索尔(Mansour)(2009)对超过 40 个国家的激励进行了广泛调查，调查显示了激励在撒哈拉以南非洲的使用情况。表 7.3 显示这些国家在 2014 年提供的特定税收激励(包括免税期)的数量相比于 2005 年实际上已经上升了(因为通常包括各种不同的税收激励，所以投资法显示的激励数量增多)。最值得关注的是在免税区提供税收激励的国家数量——从2005 年的 17 个上升到了 2014 年的 27 个。事实上，对于 2005 年没有提供免税期而在 2014 年提供的国家(喀麦隆、莫桑比克、纳米比亚、塞内加尔和赞比亚)，调查发现它们只是针对免税区内的投资提供免税期。因各国都在寻找能够通过地域限制(如免税区)来限制免税期的造成的"不利影响"，所以讲免税期限定在免税区内的做法也不仅仅在撒哈拉以南的非洲地区愈发流行。这种做法反映出各国想要将免税期措施限定在某些业务(如出口商)、

某些部门的需要。本章后文中在讨论免税区时将会进一步论述这个问题。另一个有趣的事实是 2014 年在撒哈拉以南非洲，通过投资法或其他部门法提供税收激励的国家相对较少，而更多国家会通过税法提供激励措施（对世界上其他地区同一现象的研究还未成型）。

表 7.3　撒哈拉以南非洲的税收激励，2005 年和 2014 年

	40 多个被调查的提供税收激励的国家	
	2005 年（Keen and Mansour，2009）	2014 年
免税期	27	31
减免 CIT 税率	20	26
投资补贴	22	31
免税区	17	27
通过投资法提供税收激励	31	23

资料来源：Keen and Mansour，2009；James，2014。

表 7.2 和表 7.3 显示，世界范围内流行的税收激励在过去 10 年内并未大幅减少，甚至在撒哈拉以南非洲有所增加。

OECD 国家在限制使用免税期的同时也在更多地使用亏损结转作为激励。国家对税收流失的态度对企业非常有价值，因为所得税是基于上一年的收入进行计算的。当企业在一年内有亏损，不需要纳税，但如果产生利润，则需要纳税。然而，当不再基于逐年水平来看待企业而是基于多年的水平，某一年的亏损可能会被其他年份的利润抵减，从而导致总体所得税额的降低。亏损结转使得企业从基于多年水平的所得税计税法中获益。而限制亏损结转则可能会抑制那些需要多年经营才能盈利的企业的积极性，最终阻碍酝酿期较长类型计划的开展。

表 7.4　一些国家和地区对于结转/抵前税收损失的处理

结转/抵前亏损的年数		结转/抵前亏损的年数	
东亚国家和地区		OECD 国家	
文　莱	6，−1	澳大利亚	∞，0
柬埔寨	5，0	奥地利	∞，0
中　国	5，0	加拿大	20，−3
中国香港	∞，0	丹　麦	∞，0
印度尼西亚	5，0	法　国	∞，−3

（续表）

结转/抵前亏损的年数		结转/抵前亏损的年数	
东亚国家和地区		OECD 国家	
老 挝	3，0	德 国	∞，−1
马来西亚	∞，0	爱尔兰	∞，−1
缅 甸	3，0	意大利	5，0
菲律宾		日 本	9，0
新加坡	∞，−1		
泰 国	5，0	墨西哥	10，0
越 南	5，0	荷 兰	9，−1
		新西兰	∞，0
		韩 国	10，0
		西班牙	15，0
		瑞 典	∞，0
		瑞 士	7，0
		英 国	∞，−1
		美 国	20，−2

资料来源：James，2014；OECD，2011；KPMG，2013。

表 7.4 显示了东亚国家和一些 OECD 国家之间对于税收流失的不同处理。虽然东亚有 3 个国家允许无限期地结转税收流失，但其他国家不允许结转税收流失 6 年以上，最常见的期限为 5 年。无限期结转损失在 OECD 国家更为常见，而美国和加拿大允许结转损失长达 20 年。同样，7 个 OECD 国家允许损失抵前（即允许将当前年度的亏损和上一年的收入相抵），而东亚国家中只有新加坡和文莱允许抵前损失。东亚国家和 OECD 国家间的方法差异反映了前者只是将税收激励作为信号工具（尽管效果相似，但免税期听上去却比方式更为慷慨的损失结转对投资者更为友好[5]）。

除了使用免税期来免除 100％所得税，一些国家提供不同于免税期的减免税率，仅免除一部分的所得税。在许多情况下，减免税率是伴随着免税期一起给予的，在前几年里免除 100％所得税，其余时间则只免除部分所得税（这种情况下的国家包含在表 7.1 中的提供免税期的国家之列）。以巴西为例，其不提供免税期但调低了所得税率。这种减免税率在东亚和太平洋国家中非常常见，其次是撒哈拉以南非洲的国家，相较于 2005 年而言，减免税率在 2014 年使用率有所增长（见表 7.3）。

在免税期和税率减免之后，与投资挂钩的激励措施，如投资津贴、加速折旧、初始津贴、税收抵免等是最普遍使用的。这些激励措施可以说优于免税期，因为它们与投资规模有关。由于归于投资的收益通常与投资额度成正比，政府想要鼓励企业增加投资的动机也应当同企业想要通过增加投资来获得更多税收收益的想法相关联。[6]如上文所述，大多数 OECD 国家都从免税期转向使用这种与投资相关的激励。在许多国家同时使用两种激励的情况下，撒哈拉以南非洲的国家不但广泛使用免税期，也使用投资相关的激励。与投资相关的激励很少在 MENA 国家中使用。

尽管有着优于免税期的种种优势，与投资相关的激励也有自己的问题，因为不道德的投资者可以人为地抬高投资的价值，以增加他们的税收收益（Modi，2004）。[7]因此，投资津贴的收益有时会受到限制。例如，马来西亚利用慷慨的投资补贴鼓励在其制造业、旅游业和农业部门的投资。然而，投资津贴给予的收益上限为应纳税所得额的 60%，当年没有纳入的津贴可以结转并抵消其他年份的收入。此外，马来西亚在大多数情况下给予的投资津贴仅限于 5 年。

这种做法并不少见。例如，在布基纳法索，投资津贴不得将应纳税所得额减至未计算津贴的应纳税所得额的 50%。在印度，由于公司有义务缴纳账面利润（按不提供任何税收激励进行计算）最低 18.5%（含附加税和教育税 20%）的替代税，所有激励包括投资津贴（超过 400 万美元投资额的 15%）的收益是有限的。[8]

加计扣除指允许减免可以超出特定支出的实际成本，在南亚最为普遍，主要用于资助创业时的投资成本。例如，在泰国，企业允许减免其实际培训支出的 150%，而通常的会计处理只允许减免实际支出额。这种额外的减免在研发（R&D）支出中很常见。南非和中国允许企业享受高达实际研发费用的 150% 的加计扣除，而印度和马来西亚为了鼓励更多研发活动，允许对符合条件的研发支出进行 200% 的减免。

MENA 国家并不明确针对研发使用税收激励，除此以外世界各国都鼓励针对研发支出使用税收激励（见本书第四章）。这些激励措施在 OECD 国家及东亚和太平洋国家尤为常见。一些公司被中国授予高新技术企业称号，对这些公司提供减免税率（Deloitte，2014）。许多国家正在越来越多地使用税收激励或降低归属于知识产权的所得税税率的专利税。在英国,这一激励措施允许降低专利发明和其他发明创造的利润的公司税率至10%(主要公司税率为21%)。

当前世界各国倾向于对位于特别经济区/自贸区/出口加工区(统称为经济特区)的企业使用激励措施。这些区域一般是在该国关税区以外的毗连区域,因此允许无关税货物及增值税的自由流通。在许多情况中,所得税激励也包括在内。例如,在韩国仁川自由经济区的案例中,大额投资可以获得超过5年以上的免税期和上述关税豁免(Investment Incentives—Foreign Investment Business Support,2014)。事实上,在一些国家里,免税期仅限于经济特区内的投资。例如,肯尼亚和坦桑尼亚为出口加工区内的投资提供了10年的免税期,但经济特区外的投资则无法得到这样的激励。事实上,坦桑尼亚在经济特区以外的区域用提高资本津贴方式取代免税期。

其他的经济特区并不提供所得税激励。法国的韦尔登免税区/港口就是一个例子,它仅在自贸区内对关税、增值税和进口消费税提供减免。自贸区外的企业必须支付这些税费(Suspensive Arrangements and Free Zones,2011)。

大多数经济特区主要用于吸引出口导向的投资,因为它们能大幅度减少主要用于出口目的的进口产品的程序负担。这使它们更能吸引拥有大量进口投入的货物的出口方。边境税(关税和进口增值税)的减免将在本章后续部分加以讨论。

增值税下的税费削减和免除

世界各国政府提供增值税鼓励措施,可能是削减税负,也可能是商品或服务供给(以下简称供给)的免税。对于那些不太了解增值税的人来说,简要概述该税种有助于理解提供的相应激励措施的作用。

只有注册增值税的企业才能收取增值税(即销售价格乘以增值税税率),并从买方收取增值税。但是,收取的金额并不完全属于政府。因为企业可以从它所支付的税款中抵扣其供应/销售征收的税款(投入信贷法[9])。因此,增值税是根据企业的销售与购买(这是附加值)之间的差额收取的税收。由于增值税注册企业可以扣除投入的所有税款,包括对企业进行投资的税款,从理论上说,这是一种投资友好的税收。

当供应免税时,这意味着供应商在销售时不能收取税款。但是,供应商将继续向不免税的生产过程的投入缴纳税款。如果供应过程是免税的,那么不仅供应过程中的销售不必纳税,而且支付给供应商用于生产投入的所有税款都将被报销。

并非所有的免税都是投资激励措施：一些没有规定鼓励投资的目的。一些免税是增值税设计的一部分，需要在税收广泛覆盖面和税额征收的管理可行性之间进行妥协。这将在本章后面详细讨论。

企业遵守增值规定税的代价并非微不足道。企业必须追踪免税的销售和不免税的销售。此外，企业在购买时所缴纳的税款，是根据购买这些商品的发票计算出来的；因此，企业必须追踪在生产过程中投入的所有发票，否则它们不能（从应付给政府的销售税）扣除这些投入的税款。[10]增值税退税必须提供关于免税销售和正常销售的必要信息，以及企业提供两种供应品（免税供应和进入其中的投入与正常供应不同，这是应纳税的）适用的正确税率。由于遵守增值税的代价很高，大多数政府不允许销售额低于一定水平的企业注册增值税并征收销售税（尽管有些国家允许这些"小型"企业在一个可选的基础上注册增值税）。[11]

由于该领域的特殊性、管理增值税的困难或公共政策等原因，增值税的操作也出现了一些问题。对常规增值税征收的例外可能被归类为"超出范围"供应的例外情况，如这些供应不是在当地消费的（例如出口和国际运输的免税）；价值或优惠减免（例如教育、保健和慈善服务）；技术豁免（例如金融领域、房地产和赌博）。在金融服务的情况下，由于难以正确地分配附加值，因此提供了技术豁免。就像房地产这样的耐用商品，因为消费是长期的，计算附加值是困难且不切实际的。政策制定者允许企业销售穷人所消费的产品（如面包和谷物）而不征收增值税，企业还可要求返还生产投入中已缴纳的税款（免税），从而进一步努力减轻这些产品的增值税带来的负担。

当某些供应商或企业免征增值税时，其优点是较低的合规代价[12]，以及免征多出收益的增值税。[13]由于投入的税收得到了退还，免税产品的供应商获益更多。有生产投入的供应商的生产者也可以因较低的投入成本而获益。

对全球增值税制度进行全面分析是非常复杂的，因为一个给定的增值税可以有数十种免税方式。然而，从普华永道（Pricewaterhouse Coopers）对非洲和经合组织（OECD）对经合组织国家的增值税所做的调查来看，表 7.5 总结了非洲和经合组织（OECD）对各种供应商或领域的各类主要豁免和免税。

表 7.5　非洲与经合组织国家的增值税免税和免税的实施情况

	区域中提供免税措施的国家数量的百分比		区域中提供零税率措施的国家数量的百分比	
	非洲	经合组织国家	非洲	经合组织国家
农业投入	50	9	32	15
农产品	71	6	50	27
运输	68	24	39	30
房地产	71	100	7	3
教育	93	12	18	0
健康/医药	79	94	29	27
资本产品	11	0	4	9
燃料	7	0	0	3
文化	64	97	4	27
金融(不包括保险)	82	100	7	6
采矿/石油	36	0	11	0
慈善	7	97	4	6
建筑	7	12	0	6
旅游投入/服务	18	6	4	9

资料来源:PwC,2014;OECD,2012;James,2014。

除了金融和房地产之外,所有的增值税免税都可以归类为激励措施。如表 7.5 所示,几乎所有被调查的国家都对金融和房地产领域提供了豁免。对文化领域的豁免包括书籍、报纸、电影和艺术等用品。为农业领域提供的增值税免税专门用于农业投入,如化肥、农具和种子。这些豁免的主要目的是减少农业过程投入的成本。对农业生产过程的免税是为了促进农产品的销售,这是由于政府希望农业领域不受增值税的影响。

在非洲,最常见的与增值税有关的激励措施通常应用于教育、卫生、运输、文化和农业领域。在大多数经合组织国家中,与文化、卫生和慈善领域有关的供应通过免税获益。尽管模式类似,但在非洲,政府通过增值税减免为农业、教育、运输和采矿领域比经合组织国家提供了更多的支持。这些差异——特别是在教育、运输和农业方面——可能反映了这两组国家之间这些领域发展水平的差异。有趣的是,卫生领域的待遇也很相似。

　　增值税免税比免税更少见，而且主要针对农业领域。这样做的目的是减少对穷人的征税，特别是对食品的征税，因而降低了基本农产品的价格。表 7.5 中所示的运输免税是指国际运输的税收待遇，它被当作不征收增值税的国外消费。在豁免情况下，两组国家的医疗保健的平均水平是相似的，但在教育领域则偏差很大。

　　增值税的税收激励至少为企业创造了两个优势。首先，他们允许企业降低对消费者的收费，其次，他们不需要遵守增值税的管理要求。然而，一些企业同时提供标准供应和免税供应，免税和零税率（除了技术豁免的情况除外）增加了对这类企业的报告要求。此外，当这些豁免是增值税链条的一部分时，它们会导致链条上的报告中断（因为那些免税的不需要收取税款和文件返还）。其结果是，它使得税务管理者征收增值税变得更加困难。一个更大的问题是，当在供应链中使用免税供应时，未报销的投入的税费（或其中一部分）仍包括在销售价格中，随着产品往供应链下游移动时又会再对供应链征税——有时甚至是多次（税收级联税）。

关税削减或豁免制度

　　免税和减税可为增加某国作为投资目的地的吸引力发挥重要作用。

　　关税减免是一种海关制度，在该制度下，进口货物在转口出口之前，其关税并不纳入计算。关税减免的常见形式包括存于海关保税仓库中的进口制造品、海关仓储和关税退税制度，以及在同一国家再出口的临时许可。关税减免通过消除生产成本中的所有关税，降低出口成本，从而帮助出口商变得更具竞争力。

表 7.6　减少关税的特殊制度的应用

	调查的国家数量（个）	免税区/自贸区/出口加工区/自由港（%）
东亚和太平洋地区	12	92
东欧和中亚	16	94
拉丁美洲和加勒比地区	25	71
中东和北美	15	80
经合组织国家	33	68
南亚	7	63
撒哈拉以南非洲	45	66

　　资料来源：James，2014。

关税豁免是全部或部分免除与出口无关的税收（Goorman，2005）。因此，它们不适用于普通关税。[14]这些豁免或许是国际协议规定的。

免税通常在经济特区内适用。这些飞地有专门的计划，生产货物的投入（用于出口）可以免税进入这些区域。如果最终商品在国内市场销售，它们通常会需要补缴之前未征收的税费。这一激励制度符合世界贸易组织（WTO）关于禁止出口补贴的规定（因为根据世贸组织规则[15]，对用于生产出口产品的进口商品，停止其关税征收不会被视为是禁止出口补贴的行为），它们在世界各地越来越受欢迎。表 7.6 显示了这些制度的使用情况。它们在东欧、中亚、东亚和太平洋地区最为常见，在经合组织国家中最不常见，尽管其中三分之二的国家仍然使用这些制度。

本章没有提供世界各国免税情况的梗概，因为很难掌握应用的各种复杂的豁免制度。尽管如此，表 7.7 提供了几个国家的例子，以说明一些实践，并简单显示了对这些例外情况进行更广泛的描述所面临的挑战性。

这项调查为读者提供了一些涉及减免关税的激励措施。更详细的评估超出了本章的范围。然而，这些类型的激励措施十分重要，因为税收减免计划应用广泛，免税措施有时甚至适用于所有进口的 30％乃至一半以上（Goorman，2005）。

表 7.7　免税制度——案例

埃塞俄比亚	免除所有投资资本产品的进口关税，这些产品包括工厂、机器和设备；建筑材料；估值占进口投资资本产品价值 15％的零部件。
土耳其	免除许可计划中的进口机器和设备的关税。
马来西亚	免除零部件和消耗品以外的机器和设备的进口关税。
津巴布韦	减少如采矿业指定产品；出口产品准备和包装使用的原材料；旅游区进口产品；为组装飞机进口的部件和材料；汽车组装；已注册电器制造商；药品制造商等的关税。

资料来源：James，2014。

本章至此讨论了世界不同地区提供的一些普遍的投资激励措施。这些激励措施不同于一般税收待遇，有自己的适用和报告程序。本章将讨论这些激励制度在实践中的实施方式。

授予投资激励的程序

世界各地提供和管理税收激励的方式有很大差异。然而，所有地区普遍采用的一个做法是采用自由裁量程序来提供税收激励。通过这种自由裁量程序，投资者只需满足某些宽泛标准，就可以通过税务机关以外的其他机构申请新的税收激励或免税。这样，政府就可以为每个投资者定制税收激励。在理论上，这种定制的解决方案可以对激励措施进行调整；在实践中，因为投资者无法预测他们将获得什么"交易"，或是否与竞争对手获得的相似，所以这样一个制度容易受到腐败行为的影响，延迟投资过程，带来不确定性从而削弱商业环境。尽管有这些缺点，但许多国家都采取这种做法。

上述自由裁量权涉及税收激励的提供；也就是说，法律或法规不会自动向任何符合特定标准的人提供激励，而是按照具体情况提供给有要求的投资者。自由裁量权也涉及法律中已经提出的税收激励的应用。

表 7.8　提供和应用税收激励的自由裁量程序

	调查国家数量（个）	采用自由决定权进行投资激励的国家（%）
东亚和太平洋地区	12	83
东欧和中亚	16	38
拉丁美洲和加勒比地区	25	40
中东和北美	15	40
经合组织国家	33	33
南亚	7	43
撒哈拉以南非洲	45	82

资料来源：James，2014。

那些投资者符合要求的税收激励，在税法或投资法规中有着明确规定，但通常需要广泛的解释，而这些需要批准程序。这种自由决定权也会为腐败提供机会，因为这些批准对于投资者来说是有价值的，而管理该进程的官员有能力拒绝批准。在许多情况下，税务机关以外机构的批准不是最终程序，因为税务机关必须遵守自己的程序，以确保税收激励或免税正确申报。因此，审批过程成为投资者的额外负担，因为外部机构和税务机关都要完成这一过程。

另外，自动过程是在税收立法中提供税收激励的过程，不需要与税务程序分开申请。这种情况下，纳税人在纳税申报或进口期间直接申请税收激励。

　　表7.8显示获得资格过程中对自由裁量程序的使用以及税收激励的应用。在世界所有地区中,使用自由裁量程序最多的是东亚和太平洋国家,其次是撒哈拉以南非洲地区,而经合组织国家则使用得最少。投资者通常需要根据投资法规在投资促进机构之前申请税收激励,自由裁量的大量使用反映了对这种投资法规的应用。人们会期望经合组织国家完全摆脱自由裁量,并倾向于以透明的方式构建一个适用于所有投资者的以规则为基础的制度,但这些国家中至少有三分之一有自由裁量权。

　　例如,在捷克共和国,寻求从税收激励中获益的企业向工业和贸易部提交投资激励申请,这可能需要6个月才能批准或拒绝。另外,在印度,则不需要这种预先批准(即自动授予激励),纳税人在提交报税表时就能申请所得税激励。然而,在印度的这种免税情况下,企业需要向对外贸易总干事申请,以便从政府的各种计划中受益。在孟加拉国,纳税人需要向国家税务委员会申请免税,而在塞内加尔,税法未规定的所有税收激励都需要财政部部长的批准。在孟加拉国和塞内加尔,即使是征税机构或者批准申请的部门,都在税收激励的提供和应用上有自由裁量权。话虽如此,许多国家的投资者都有机会就税务激励资格向税务机关寻求提前裁决。预裁定是税法规定的一项程序,投资者根据这一程序可以要求税务机关澄清某些税收规定的应用情况:例如,根据税务机关对税法的解释,投资者是否符合某些税收激励的要求。由于这是对法律的澄清,它不被视为税务机关的自由裁量权。

　　针对税收激励的自由裁量权的主要驱动力是通过税法和海关法之外的法律给予激励的许可。在许多国家,激励是通过投资法典或投资法提供的。这在大多数情况下为税务机关以外的机构提供了参与审批程序的手续。如表7.9所示,在接受调查的撒哈拉以南非洲地区的49个国家中,30个国家在税法之外提供了税收激励,而在这30个国家中,93%的国家有自由决定权给予税收激励。然而,在只有通过税法提供税收激励的国家中,只有47%的国家提供了税收激励的自由裁量权。

　　一些国家已经不再通过投资法来提供税收激励。例如,坦桑尼亚将《坦桑尼亚投资法》提供的所有税收激励转移到所得税、海关和增值税法。最近塞内加尔和几内亚也是这样做的,尽管它们在管理中保留了一些自由裁量权。

表7.9　撒哈拉以南非洲通过投资法规和自由决定权给予的税收激励

	投资法中的激励措施	自由决定权的激励措施
安哥拉	X	X
贝宁	X	X
布基纳法索	X	X
布隆迪	X	X
喀麦隆	X	X
佛得角	X	X
中非共和国	X	X
乍得	X	X
科摩罗	X	X
刚果	X	X
刚果共和国	X	X
赤道几内亚	X	X
厄立特里亚	X	
埃塞俄比亚	X	
加蓬	X	X
冈比亚	X	X
几内亚比绍	X	X
科特迪瓦	X	X
马达加斯加	X	X
马里	X	X
毛里塔尼亚	X	X
尼日尔	X	X
卢旺达	X	X
圣多美和普林西比	X	X
塞内加尔	X	X
塞拉利昂	X	X
南苏丹	X	X
苏丹	X	X

（续表）

	投资法中的激励措施	自由决定权的激励措施
多　哥	X	X
赞比亚	X	X
有自主选择权使用激励措施的国家占有投资法国家数量的百分比	93%	
博茨瓦纳		X
吉布提		
加　纳		X
几内亚		X
肯尼亚		
莱索托		X
利比里亚		X
马拉维		X
毛里求斯		
莫桑比克		
纳米比亚		X
尼日利亚		
塞舌尔		X
索马里		
南　非		
斯威士兰		X
坦桑尼亚		
乌干达		
津巴布韦		
有自主选择权使用激励措施的国家占没有投资法国家数量的百分比	47%	

资料来源：James，2014。

　　将税收激励从其他法律移到税法中，这是更好地管理税收激励之使用的关键第一步。不征收税款的机构在税法之外提供税收激励将产生道德风险问题，因为虽然这些机构对投资产生多少以及给予多少税收激励进行评估，但是对于可能导致的收入亏损不承担任何责任。尽管存在这种潜在的利益冲突，但许多国家都将管理税收激励的权力从税务机关转移到投资促进机构，理由是税务机关在给予税收激励方面过于保守，对投资者不够友好。然而，如表 7.10 所示，投资者友好的影响可能与预期的相反：当投资促进机构提供税收激励时，投资者开创企业所需的时间实际上反而增加了。

表 7.10　给予税收激励的自由裁量权和开创企业的延迟

调查的国家	获得激励许可的平均延迟天数*	是否由投资促进机构提供税费激励？
塞尔维亚	6	否
卢旺达	10	否
坦桑尼亚	15	否
乌干达	18	否
约旦	21	是
尼加拉瓜	42	否
布隆迪	47	是
肯尼亚	63	是
几内亚	80	是
突尼斯	95	是

注：* 世界银行集团针对这一问题进行的投资者动机调查数据："算上标准注册和启动程序所需的时间，获得激励大约需要多少天/周/月的时间？"
资料来源：James，2014。

结论

税收激励广泛流行，反映了各国政府支持经济增长以及通过就业、新技能和新技术为地方经济创造价值的愿望。各国政府还提供税收激励，以便使经济多样化，并支持那些能利用该国尚未开发的潜力为国家带来新的增长来源的活动。投资激励的广泛使用表明，政府依旧认为这些手段是有用和有效的工具。然而，有迹象表明，税收激励越来越受到各种限制。一方面，各国正在将激励政策限制在自由区，以更有目的性地使用它们，并限制其收入影响。同样，政府也试图根据具体情况有的放矢地使用税收激励，仅针对那些提供可预期收益的投资应用政策。然而，这产生了意想不到的后果，导致寻租的机会越来越多，因为自由裁量权可以被滥用。

　　总的来说，这些激励对投资的真正影响是难以估量的。有证据表明，一些税收激励在实现政府的预期目标方面效果不佳。此外，尽管有证据显示措施的无效性，政府却依旧使用这些措施，反映了国家在经济与政治上的一些现实情况。另外，有证据表明，税收激励以外的政策比仅仅着力于税收激励更能促进投资（James，2009）。我们的目标是提高税收激励的成本和利益的透明度，从而使纳税人能了解激励措施的有效性，政府也可以相应制定更好的政策来鼓励投资（见本书第十章）。

注释

　　1. 其他激励，如价格担保机制和补贴，在发展中国家很普遍，但超出了本章的范围。

　　2. 荷兰三明治是通过爱尔兰税收协定提供避税机制的一个例子，它豁免了来自包括荷兰在内的欧盟成员国的某些收入预扣税款。这使得具有特殊设计结构（特殊架构）的跨国公司能将一个爱尔兰公司的应付税款，通过荷兰流入低税率辖区，例如百慕大或开曼群岛，而不在爱尔兰缴任何税。

　　3. 双重爱尔兰籍是一种税收安排，允许跨国公司通过使用爱尔兰的宽松转移定价规则来避免税收。

　　4. 此调查没有纳入采矿激励，因采矿部门的税制可能与其他税收制度完全不同。一些国家确实存在采矿法，并在诸多情况下对采矿部门的税收进行管理，但多数大型采矿项目的财政条款都是需要进行协商的。

　　5. 有时企业的无限期或长期亏损结转比免税期对企业更为有利，考虑到免税期通常也包含了公司的无缴税期。免税期也为政府带来了前文中所述的风险。因此，相比于给予免税期和限制亏损结转，政府和公司可能更倾向于选择避免免税期，而提供长期或者无限期进行亏损结转的策略。

　　6. 批评认为，这种激励扭曲了资本密集型投资的决策，这在某些情况下可能不是最佳选择。

　　7. 有些与投资相关联的激励可能不一定会促进政府目标的实现。例如，当政府致力于增加就业，此时可能不希望为鼓励劳力节约型设备投资的增加而提供激励。然而，政府可以通过将与投资相关的激励措施与特定类型的投资（例如对员工培训和研发类投资）相结合来解决这些问题。

　　8. 2014年印度公司税率为30%，附加费和教育税包括在内为34%。

　　9. 减法方法是计算增值税的另一种方法，但很少使用。

　　10. 增值税的合规成本通常高于企业所得税的合规成本，因为上报要求更为复杂。这是因为，企业只是税收收缴的代理机构，负责将收缴至消费者的增值税存入政府财政部门，通常是每月一次。

11. 因此，这种"小型"企业被视为最终消费者，从而最终承担投入税，而不允许申请任何投入税款扣除。

12. 假设生产者在生产过程中使用的投入品成本为 100 美元，其承担 20% 的增值税；这些投入品的总成本则为 120 美元。随之，生产者增加价值 30 美元。假设商品的市场价为 150 美元（生产者不能影响该价格）。这相当于 125 美元的免税价格，125 美元＋金额 20% 的税金（即 25 美元），则总价为 150 美元。按照普通增值税，生产者/销售者收取买家 25 美元的税金。生产者/销售者之后可以扣除投入品税金 20 美元；因此，净缴付税金 5 美元，保留差额 20 美元，即 $125－$100－$5＝$20。如果对生产者免税，其不会对销售征收任何税款，但也不能对投入品的税额进行抵免；因此，生产者可以保留 30 美元，即 $150－$120＝$30。在这种情况下，享受税额豁免优于被征税。

13. 假设这些投入品的销售方已经将较低的税额加在了产品价格中。

14. 进口特殊待遇（如免税和减税）由《关于简化和统一海关手续的国际公约》（1973 年 5 月 18 日于京都通过，并于 1974 年 9 月 25 日生效）进行规定，并根据《1999 年修正议定书》（也称为《修订京都议定书》）修正。

15. 以再出口为目的的进口货物和用于制造出口货物投入品的货物的暂缓纳税并不是世贸组织所禁止的补贴，因为并未发现其对国际贸易造成壁垒。但是，考虑到此类待遇默认所有企业对进口货物进行缴税，因此此类待遇可以被视为是一种激励。

参考文献

Anthony, A., and F. Mangi. 2014. "Pakistan Cuts Power Subsidies, Corporate Taxes to Woo IMF." Bloomberg, accessed June 4, 2014, http://www.bloomberg.com/news/2014-06-03/pakistan-cuts-power-subsidies-overhauls-tax-rules-in-imf-push.html.

Collister, K. 2013. "Jamaica Tables Most Dramatic Tax Reform Bills Since the 1980s." Jamaica Observer, November 15. Accessed October 9, 2014, http://www.jamaicaobserver.com/business/Jamaica-tables-most-dramatic-tax-reform-bills-since-the-1980s_15444640.

Deloitte. 2014. "2014 Global Survey of R&D Tax Incentives," accessed October 8, 2014, http://www2. deloitte. com/content/dam/Deloitte/global/Documents/Tax/dttl-tax-global-rd-survey-aug-2014.pdf.

European Commission. 2015. "Commission decides selective tax advantages for Fiat in Luxembourg and Starbucks in the Netherlands are illegal under EU state aid rules." European Commission Press Release database, October 21. http://europa. eu/rapid/press-release_IP-15-5880_en.htm.

Goorman, A. 2005. "Duty Relief and Exemption Control." In Customs Modernization Handbook. Washington, DC: World Bank Group.

"Investment Incentives—Foreign Investment Business Support." 2014. Incheon Free

Economic Zone, accessed September 12, 2014, http://ifez.go.kr/jsp/eng/invest/invest3.jsp.

James, S. 2009. "Effectiveness of Tax and Non-tax Incentives and Investments: Evidence and Policy Implications." Investment Climate Advisory Services of the World Bank Group Policy Working Paper, Washington, DC. https://www.wbginvestmentclimate.org/uploads/IncentivesandInvestments.pdf.

James, S. 2014. "Tax and Non-Tax Incentives and Investments: Evidence and Policy Implications." Investment Climate Advisory Services of the World Bank Group, Washington, DC.

Keen, M., and M. Mansour. 2009. "Revenue Mobilization in Sub-Saharan Africa: Challenges from Globalization." Working Paper No. 09/157, International Monetary Fund, Washington, DC.

KPMG. 2013. "ASEAN Tax Guide." KPMG Asia Pacific Tax Centre, Page 10, November.

Linton, L. 2013. "Senate Passes Omnibus Tax Legislation." Jamaica Information Service, December 7, accessed October 9, 2014, http://jis.gov.jm/senate-passes-omnibus-tax-legislation/.

Modi, A. 2004. "A Cautionary Tale from India." In Effectiveness and Economic Impact of Tax Incentives in the SADC Region by B. Bolnick. Arlington, VA: Nathan Associates.

OECD. 2011. "Corporate Loss Utilisation through Aggressive Tax Planning," OECD Publishing. (Page 36) http://dx.doi.org/10.1787/9789264119222-en.

OECD. 2012. "Consumption Tax Trends 2012: VAT/GST and Excise Rates, Trends and Administration Issues," OECD Publishing. (Chapter 3) http://dx.doi.org/10.1787/ctt-2012-en.

PWC. 2014. "Helping you navigate Africa's VAT landscape." Overview of VAT in Africa—2014.

"Sandals Investing US $ 100 Million in New Grenada Resort." 2012. Caribbean 36.com, November 15, accessed October 9, 2014, http://www.caribbean360.com/business/sandals-investing-us-100-million-in-new-grenada-resort.

"State Aid: Commission Investigates Transfer Pricing Arrangements on Corporate Taxation of Amazon in Luxembourg," 2014. European Commission Press Release database, October 7. http://europa.eu/rapid/press-release_IP-14-1105_en.htm.

"State Aid SA.38373(2014/C) (ex 2014/NN) (ex 2014/CP)—Ireland, Alleged Aid to Apple." European Commission, June 11. http://ec.europa.eu/competition/state_aid/cases/253200/253200_1582634_87_2.pdf.

"Uganda Budget—'Tighten Your Belts.'" 2014. East African Business Week, June 15, accessed October 8, 2014, http://www.busiweek.com/index1.php?Ctp=2&pI=

1323&pLv=3&srI=68&spI=107&cI=10.

UNCTAD. 2000. Tax Incentives and Foreign Direct Investment: A Global Survey. ASIT Advisory Studies No.16. New York: United Nations Conference on Trade and Development.

Wells, L. Jr., N. Allen, J. Morisset, and N. Pirnia. 2001. "Using Tax Incentives to Compete for Foreign Investment: Are They Worth the Costs?" FIAS Occasional Paper 15. Washington, DC: Foreign Investment Advisory Service.

第三部分
设计投资激励项目以
期物超所值及达致原定目的

第八章 投资激励的整体分析

Louis Brennan and Frances Ruane
路易斯·布伦南，弗朗西斯·鲁恩

随着全球化在 20 世纪 90 年代的迅速推进，各大陆国家开始将外商直接投资（FDI）视为推动增长的一种手段。对于新加坡、荷兰和爱尔兰这些国家，对外商直接投资增长潜力的坚信是对现行策略的进一步强化，而对波兰、匈牙利和越南等其他国家则预示着一种全新的发展模式。许多国家已开始对对内投资报以积极的态度，将其视为新资本、创意以及连接网络和市场的来源之一，这也反映出对其早期时将外商直接投资视为是对国内资源和市场掠夺的态度之转变。这一姿态的转变加剧了各国之间的竞争，因为各国已经开始积极向跨国公司推销其投资优势。此轮竞争主要采取的形式是在国家、区域或城市层面提供金融、财政或监管激励。

对外商直接投资态度的转变导致跨国公司在重点行业的对内投资面临高度激烈的竞争环境。一区位地（国家、区域或城市）对跨国公司提供一揽子激励优惠时，常考虑的是其他竞争区位地所提供的激励政策。不同区位地提供的优惠政策有所不同，这取决于该区位地所处的经济发展阶段、现有的跨国公司参与程度、重点行业以及其试图从这些企业获得的具体技术、融入全球价值链以及稀缺技能。随着区位地的发展，其外商直接投资策略也会随之演化。例如，像摩洛哥和印度尼西亚这样处于发展早期的地方，因缺乏投资能力（技能/技术/资本），可能会寻求能够帮助其开发自然资源的外商直接投资。随后，这些区位地可能会寻求将帮助其跃升全球价值链的外商直接投资，这一价值链可以成为其获取技能、技术和市场的关键渠道。对此，他们将遵循更为发达地区，例如欧盟成员国的发展模式。

在竞争激烈的全球外商直接投资市场中，投资双方均存在动态因素。一方面，区位地存在发展周期，这也影响了其对潜在外商直接投资的动机和兴趣。同时，他们与邻国和其他在类似投资上竞争的国家，在政治和经济关系上也在不断发生变化。另一方面，外商投资企业本身也在不断发展，所以单个区位所在地实际向移动投资者提供的价值也并非静态。这样做的结果是，外商直接投资投资者的投资期相较于与其竞争的投资区位的发展需求可能会很短。投资市场更为复杂的是，大多数寻求外商直接投资的区位和大多数区位所试图吸引的外商直接投资投资者（通常是跨国公司）之间信息和企业成熟度的显著不对称。例如，除非区位地寻求促进的行业高度专业化，否则该区位地在投资的潜在价值或风险方面可能只有更少的可用信息，这将为其设定合适的投资激励框架带来一定挑战。

　　本章重点关注的是东道区位地对外商直接投资的态度，同时也留意潜在投资者的态度。我们的兴趣在于区位地如何处理鼓励进口投资增加的激励措施问题，以及他们可能采取的激励措施类型。我们认为区位地应采用整体方式，具体而言应将外商直接投资政策视为其整体经济发展政策的一部分，而非单独制定政策。这意味着应将该区位地促进或不促进外商直接投资的理由充分纳入广泛的发展战略中，并由负责财政政策、基础设施建设、教育政策、投资促进等类似领域的政府官员予以执行。

　　虽然本章重点关注为吸引外商直接投资的激励措施的应用，以及对通常为企业和区位地带来独特机会和挑战的外商直接投资要素之描述，但大部分讨论也涉及使用激励措施吸引国内企业投资，这一现象在大型经济体中显得尤为重要（详见本书第六章）。但是，以美国为例，地方实体也经常向国内企业提供激励措施，这些措施可以简单地将投资从一辖区转移至另一辖区。

　　下一节开始，我们将在文中列出区地位应考虑与内向 FDI 相关的选择方案。随后，我们确定了区位地在考虑是否提供激励措施之前应采取的四个步骤，以及如果是，应提供什么类型的措施。在这两节的背景下，我们随之阐述了区位地在激励措施设计方面应适用的原则，以确保所有激励措施系基于整体发展框架。最后，对区位地应如何评估其为确保激励措施整体性而采用的方法进行概述。

FDI 的 背 景

　　全球化进程中，世界各地越来越多的区位地出现了采取影响外商直接投资措施的情况。这些措施大部分通过促进投资监管自由化和促进外商直接投资及其便利化对内向外商直接投资产生积极影响，而制定规则或限制外商直接投资的措施要少得多（UNCTD，2013，chap.3，sec.A）。但是，区位地在考虑采取任何此类措施之前,应确保其国内市场条件有利于增长。如果有利条件不成立,具体的激励措施将不会奏效:激励措施可能会弥补一些小市场或机构的失误(例如官僚主义延误),但如果该区位地没有运转良好的市场环境及机制,则具体激励措施的可用性将不会发挥弥补作用,投资者也将不会设立外商直接投资项目;否则,投资项目可能面临失败。

此外,在资产流动越来越多的世界中,一区位地的吸引力,取决于其与其类似的潜在东道国区位地的比较。例如,寻求成为制造业外商直接投资的出口市场的亚洲发展中国家,很大程度上是与亚洲其他发展中国家进行竞争。同样,对欧盟国家而言,其竞争对手主要是其他欧盟成员国,因为其输出市场属于区域市场(欧盟)。在行业涉及自然资源的情况下,投资参考地是其他拥有相同资源并可以相近成本获取的区位地。本节现在将考虑促进外商直接投资的动态环境中的四个关键因素:不断发展的企业动机、贸易模式的转变、新兴外商直接投资投资企业和新兴综合区域。

不断发展的企业动机

区位地需要了解外商直接投资企业的动机和战略,这些企业往往会随着时间的推移改变战略。尽管美国和欧洲投资者传统上以资源导向和市场导向目标为主,但也有综合因素导致企业寻求以效率导向和资本导向为目标的外商直接投资。随着贸易壁垒的降低和区域一体化的深化,企业投资已经从基于国家为基础、服务于单个国内市场的投资向投资特定区位(某些时候单个区位)而服务于区域甚至全球发生转变。这种发展,与生产分散和全球及区域价值链发展机会的增加耦合,同时也促成后者之发展,使得企业能够在提供诸如低劳动成本等效益优势的区位进行投资。基于套利的跨国公司战略已扩展至劳动力套利以包含监管和税收套利。过去十年中,越来越多的企业也以资本追求为动力,并寻求发现和捕获人才,获取创新机会和能力(更多跨国公司动机内容,详见第三章)。

这些企业的动机和战略变化反映在企业组织及其运作方式上,并延伸至其资产及功能的设计和配置,以及海外业务角色和职责及其对知识开发和传播的方法上(Bartlett and Beamish, 2014)。

例如,欧洲跨国公司的典型跨国结构(Barlett and Ghoshal, 1989)包括一些大部分自给自足的单位,且每个单位都集中于本地市场。与之相反,美国跨国公司的经典国际结构意味着其核心竞争力保留在本国,而知识则根据需要从本国转移至其子公司，这些子公司通过其所在市场落实并利用母公司能力。20世纪70年代，尤其是80年代，日本企业出现在全球经济中，他们采用了经典的全球结构，强调全球规模和集中化，即知识保留在本国，子公司在全球范围内执行母公司的战略（Bartlett and Ghoshal，1989）。

这些子公司的角色和运作方式反映了企业对外部紧急情况采取的不同做法。然而，近几十年来外部环境发生了重大变化，即贸易壁垒降低以及区域一体化。这一变化以及技术、竞争、运输和产业结构的其他变化，都倾向于改变企业的国际投资路径。通过区域和全球价值链，企业已经将其分散型生产调整为更加分散、相互依存和专业化的运营方式，以及专业知识现在越来越有可能在不同单位之间跨组织联合开发并在全球范围内分享。

因此，日渐出现的公司跨国模式同时追求全球效率、灵活性和全球学习能力（Bartlett and Ghoshal，1989）。子公司的地理覆盖范围可能是区域性的而非国家性的，某些情况下，企业设立区域总部以监察世界不同的地区的（情况）。产品部门更有可能在全球范围内整合，功能活动也在全球范围而不一定在本国内越来越多地被组织。许多功能性活动可能位于为所有单位的运营提供服务的共享服务站点，并且通常位于本国以外的地方。与此同时，知识和寻求创新已经成为企业海外投资的主要动机之一（如本书第三章对FDI资本寻求动机战略的陈述）。

如今，跨国企业越来越分散化及专业化的经营形式为FDI区位的寻求提出了挑战和机遇。一方面，其有机会抓住价值链的一部分，并升级海外公司的现有活动（OECD，2013）。另一方面，公司重组、价值链任务的划分及重组，以及投资公司[1]更多的知识密集型需求，为寻求保障和保留外商直接投资的地区提出挑战。[2]

贸易模式的变化

近几十年，分散型生产和供应链的全球传播对全球经济产生了变革性的影响。对内外商直接投资投资战略需要考虑由此带来的贸易和外商直接投资形式的变化，在全球价值链的重要性与日俱增的情况下尤为如此（Baldwin，2013）。在将这些全球链条发展成为全球化进程的关键部分之前，将外商直接投资视为出于单一目的是有可能的（例如市场导向、效率导向、资源导向）。此外，其对来自上下游活动区位的影响很容易识别。但是，全球价值链的复杂性和动态性扩大了外商直接投资的一系列动机的可能性，使其在没有详细了解相关价值链如何运作且其可能进一步衍变的情况下,更难在事前确定贡献度。

　　尽管融入全球价值链是许多区位地促进外商直接投资所寻求的客观目标,但是获得这些价值链的预期收益并不是不可避免的。此外,寻求外商直接投资作为在全球价值链中定位的手段可能仅仅是初步考虑,投资环境将需要持续的监测和再校准,方可准确定位区位地在全球价值链中的地位。确保成本竞争力、改善与国际市场的联系,以及应对商业和投资环境对于确保区位地在全球价值链中的地位至关重要(Cattaneo et al., 2013)。保持区位地的地位可能需要促进创新和能力建设,并有助于区域全球价值链定位的升级。事实上,鉴于全球价值链性质的不断变化,这种升级可能是短期内维持该区位地地位的先决条件。在知识和创新能力先进的地区,其市场的复杂性可能是吸引企业的地方,这些企业的目标是通过扰乱现有的全球价值链或开发全新的价值链来获得竞争优势。

新兴的外商直接投资者

　　对于考虑采用更为有效的倾向外商直接投资立场的区位地而言,新产生的问题便是全球化进程中越来越多中小型企业(SMEs)的出现。创立于全球化背景下的企业不断成长,且在其设立初期不断从事贸易出口及外商直接投资活动,这也促使其越来越关注投资区位地。创立于全球化背景下的企业在信息通信技术(ICT)相关制造和服务行业尤其普遍。

　　从地理区位来看,与传统的大规模、长期建立的跨国公司相比,这些新类型的公司代表不同的组合属性。企业创造和发展的动态过程意味着先行者往往比晚进入者有更明显的优势。这反过来又意味着区位地面临新的机遇,即采用侧重于不太确定但拥有较高潜力的中小企业政策,而不是侧重更为成熟的 FDI 投资企业。通过中小型外商直接投资形式的高潜力初创企业的相关战略将需要反映出该企业在创业人才方面的优势,及其对外部企业人才的接纳程度。处于类似发展阶段的区位地,可能在当地企业人才可用性,以及外商直接投资项目对长期潜在可行的国内活动产生挤出效应的可能性上产生很大差异。因此,具有充满活力的当地企业人才库的区位地,不再需要制定吸引创业人才的政策。例如,税收方案可能专门用于促进内向型企业人才,为新进入者早期提供税收优惠。由于这些企业本身是知识密集型企业,所以中期而言,区位地的知识和创新能力将对其吸引中小企业力产生重要影响。

新兴区域一体化

寻求外商直接投资的区位地所面临的最后一个问题是,要考虑世界不同地区综合经济区域发展水平,其中欧盟为最发达地区。这些区域对外商直接投资的流动产生重大影响,大型企业以区域性而非单一市场为主。此处,国内市场规模不成问题,重点是区域市场的规模。区域一体化增长带来的结果是,通过创造以下两点为企业创造更大的市场规模:(1)在一个区域内为许多地区提供服务的出口平台;(2)赋予其拥有重大企业战略权力的区域总部。对此,一地区所在区域一体化程度越高,对企业的投资吸引力越大。因此,降低关税及与原产地规则相关的行政负担(在自由贸易区的情况下),协调统一或相互承认标准,以及在该区域内采取贸易便利化措施(Cattaneo et al.,2013)是该区域内各地区需要解决的重要问题。

本节在解决区域地为寻求吸引 FDI 所要面临的许多不同问题之后,将在下一节介绍一种整体方式,代表其在设计应采取的激励措施之基础。

发展一个整体方式

一区位地在考虑促进外商直接投资的投资战略之前,应澄清该战略作为其全面经济政策一部分所扮演的角色。这对于确保该战略是成体系的至关重要,其不仅要考虑跨国公司和目标对象的需求,更需要考虑到区位地的优势和劣势及其发展阶段。一个基础广泛或针对具体行业的外商直接投资战略需要反映区位地将从外商直接投资中寻求的利益所在,以及外商直接投资将如何支持经济发展。在缺乏这一战略方法的情况下,区位地更有可能被利益集团左右,利益集团将直接获得促进内向 FDI 投资的收益,而非产生更为广泛的经济利益。倘若如此,经济发展和外商直接投资的潜在良性循环将不可能实现。所以,从现实考虑,在一个倾向外商直接投资的投资战略背景下,考虑和设计激励措施之前,需要采取一系列的关键步骤。这些步骤将评估区位地的经济发展阶段,评估其当前的全球化阶段,确定其可获得的外商直接投资的潜在供应,以及分析内向 FDI 投资的预期收益。

经济发展阶段

区位地需要在其所处的经济发展阶段下,概念化其 FDI 投资战略。各国的多样性(例如,在人口规模、收入和资源方面)和国家内部(例如,技术水平、资源集中度、技术可用性和经济分散性)的差异意味着,各区位地在成功吸引外商直接投资并从外商直接投资获益的能力上差异显著。因此,像印度这样的经济体,处于世界上高科技最活跃的市场,但又具有最不发达经济体的发展水平。理想情况下,激励措施应该补偿结构性赤字和不能通过更为广泛的政策有效解决的要素市场条件,且应有助于该区域的发展,同时提高其对投资者的吸引力。通过这种方式,激励措施的设计可以在确保 FDI机制在支持该区位地发展方面发挥作用

对于区位地来说,良好的第一步是使用诸如"世界银行发展指标"[3]或者"营商环境便利度"排名[4]以及在机构质量、基础设施和技术准备等其他全球指标,来衡量其竞争对手的地位。如一区位地正在寻求知识密集型 FDI 投资,创新计分板(例如,欧盟委员会创新计分板[5]和全球创业观察[6])指标可用于基准测试。如果区位地与其竞争对手地相比存在赤字或表现不佳的情况,其在考虑具体的投资激励政策之前,应考虑如何在整体发展政策中解决这些问题。

全球化阶段

区位地需要评估其全球化程度和全球化性质。强劲的全球化将反映在大量资本流动(内向和外向)、货物、服务、技术和思想(内向和外向)、劳务移民(内向和外向迁移)和文化融合中。全球化程度高的区域也将制定政策,促进强有力和稳定的全球化格局,方便外部企业和内部企业互动,反之亦然。全球化水平较低的区域的表现可能是对前述全部或部分措施的参与程度下降。全球化措施(例如,EY 全球化指数[7])表明,各国在全球化水平方面存在很大差异,国家规模相对较小,并通过区域重点开发的 FDI 出口平台成为全球化最广泛的国家。虽然全球化水平较高的区域对 FDI 具有更大的吸引力,但是如果在为当地(或本区域)市场提供服务方面没有什么额外的价值,或者实际收入来自这些全球化反映在较高的单位劳动力成本的地区,这些地区对 FDI 企业提供的潜在收益可能较低。在这种情况下,促进集群的政策可以推动这些区位地的吸引力。

FDI 的潜在供给

一区位地对 FDI 的政策立场需要反映出其面临的潜在 FDI 供给。例如,资源丰富的地区对采掘业行业的企业具有吸引力,与内向 FDI 相关的议

价能力的程度将取决于两个因素：(1)拥有类似资源并对 FDI 开放的替代区
位地数量；(2)这些区位地针对这些资产的开采率所实施的政策。[8] 为了确保
其方法具有战略意义，一区位地需要确定最符合其总体经济发展战略的提
取条件。特别是，这不应仅仅被视为关于采掘业的问题。资源禀赋类似的
两个区位地由于其他参数（例如，人均收入、人口老龄化、熟练劳动和技术以
及行政能力）的差异，可能会合理地追求完全不同的策略。同样，在服务业
方面，一区位地在其价值定位方面面临潜在的 FDI 供应变化。因此，在呼叫
中心的案例下，处于发展初期的区位地面临着在本质上包括常规性和低价
值的活动的潜在 FDI 供给。处于更高级发展阶段的区位地面临的潜在 FDI
供给，则涉及更复杂和高价值的活动。因此，需要开发人力资本，以确保提
供充足必要的技能满足活动需求。

FDI 预期收益

在区位地发展程度、全球化融入程度及其面临的外商直接投资具体供
给背景下，该区位地必须分析其促进外商直接投资的预期收益。如果区位
地需要确保其外商直接投资战略与经济范围的政策完全一致，则这一分析
至关重要。一区位地通过使用激励措施或其他手段吸引 FDI，我们确定了八
个促使一区位地通过使用激励措施或其他手段吸引外商直接投资的潜在
收益：

1. 产出增长：市场导向的外商直接投资（在国内或区域市场方面）开辟
了以同样或更低价格为市场提供了更多的产出潜力。只要不降低税收（如
果现有关税收入或配额收入有所损失），或者挤出了可能在中长期可持续的
现有生产，那么从外商直接投资中可以获得明显收益。同样，如果该区位地
自然资源丰富，且其无法以最佳速度或成本去开采，则外商直接投资可以使
开采速度或生产效率得到提高。

2. 就业增长：如果提供有价格竞争力的劳动力（单位劳动力成本），却未
充分利用（失业或就业不足），外商直接投资将进一步带来就业和税收收入
的机会，且不会降低其他本地企业的竞争力，前提是假设本地企业对当地工
资率不产生影响。在大多数劳动力没有被充分利用的地区，外商直接投资
的积极影响将更多的反映在收入水平的提高上，而非增加新的就业机会。

3. 新技术：如果外商直接投资通过引入新资本嵌入当地不可用的新技
术，该区位地就可以发挥其在全球经济活动中的主导能力，或者促使现有行
业更具有竞争力。非嵌入式技术也可能以专利和合规软件的形式出现，外

商直接投资企业的工作人员可使用上述专利或软件。

4. 新兴行业：外商直接投资企业可能有助于整个新兴行业（如医疗器械）发展，并成为当地消费者或其他外商直接投资进入者（希望从事上游或下游行业的 FDI）进一步发展的催化剂。因此，这一区域可能成为跟随和初始 FDI 相关的一系列经济活动的中心。特别在发展中国家，可以帮助行业组合多样化，从而降低与大多数行业集中度相关的风险，尤其是在初级生产中。

5. 新网络和集群：如果一区位地成为新活动中心，则有一个潜在优势来确保在某个行业的一系列投资。这将提供 FDI 企业成为通过网络和集群的出现重点创造溢出效应的潜力。因此，在一段时间内，初期投资可能会导致经济活动组成发生重大变化。

6. 新技能和实践：FDI 企业可以通过其更高水平的技术、专业和管理技能来提高本地技能水平。这一技能可以通过在 FDI 企业工作的当地人直接获得，也可以通过与当地 FDI 企业业务往来中获取。因此，FDI 可以成为在该地区传播新技能和管理制度的渠道，从而有利于在更广泛的经济体内提高生产力。

7. 空间平衡：FDI 可以帮助一区位地达到预期的经济活动空间格局。例如，如果更大的空间聚集更可取，那么将 FDI 置于已经聚集的区位中可以提高这些区域内的规模和范围外部性的潜力。如果更大空间多样化更可取，且 FDI 项目在一区位地内是移动的，则该区位地能够实现。但是，这一结果并不是不可避免的；如果空间多样化是可取的，但是 FDI 只有在活动已经高度集中的地区才能有效运作，则 FDI 可能会违反其他政策目标。例如，如果 Harris-Todaro 类型的农村—城市迁移（Harris and Todaro, 1970）是一个问题，则可能会产生巨大成本抵消 FDI 的其他利益，因为城市地区的进一步聚集虽然促进了城市的增长，但同时降低了农村的就业水平。[9]

8. 境外市场准入：对于许多地区，FDI 的一个重要吸引力是跨国公司可以让其产品和服务进入外国市场。当 FDI 企业使用该区位地作为出口平台，并且能够立即融入全球价值链时，这种情况更可能发生。这一贸易交易为区位地增加了贸易活动数量，从而提高了其作为交易场所的可能性，并提高其物流能力。对于国内企业尚未融入全球价值链的经济体，FDI 的这种积极影响更为显著。

每一区位地应根据其经济发展水平、全球化水平、FDI 的潜在供给及其预期收益制定 FDI 战略。如果 FDI 的重大潜在收益很明显，那么该区位地就需要设计相应的激励措施，以确保实现这些潜在收益。例如，如果可持续发展是该区位地的关键所在（见本书第九章），其激励措施需要明确反映这一目标。[10]这种做法是将 FDI 战略归入其经济发展战略的一种整体方式。更确切的说，这一方法优于直接复制其他区位地提供的方法，从而避免不适当的政策模仿风险。例如，爱尔兰和新加坡这些区位地，几十年来一直采用更为全面的激励方法，并取得了相当大的成功，这在很大程度上表明了高水平的 FDI 和经济增长。最近，中国可以被看作是采取相对全面的做法，并从 FDI 中获益匪浅。下一节，我们将探讨在激励设计中应遵守的原则。

激励设计原则

许多从 FDI 中获益的区位地，从使用激励政策来提升其赢得理想 FDI 项目的成功率中尝到甜头。因此，我们在本节中考虑到这些地区可能用于促进对内投资的激励措施类型。[11]我们区分下述三种类型的激励措施，可用于帮助实现前一部分所列直接投资的八大潜在收益：降低成本的激励措施、增强盈利能力的激励措施以及专门为深化 FDI 企业参与度的激励措施。接下来，我们来看三个相关的实施问题：实施机制、时间框架和问责制。

这些问题的关键在于，激励设计应同时考虑到区位地和潜在投资企业的观点，以便达到双赢结果。

降低成本的激励

区位地可以提供各类激励措施来降低企业的初始成本（例如，投资补助金），或者为其早期阶段降低成本做出贡献（例如，补贴利率、电费、提供劳动力培训）。例如，中国的内陆地区就以较低的土地价格来帮助企业降低初始成本。这些激励措施，当其以资本形式呈现时，直接影响到区位地实现产出增长、就业增长和新技术的能力，因为其可对投资者的成本—效益计算产生积极的影响。

前期投资补助金对吸引企业落户具有吸引力，因其以明确的方式确定并降低企业设立成本。例如，对于矿产开采，降低勘探成本的激励措施可为 FDI 投资者提供非常大的鼓励。

持续性补贴可能具有吸引力，因其可随活动水平的增加而增加，但也伴随更大的风险，例如，政府可能会违背承诺或终止补贴计划。在持续激励的情况下，非常有必要在区位地内达成广泛的政治共识，并使这些承诺具有法律约束力。这有两个目的：其一，增加了潜在投资者对所提供的激励措施持久性的确定程度；其二，降低投资者在激励措施被任意撤销的情况下对投资区位地提起诉讼的风险。它还有助于减少退出不成功投资产生高昂成本的风险。

从区位地的角度来看，预先拨款具有行政上的吸引力，但如果项目失败，将面临风险。如果补助金可偿还（例如爱尔兰），或相关投资具有替代用途（例如，可以容纳其他生产活动的建筑物），那么风险在一定程度上可以减轻。

但是，有必要对这一负担的降低保持谨慎，因为这可能导致该区位地未来的负外部性并产生附带成本。例如，放松环境控制可能会破坏环境，区位地将长期忍受处理环境问题的成本。

提高利润率激励

这些是直接增强和激励外商直接投资企业利润率的激励措施。其中最为明显的是降低公司税率，这一措施可能广泛适用于所有外商直接投资企业或者特定行业或区位地（例如出口加工区）的外商直接投资企业。对于意在吸引全球价值链不同阶段而竞争的区位地，降低公司税率可能对投资者更具有吸引力。这一措施对区位和对企业均作为收益分享/成本共摊的激励。除了为政府带来潜在的收入来源外，还可以通过提高产出增长和相关的就业增长来实现 FDI 带来的其他好处。爱尔兰、荷兰、英联邦和许多欧盟成员国等国家实施较低的公司税作为其前期 FDI 战略的一部分。在公司税率普遍适用于所有公司范围内，这一税率并不属于本书意义上的激励措施。即便如此，它仍然影响投资决策。

另一个提高利润率的激励措施举例与中国相关，中国对外国投资在该国中西部地区的设备、技术和材料提供优惠进口税率（UNCTAD，2014）。即使税收激励措施可以非常有效地吸引投资者（参见本书第二章对税收激励措施的实证研究的简要回顾），区位地仍应意识到其税收制度不严格时发生名誉受损的危险。同样，区位地应确保它们不会放弃太多，并确保激励措施的收益与其成本保持一致（见本书第十章所述）。

深度参与激励

深度参与激励措施通过鼓励企业更进一步嵌入区位地从而改变企业的行为。这些激励措施通常仅适用于已被确定为对该地区发展具有战略意义的某些行业的特定企业，它们可以采取多种形式。例如，基础性行业（食品）的 FDI 企业可能会获得参与支持与当地企业建立联系并产生溢出效应的网络和集群的财政激励。某些情况下，这一激励措施可以采取财政支出，或强制性要求作为在当地建立企业获取这一网络的条件的方式。[12]

在人力资本构建方面，一区位地可以鼓励企业引进稀缺人才，只要这样做能够帮助确保本地稀缺人才不会从现有本地企业中被过度挖掘，或者该区位地并不希望投资于特定企业发展所需的所有技能。例如，区位地在高级管理人员和专业技术人员停留期间征收较低的个人所得税对其具有吸引力。[13]

同样，区位地可能想引入激励措施鼓励现有的 FDI 企业继续保持创新。区位地可能采取研发[14]或产品开发补助或津贴［例如，保加利亚最近通过立法，对教育和研发活动提供高达 50％ 的补助（UNCTAD，2014）］，或者引导企业成为区域总部的激励措施（以战略决策为中心）的形式。跨国公司广泛利用欧盟对研发税收的优惠待遇（见本书第四章）。如果区位地确定了一套明确的激励程度标准，这一类型的激励措施很容易在竞争基础上运行。

实施机制

关于实施，第一系列问题涉及激励措施应通过何体制予以管理。例如，激励措施应是普遍适用（适用于所有外商直接投资企业），还是具有高度针对性（仅适用于特定类型的外商直接投资和/或国内正在积极鼓励投资的领域）？ 实际上，区位地可出于法律和行政事由，提供两者之组合。

另一个问题是，激励措施应是规则导向还是自由裁量形式（本书第七章所述）。前者具有行政简洁、减少腐败机会的优势。后者为区位地提供与特定企业进行谈判的灵活性，而这一优势恰好是在基于规则的系统中无法实现的。谈判达成的激励措施可以提高激励措施的市场开拓能力，并可考虑到潜在投资者的特征和过往记录。尽管自由裁量形式确实意味着投资者一开始无法预测其可能获得的激励措施，但其决策过程可能意味着最终达成一致的结果更适合于区位地和投资者的共同需求。

但是，自由裁量的方式[15]需配以保障措施来降低贪污和寻租风险。这意味着其必须伴随相应的规则和分析，在实际实施之前经过几个阶段的审批，并持续进行监督。

表 8.1 提供了一个简单的激励措施分类，以诠释这些行政要素如何在极端条件下相互作用。在适用范围广泛（一般规定）的情况下，强烈要求采用

规则导向的形式,[16]这样可以简化审批和监督程序。另外,如果适用范围具有针对性,自由裁量形式更为适宜。这样可以确保所提供的激励措施更符合目标对象,同时也反映了该区位地的战略考虑。完全规则导向的激励形式可能无效。同样,在普适情况下适用自由裁量形式,从评估和监督的角度上看会面临行政负担,且效率低下。大多数系统将倾向于将二者融合适用,以便同时适应具有针对性和普适性的激励措施。

表 8.1 激励措施分类

激励形式	适用范围	
	普遍适用	具有针对性
规则导向	有效	无效
自由裁量	无效	有效

时间框架

与实施相关的下一个要素是激励措施的实施期以及测量实际效果的实施期。首先,在何具体时间段内,激励措施应如何为个别企业运作,是未来五年、十年还是十五年的时间内?其次,如果激励措施持续不断的实施,那么区位地会在多少年内继续作为一种激励措施进行销售呢?关于这两套相互关联的决策,区位地对潜在 FDI 企业的吸引力需有非常大的确定性,并与充满活力的全球市场背景所需的灵活性之间保持平衡。例如,随着新兴行业和价值链的出现,区位地可能会发现与特定激励制度的现有联系可能会减少可利用资源的可用性,从而以其他方式利用这些新兴和不断增长的机会来发挥更大的影响力。与短期激励措施相比,鼓励跨国公司可适用更长期限的激励措施可能更有助于区位地的长期可持续发展。这一逻辑适用于欧盟成员国鼓励研发投资的税收激励政策。

问责性

时间框架要素的另一方面涉及激励措施影响应被实测的期限。这反过来又与最终实施要素相联系:满足激励条件所需的责任程度。管理当局有多大意愿确保企业全面遵守规则,并对不符合约定条款/目标的企业进行处罚。区位地需要注意的是由于过度监控和监控不足而导致的声誉和腐败相关风险。这又反过来影响人们对激励措施鼓励 FDI 的收益感知的看法。适当的监管有助于确保跨国公司履行其在谈判中做出的承诺，无论是关于创造就业机会、技术和能力转移，还是最低投资和出口要求。

考虑到激励措施和相关实施问题的激励设计，我们接下来介绍一下激励评估的设计框架。

评 估 原 则

对内向 FDI 采取整体做法的核心是将所有激励制度的设计与评估设计本身的客观评估过程联系起来。这一类型评估是在任何尝试对激励措施鼓励的个人 FDI 项目的成本和收益的评估之前进行。虽然事前成本收益分析标准是可取的，但它们可能非常困难，因此在实践中可能并不总是有成果的。如果可以做到这一点，应采用诸如世界银行[17]等提出的标准方法。

本节中，我们讨论了初步评估过程：用于评估一区位地旨在促进 FDI 的一系列激励措施的适用性。我们建议采取一种结构化的方法来评估激励措施，这些激励措施是基于透明度来确定正在从 FDI 中寻求的内容，以及激励制度的设计在多大程度上确保这些利益以成本—效益的方式获得。这种方法类似于用于程序评估的逻辑模型方法（McLaughlin and Jordan，1999）。图 8.1 提供了一个简单的框架，阐明了任何需要评估的激励制度之设计的一些原则。

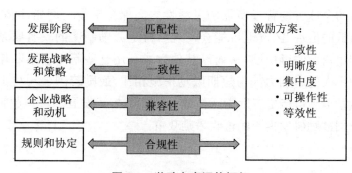

图 8.1　激励方案评估框架

一区位地的 FDI 激励措施评估框架的起点是要求这些激励措施和区位地重点发展之间必须保持一致（见本章"发展一个整体方式"一节）。因此，例如，某些区位地可能会从数量目标（例如工作岗位数量）相关的激励措施中获取更多收益，而其他区位地可能寻求质量目标（例如工作质量），以便更好的将投资与其政策目标保持一致。

此外,激励措施寻求的结果与区位地的总体发展战略和策略之间必须保持一致,即激励措施必须顾及现有制度和政策。这种一致性的必要性反映出,如果该区位地的其他政策条件妨碍或阻止企业某一特定行为,则采取激励措施来推动这一企业行为是不适宜的。例如,如果激励措施旨在鼓励企业从事研发活动,但现行法律并没有适当的支持知识产权保护。

要取得成功,激励制度必须表明与其重点关注的企业的战略和动机的兼容性。如果激励措施对于跨国公司没有足够的吸引力,或者没有足够考虑需要通过激励措施予以补偿的环境和竞争性,这些激励措施对于区位地的需求而言是毫无意义的。此外,区位地可以从寻求理解将适用于获得激励措施的跨国企业的会计考量中受益,从而有助于确保更大的兼容性。但是,必须牢记的是,尽管积极反映投资者账户底线的激励措施可以吸引投资者(例如激励措施与投资者策略一致),但是大幅度的底线影响可能给区位地带来名誉风险。[18]

此外,激励措施与现行 FDI 相关法律框架是一致的。不能确保激励机制是否符合国际规则和惯例,以及是否不违反任一当地法律、法规或协定,将破坏区位地的信誉和名誉。

关于激励机制本身,需要根据 5 个主要原则进行评估:

1. 一致性:特别是在激励机制复杂的情况下,一个可能的风险是,该机制的独立元素可能并非内部一致并相辅相成。如果激励措施彼此之间互相强化,而非彼此对抗,这些激励措施可能会更加有效。因此,在目标是吸引劳动密集型投资的地方,提供劳动和资本相关的激励措施可能会削弱该区位地的战略。

2. 明晰度:为实现 FDI 对一区位地的潜在收益,潜在投资者应该能够明确的看出激励设计的主旨,使其发出的信号不会有被混淆的风险。这种明晰度必须延伸至激励制度的整个运行时间范围,以便潜在投资者有更大的确定性,激励设计能够以适应不断变化情况的方式获得重新审视。例如,在税法中纳入所有税收优惠政策,以便投资者更为明晰。

3. 集中度:要取得成功,激励制度必须采取规律且集中的方法。尽管采用分散式方法来实施激励措施可能会取得早期胜利,但不可能以任何有意义的方式为该区位地的发展做出贡献。相比之下,集中的方法(该方法并不一定排除对新兴和不断增长的机会开放的机会主义战略)更有可能使区位地获得中长期收益。集中激励制度的一个例子是将一个或几个部门列为目标投资领域，但同时不一定排除对其他部门的投资。

4. 现实性：激励设计必须现实的对待区位地实现设计的能力，还须基于竞争环境。在提供 FDI 供应和竞争区位地地位的情况下，提供的激励制度过于慷慨是没有任何价值的。同样，承诺过多却无法实现，将会损害区位地信誉，并削弱投资者对该区位地的信心。

5. 同等性：激励措施的水平及组合应与跨国公司拟就就业人数、投资水平、土地使用权等方面所做承诺水平相当。因此，区位地在准备提供设计方案时，应清楚地了解在不同的激励水平下，期望从跨国公司中获取什么。没有这一点，他们的谈判立场将会模糊不清，其战略也可能是无效或成本过高的。

根据上述原则评估激励设计，可有助于确保区位地的激励制度具有系统性，并且是根据实际工作的有效性进行评估（例如 FDI 对激励措施的灵活反应）。另外，激励制度中的不同激励措施的直接成本需要考虑公共支出、政府放弃的税收以及任何可能替代效应（例如，破坏当地潜在的有利可图的新兴企业）。广义上来讲，需要根据激励制度对其所在区位地的捕获程度来评估复杂的利益范围，例如对行业和区位地可能产生的示范效应（Wells et al., 2001）。

结　　论

采用整体的投资激励方法是有必要的，即采用一系列设计原则和结构化评估流程。这种方法提供了许多令人信服的优势。它为设计之初的区位地提供了系统性的出发点，考虑到区位地和投资企业的情况，以及随着时间的推移情况发生变化，这一整体方式将为双方的双赢结果提供更大的前景。这也符合本书第九章中探讨的可持续方法。此外，采用整体方式有助于确保激励方案有益于区位地的整体经济发展，外商直接投资企业所获得的收益也为所提供的激励提供了理由。

整体方式还有利于降低东道区位地的风险。通过将设计方案与区位地特征及其整体发展战略相结合，区位地将降低过度依赖外商直接投资行业作为增长引擎的风险。我们对投资激励的整体方式中包含的设计原则和结构化的评估过程有助于降低风险。此外，这一方法可以使激励战略更为清晰，因为区位地考虑了其追求 FDI 的投资目标是为实现其比较优势还是为发展其竞争优势。

整体方式对低收入或欠发达地区来说是重要的,但也对更发达地区更具价值,加强了针对潜在对内投资者的营销和促销活动的影响力。尽管有力的向心力用于吸引 FDI 到更发达的地区,但这是真的。

这里提出的方法是高级别的,但并不排除其在分类级别上的应用。这一分类可以扩展至跨国公司的个人层面上,评估过程可以为针对潜在投资跨国公司的商业案例的开发提供重要投入。在企业层面,对于区位地的一个学习和洞察力的重要来源,可以与区位地曾经寻求但最终投向其他地区的投资机会相关联。评估这些失去的投资机会,可以形成改进激励设计之基础。

本章中使用的通用术语区位地,是指促进流入 FDI 的地理区域。我们非常谨慎的选择这一词汇,考虑到全球 FDI 市场的竞争对手不一定是一个国家,还有可能是国家内的某些区域或城市。这一区分很重要,原因有几个。它考虑到某些地方政府潜在的政治/财政自主权,使得一国内的不同区域(例如美国的州级政府)可能彼此相互竞争,并可能与其他可能具有相同吸引力资源的国家的地区进行竞争。

采用区位地这一术语,还允许在城市之间日益激烈的投资竞争情况下运用这一方法,这些投资需要大规模城市方能成功运转,并且预期会产生聚集经济。因此,投资竞争可能在伦敦、柏林和巴黎之间产生,但不会在英国、德国和法国之间进行。同样,FDI 竞争可能存续于广东和班加罗尔之间,而不是中印之间。一个全面整体的方法应该看到国家内部不同区域之间以及地区与国家经济发展政策之间的关系。

尽管对内投资激励措施的整体方式至关重要,但实现它却可能是复杂的。区位地需要提高采用这一方法的能力,特别是在缺乏必要的财政和行政资源或者以区位地整体发展为代价的特定政府或私人利益主宰的情况下。涵盖可能允许类型的激励措施的全球规则在这一方面可能有所助益,但并不足够。类似世界银行这样的发展组织,可以为这一领域的关键能力建设和支持作出贡献。只有通过采取更全面的投资激励措施,区位地才能最大限度的发挥这些措施可能产生的潜在发展效益。

注释

1. 见 2013 年 OECD 报告第七章关于知识型资本在全球价值链中的作用。
2. 本书第三章也有强调。
3. 见 http://data.worldbank.org/data-catalog/world-development-indicators。

4. 见 http：//www.doingbusiness.org/rankings。

5. 见 http：//ec. europa. eu/enterprise/policies/innovation/policy/innovation-score-board/index_en.htm。

6. 见 http：//www.gemconsortium.org/。

7. 见 http：//www.amcham. ro/UserFiles/articleFiles/Globalization%20report_01211008. pdf。EY 全球化指数是基于国际货币基金组织/贸发会的标准措施以及经济学人智库获得的评分。

8. 还将取决于其他因素，例如资产价值及其规模，内部运输系统等其他相关基础设施。

9. 这一模型是为了分析许多发展中国家在工业化开始阶段遇到的城市高失业现象。城市失业是由农村居民向城市迁移导致，高收入就业岗位的集中导致了期望获得就业的移民迁入，而不是获得就业的确定性。移民的平衡水平导致城市失业。见哈里斯（Harris）和托达罗（Todaro），1970。

10. 即使一区位地对投资者来说特别有吸引力，例如拥有大型采矿库存的地方，仍有必要采取激励措施来调整区位地和投资者的投资期。

11. 他们在多大程度上可以使用这种激励措施可能取决于国际、国家或地方政府对国外对内投资项目提供的援助规则。例如，欧委会使用控制财政、金融激励措施的手段，某些情况下使用限制条件，以便吸引相对较低收入地区的投资或增加研发投资，这些投资都被视为提高欧盟的创新力（更多信息详见本书第五章和第十二章关于欧盟对成员国的投资援助框架，第四章专门针对研发投资的激励措施）。

12. 可能会对这种激励是否会违反贸易或投资规则产生疑虑。但是，这一问题不在本章探讨范围。

13. 爱尔兰是向在爱尔兰 ICT 行业跨国公司工作，并拥有稀缺技能的移民提供较低个人所得税税率的国家之一。

14. 研发相关激励措施在本书第四章中进行了详细讨论。

15. 自由裁量权程度可以适用于激励措施水平及其组成。

16. 自动系统可以意味着给予了不必要的激励。

17. 见 http：//ieg.worldbank.org/methodology。

18. 这个问题成为经合组织 2014 年讨论的主题，当时美国主要的跨国公司，例如谷歌和星巴克，被认为正在利用欧盟不同成员国税收制度的复杂性所带来的好处，以至于几乎没有缴纳公司税。

参考文献

Baldwin，R. 2013. "Global Supply Chains：Why They Emerged，Why They Matter，and Where They Are Going." In Global Value Chains in a Changing World, ed. D. K. Elms and P. Low，13—59. Geneva：World Trade Organization.

Bartlett, C. A., and P. W. Beamish. 2014. Transnational Management. New York: McGraw-Hill.

Bartlett, C. A., and S. Ghoshal. 1989. Managing Across Borders: The Transnational Solution. Cambridge, MA: Harvard Business School Press.

Cattaneo, O., G. Gerrefi, S. Miroudet, and D. Taglioni. 2013. "Joining, Upgrading and Being Competitive in Global Value Chains: A Strategic Framework." World Bank Policy Research Working Paper, WPS 6406, Washington, DC.

Harris, J. R., and M. P. Todaro. 1970. "Migration, Unemployment and Development: A Two-Sector Analysis." American Economic Review 60(1):126—142.

McLaughlin, J. A., and G. B. Jordan. 1999. "Logic Models: A Tool for Telling YourProgram's Performance Story." Evaluation and Planning 22:65—72.

OECD. 2013. Interconnected Economies: Benefiting from Global Value Chains. Paris: Organisation for Economic Cooperation and Development. http://dx.doi.org/10.1787/9789264189560-en.

O'Malley, E., and C. O'Gorman. 2001. "Competitive Advantage in the Irish Indigenous Software Industry and the Role of Inward Foreign Direct Investment." European Planning Studies 9(3):303—321.

UNCTAD. 2013. World Investment Report 2013: Global Value Chains: Investment and Trade for Development. New York: United Nations Conference on Trade and Development.

UNCTAD. 2014. World Investment Report 2014: Investing in the SDGs. New York: United Nations Conference on Trade and Development.

Wells, L. Jr., N. Allen, J. Morisset, and N. Pirnia. 2001. "Using Tax Incentives to Compete for Foreign Investment: Are They Worth the Costs?" FIAS Occasional Paper No.15. Washington, DC: Foreign Investment Advisory Service. Accessed August 15, 2014, http://documents.worldbank.org/curated/en/2001/01/1614958/using-tax-incentives-compete-foreign-investment-worth-costs.

第九章　可持续发展的投资激励

James Zhan, Joachim Karl

詹姆斯·詹,约阿希姆·卡尔

　　政府广泛使用投资激励措施,包括财政、金融、和监管激励措施,以进一步促进某些政策目标的实现。最为重要的是创造就业、技术和技能转化以及研发(R&D)。UNCTAD(联合国贸易和发展会议)投资政策监测数据库显示,2009 年至 2013 年间的投资激励措施占这一期间通过的所有投资促进和便利措施的 39%。[1]最近,UNCTAD 对投资促进机构的调查发现,财政激励是吸引外国投资并从中受益的最为常用的激励方式,而金融和监管方面的激励措施则较少服务于上述目的。[2]

　　尽管基于区位的投资激励颇受欢迎,但其常常被批评为难以实现其目标,经济效率低下并且对可持续发展(SD),即"发展符合目前的需要,而不会削弱子孙后代满足自己需求的能力"(WCED,1987)具有潜在的危害性。此外,有观点认为,国际和国内的投资竞争可能导致在投资激励的数额或程度方面造成对财政有害的"逐底竞争"或者与可持续发展相关的监管激励措施的"逐底竞争"(UNCTAD,2014;Oman,2000)。

　　在这一背景下,本章探讨了如何使投资激励成为促进可持续发展的政策工具。对此,本章主张重新设计投资激励计划,将其从基于区位的制度转向基于可持续发展为基础的制度,以吸引与可持续发展相关行业的投资并实现可持续发展的成果。而本书的第八章提出了一种整体性的激励方法,包括将投资激励计划纳入更广泛的经济发展战略,为实现可持续发展的目标,本章为激励计划的设计和执行提出了具体建议。通过更具有针对性激励措施可以改善投资者的风险收益均衡性,进而影响投资者行为,从而帮助将投资吸引至可持续发展最需要的行业。这尤其要求确定有资格获得与可持续发展相关的投资激励措施的行业和活动,为"正确"的部门和活动选择"正确"的激励类型,并在投资促进机构(IPA)工作中更加重视可持续发展(见图 9.1)。因此,可向被确定为可持续发展友好型的特定行业或以更具普遍的方式向促进可持续发展的投资者活动（独立于特定的行业）给予投资激励措施。本章提出了一个强大而全面的机制来监督激励措施的可持续发展影响，从而将激励措施的方式从事前（激励）转向事后（激励）。[3]

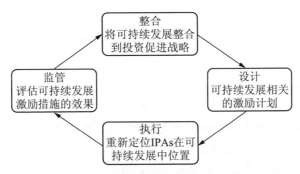

图 9.1　促进投资的可持续发展战略的核心要素

资料来源：UNCTAD。

将可持续发展整合到投资促进战略

投资激励只是促进可持续发展投资的综合政策战略其中的一个要素。这项战略需要解决与可持续发展相关的产业或活动的投资中可能面临的主要制约因素。这些措施包括投资准入壁垒、与可持续发展有关的投资风险回报率不足、缺少投资机会信息、缺乏投资项目的有效包装和促进，以及投资专业知识的不足。

在处理这些投资限制时，决策者应遵循一些核心原则。一方面，他们必须以平衡投资自由化和投资促进为指导原则；另一方面，要有适当的监管。其次，它们必须平衡投资者的风险与收益，同时需要满足所有人可获得并能够负担的服务（如电力、水、教育和卫生服务）。

为了鼓励能促进或推动可持续发展的产业和活动投资，审查现有的投资壁垒具重要意义。投资激励并不能弥补投资环境的重大缺陷，如不利的准入条件、不稳定的监管框架或能力不足的机构，因此，强化投资环境应是首要任务。

从全面或部分自由化和私有化到特许协定和公私伙伴关系（PPPs），便利投资的政策选择多种多样。而与可持续发展密切相关的行业的投资自由化，如基础设施发展、能源、教育、医疗保健绝不能以牺牲合法公共利益为代价。这些无不需要有一个有力的综合管理框架，能够涵盖环境保护、核心劳工标准、社会保护、安全标准和竞争政策等广泛的政策领域。另外，同样重要还有对企业社会责任的倡议。[4]

在国际投资协定谈判中，促进可持续发展的投资也是一个重要问题。因此，这些协定不应只着眼于保护外国投资，同时应着眼于调动投资导向于与可持续发展有关的活动，并为之提供渠道。例如，通过国际投资协定的序言，强调可持续发展的重要性和缔约方（特别是资本输出国）对于鼓励和便利化可持续发展投资的承诺。同时，国际投资协定需要保留适当的监管空间，例如通过确认政府的管理权力、可持续发展目的的例外条款、涉及投资者的责任和对投资者与国家之间的争端解决机制的改革（UNCTAD，2012，2014）。

东道国还可以选择促进和便利出于可持续发展对优先行业进行投资化的其他措施，如快速通道审批程序。最近几年，东道国与外国投资者之间也有许多投资合同的例子，在投资者对可持续发展作出贡献的前提下东道国会给予投资者特别优惠。例如，外国投资者获得了利用自然资源或某些税收优惠的权利，以换取建立如医院或学校等基础设施或社会机构的承诺。总体投资政策框架需要连贯一致，其内容应相辅相成（见表9.1）。

如何将这些与可持续发展投资相关的一般政策挑战转化为具体的行动计划取决于具体国家的情况。没有所谓的"一刀切"解决方案。各国可能对其可持续发展重点事项、目标行业及其与投资相关的特定的政策工具有不同的看法。它们的战略也可能因碎片化的方式和可持续发展为导向的综合性战略的不同而有所差异（见表9.2）。

可持续发展为导向的投资激励计划设计

上述 UNCTAD 投资促进机构调查（2014）显示，创造就业机会、技术转让和出口促进是现有投资激励计划的三大政策目标。因此，这些方案主要侧重于经济目标。环境和社会标准的考虑并非首要事项，尽管相应的回访机构证实，它们最近在促进投资政策方面已取得重要进展。与5年前大约有40%的投资促进机构认为可持续发展只有一点作用或者根本不重要相比，现在只有5%的机构这样认为。

当被问及外国投资对与可持续发展有关的十几个行业和活动的重要性时，UNCTAD 投资促进机构调查（2014）显示，投资促进机构认为外资对研发、可再生能源和基础设施的发展至关重要。外国投资对于保护海洋和海洋资源、两性平等和赋予妇女权力、防止荒漠化或土地或土地退化最不重要（见图9.2）。

图9.2所示的研究结果显示，虽然政府在政策方面对可持续发展有一定的关注，但至今仍未转化为综合性战略，通过激励措施使可持续发展成为投资促进的一个组成部分，因为对可持续发展来说重要的行业和活动没有受到投资激励措施的支持，投资促进机构也不认为它们非常重要。显示的投资激励的重要目标和行业表明，在将投资激励战略与可持续发展联系起来方面还有相当大的进步空间。不过不容忽视的是，各国可能在考虑一些与诸如水、环境和卫生等可持续发展有关的行业时，囿于政治敏感性，而限制对这些行业的外国直接投资。

将可持续发展纳入到投资激励计划

设计可持续发展的激励计划，意味着在社会和环境影响方面更加注重投资质量，而不只是着眼于对创造就业和经济增长的短期影响。

较为明智的做法是，对可持续发展投资的激励政策可以成为纠正与可持续发展有关的市场失灵的有效工具，并成为对投资激励传统方式引发的批评的回应。由于这类激励措施追求普遍公认的环境和社会可持续性目标，除了经济可持续性外，还有一种更低的风险就是它们扭曲了国际投资竞争，并导致了有害的逐底竞争。更确切的说，对可持续发展的投资激励措施可以被认为是提高投资者风险收益率的重要工具，这是在可持续发展相关行业进行投资的重要前提。此外，在投资激励方案中，产业政策中"挑选赢家"战略，以及在作出"正确"选择方面的种种不确定因素，可能会产生更少的问题，因为在这一方案中，发放资金主要取决于投资者的社会或环境行为的具体和明确的界定。

另外，以可持续发展为目的的使用投资激励有其局限性。第一，在涉及核心公共责任的部门，如提供教育和基础医疗服务，必须保持穷人可负担的领域，私人投资的空间可能很有限。第二，即使投资于一个明显有利于可持续发展的工业（如可再生能源），也可能会对社会或环境造成重大的负面影响（例如，建造一座水力发电厂，造成当地居民的躁动）。第三，为了避免投资激励变成永久性的，受支持的产业必须具有随着时间的推移自我维持的潜力（例如，在太阳能能源案例[5]）。第四，尽管可持续发展相关的投资鼓励措施可以帮助提升投资者的总体回报率，但它们的成本可能会很高，并且在将经济上不可行的投资项目变为可行的投资项目方面仍然有限。所有这一切都表明了监测投资激励对可持续发展的实际影响的重要性，这包括事前稳健的成本—效益分析（见本书第十章），以及如果证实可持续发展影响不令人满意的情况下撤出的可能性（见下文）。

表 9.1　通过投资监管和便利化来实现可持续发展——关键因素

经济可持续 （一般及特定行业）	环境可持续	社会可持续
工业政策	污染排放规则（例如，排放限制或碳税）	劳动法和监管
知识产权政策	环境保护区	人权
竞争政策	评估投资对环境的影响	土地占有权
特定行业对 FDI 的准入限制	对环境有害货物的进口限制	移民政策
特定部门的操作规则和监测（例如，订单农业、金融监管）	企业社会责任要求	安全监管
	跨境环境损害的区域合作和监管	对基于阶层、性别、种族、宗教、人种的歧视之禁止
	不得低于国际投资协定的标准条款	受教育权利、基本保健服务和基本基础设施（如水、卫生）
	其他国际协定和原则（例如，联合国全球契约，IPFSD）	为穷人提供服务的价格上限
		对投资的社会影响的评估
		对以危害社会的方式生产的产品的进口限制
		对企业社会责任的要求
		不低于 IIA 的标准条款
		其他的国际条约和原则（例如，ILO 三方宣言，UN 商业和人权指导原则，PRAI，IPFSD）
特定项目的提升与便利化 准备中的盈利性项目 提供投资合同，包括公司伙伴关系 投资定向、配对和善后 投资促进机构的机构设置 针对政治风险的补贴性保险		

表 9.2　可持续发展投资相关行动计划的国家案例

韩国

绿色增长			社会进步		
项目/法案	以投资目的的项目和规范	促进投资的激励措施	项目/法案	以投资目的的项目和规范	促进投资的激励措施
国家愿景"低碳"/"绿色增长"(2008)	低碳行动框架/绿色增长(2010)	温室气体排放交易系统(2015)	2020 国家雇佣战略(2010)	残疾人就业促进和职业恢复法案(1993)	当竞标公共合同并申请优惠利率贷款时,雇用残疾人的雇主优先(2013)
绿色增长的国家战略(2009)	对低碳、绿色增长的框架行动的执行法令(2010)	上网电价(FIT)系统 2002	特殊企业促进法案(2007)	财政援助(每三个月中有一个月有 120 万韩元的补贴),对社会企业的税收激励(减免 50% 所得税)(2007)
	特殊税收法令(1965)	绿色技术研发十年计划(2009)	特殊税收法案(2007)	对与创造就业相关的投资的进行 10% 税收抵免(2010)
	平均燃油经济性监管(AFE)(2006)	通过韩国开发银行、韩国兴业银行等公共金融机构以及韩国信贷担保基金为绿色技术和工业提供公共信贷(2009)	平衡区域发展和支持本地中小企业法案(2009)	(2009)对促进区域发展的私人资本吸引项目的激励(2009)
	韩国减排认证(KCERs)(2005)	最低绿色标准产品公共采购系统(2009)		对将办事处从大都市区到其他省份的某些地点的企业进行的财政补贴与税收激励(2001)
	鼓励购买环保产品的行为(2013)	对包括环境区内的各种研发活动的进行 20%(30%中小企业)的税收减免(2010)		

巴西

绿色增长			社会进步		
项目/法案	以投资目的的项目和规范	促进投资的激励措施	项目/法案	以投资目的的项目和规范	促进投资的激励措施
国家计划（2012）	国家环境政策，第6938号法案（1981）	可再生能源项目开发商的信贷额度（2009）	国家教育计划（2014）	巴西政府主要计划（2011）	按照学生入学数量的比例将联邦和州的税收资源的20%在所有的州进行分配（2006）
国家政策（2011）	由第7404/10号法令建立起来的国家废弃物管理政策的规定（2010）	对乙醇储存提供支持的优惠信贷（2009）		基础教育发展基金和对教师行业的酬谢	
		国家乙醇项目（对农—工联合的乙醇业企业提供低息贷款）（1975）			
南部地区概况（2006）	国家气候变化计划（2010）	开发商的电力项目通过促进巴西国家经济发展委员会的融资项目获得长期信贷（1952）	家庭支持计划（2004）		向贫穷的巴西家庭提供经济援助，确保他们的子女就学和接种疫苗（2004）
	2011年制定和实施了12部门政策，以在经济范围内实现减排目标	INOVAR汽车计划鼓励汽车制造商优先生产更高效的汽车（2012）	亚马逊—马瑙斯自由贸易区（1967）		自由贸易区投资者从37.5到75%不等的收入补助（1967）
		计算所得税时从总额中扣除与研发相关的费用并另外扣除研发开支合计的60%（2005，研发不需要仅限于可持续发展）	投资基金（FINAM, FINOR, FUNRES）（1974）		为这些基金捐款的投资者可以要求30%的所得税减免（1974）

资料来源：UNCTAD基于政府官网信息整理。

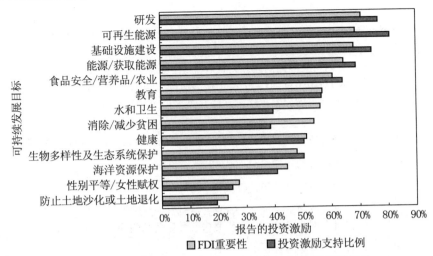

图 9.2　FDI 对可持续发展地区的重要性和报告的激励措施

资料来源：UNCTAD IPA survey，2014。

确认符合投资激励条件的可持续发展相关产业或者活动

政府可以通过确认其希望吸引投资的特定优先行业的产业政策来促进可持续发展。尽管几乎没有任何部门或行业能够先验地符合或不符合与可持续发展相关的投资激励，但有些行业似乎比其他产业更有可能对可持续发展产生积极影响。例如可再生能源行业，基础设施发展、教育或医疗服务以及农业综合企业，这些构成了大多数发展中国家的经济支柱。许多现有的激励方案都侧重于绿色行业（UNCTAD，2014）。

表 9.3　与研发、教育培训、技能发展相关的激励措施例子

国　家	例　子
阿根廷	为可再生能源项目的发展和从事相关研发的科技机构提供融资 促进生物技术产业项目产生社会和经济影响
巴　西	出口加工区支持技术传播 可再生能源研发中心以及 与大学和市当局关于就太阳能和风能进行技术创造课程合作的企业
加拿大	汽车创新基金支持汽车公司的战略，大规模地研发 安大略省对为建筑、翻新和装备提供支持 具有潜力的大学与行业合作的研究设施 提供的福利，包括科学界的能见度

（续表）

国　　家	例　　子
法　国	为71创新集群提供额外的税收优惠：与研发业务有关外包给公共部门机构的费用中，最后一年博士期的研究人员的工资双倍计算，相关博士后研究人员的劳务费在研究税收抵免的基础按照在前两年劳务价值的400％计算
德　国	向合格的研发项目拨款（但不是税收激励），研发贷款是可供的选择
印　度	对生物科技的研发给予100％的超级税收减免
意大利	对雇用的研究者给予税收抵免
墨西哥	部分研发费用支付现金，为可持续能源的系统技术研究提供基金强化研究网络，激发大学、研究中心和私营部门间的知识流动
韩　国	人力资源发展的税收抵免
沙特阿拉伯	为技术转让提供贷款
土耳其	为与大学合作致力于新技术改造和环境调节项目提供财政支持

　　投资激励常用的另一项资格性标准是要求投资者从事一些东道国认为有利于可持续发展的活动。特别是，与研发、教育、培训和技能开发相关的投资激励，其有助于提高投资的可持续发展影响。许多国家在一个或几个这些领域提供激励（见表9.3）（请参见本书第四章）。

表9.4　通过投资激励寻求可持续发展

经济可持续 （一般性和特别的行业）	环境可持续	社会可持续
一般性激励方案 （例如，建立联系和溢出效应，研发、创业）	对可再生能源的激励 （例如，补贴，市场创建政策）	与就业和培训要求相关的投资激励
工业园区	上网费用	对以有利于社会的方式进行生产的产品的公共采购
出口加工区	对绿色产品的公共采购	对贫困家庭的补贴，支付和获得电力、水和环境卫生等社会服务
特定部门的激励 财政支持 （小农户）		

资料来源：UNCTAD。

选择正确的激励方式(类型)

通过投资激励来追求可持续发展可能会对不同类型激励的选择产生影响。第一个区分就是通过投资激励所追求的具体可持续性目标,即投资是否注重经济、环境或社会的可持续性(表9.4)。

例如,监管激励可能对于帮助发展中的产业很重要,因为目前还没有足够大的市场(例如,许多国家的可再生能源市场),或者由于附着于创新风险而存在的"第一推动力"问题(UNCTAD,2011)。有利于绿色产品的公共采购政策可以发挥重要作用。在地方层面,城市越来越多的项目涉及购买混合动力汽车或可再生能源、升级公众运输系统、绿色城市建筑或回收系统。

不同类型的投资激励措施的选择还取决于一些其他政策考虑因素,例如特定形式的激励措施对国家预算可能产生的影响,或提供了有效控制其正确使用的最佳手段的激励措施。基于绩效的激励可能比在投资时自动给予的行业特定激励措施更可取,尽管后者仍然比一般的、非基于业绩制的激励更可取。同样,在事后评估投资对可持续发展的影响后提供的财政激励可能优于事先给予的财政激励。另一个重要的考虑因素涉及激励的持续时间,包括税收优惠的财政可持续性以及相关的税收/债务比率和潜在的激励上限(见表9.5)。

表 9.5　通过不同的投资激励措施来应对可持续发展的挑战

可持续发展相关的政策挑战			
避免给国家财政带来压力	控制合理使用以及激励措施的有效性	提供量身定制的激励措施	为新的可持续发展相关的产业创造新的市场——优先落实事项
通过激励的政策回应			
考虑用财政激励来替代事前金融激励	拨款激励由事后改为事前	以投资者的特定业绩为条件的激励	提供监管性激励(例如,对能源供应商的上网电价)
引入投资激励的上限或时间限制	建立公共采购政策	对具有特定合同义务的投资者连带激励	
开展国际合作避免逐顶竞争	开展国际合作避免逐底竞争	对特定的可持续发展相关产业进行保留激励	
考察成本中立规制激励是否是替代方法			

资料来源:UNCTAD。

创造协同作用　处理平衡关系

理想情况下,为可持续发展目的提供投资激励应在经济、环境和社会可持续性三大支柱之间寻求协同增效。如表 9.6 所示,有许多例子表明,一种投资激励措施可以产生多重影响。例如,对偏远地区基础设施建设的激励措施可以对经济和社会发展产生积极影响。政府对绿色技术的支持不仅有利于环境保护,而且有助于创造绿色经济增长点。关于将少数民族更好地融入劳动力的激励措施,不仅增加了社会福利,也可能引发更多的经济增长。

通过与投资相关的政策促进可持续发展,可能在政策目标之间导致潜在的冲突取舍。例如,为发展一个可持续性支柱的财经或金融投资激励措施可以减少用于促进其他支柱的预算。

表 9.6　投资激励产生的与可持续发展相关协同效应例子

主要政策领域		
经济可持续	社会可持续	环境可持续
其他与可持续发展有关的政策领域的协同作用		
对偏远地区基础设施发展的激励	对安全生产、引领提升效率、防止对人类健康和环境的危害	对于经济增长极的绿色技术的激励
以环境为目的的研发激励	使用当地劳动力、少数群体,引领经济增长	能为整个区域带来经济利益的跨境绿色投资项目
使人们脱离贫困、实现社会升级的教育激励		
聚焦于环境与社会友好型投资的激励		

资料来源:UNCTAD。

此外,在区域或社会团体中,在确定个人投资项目的优先激励措施时,可能需要做出选择。所有相关政府机构为确保采取协调一致的方式,最好考虑投资激励的协同和取舍。通过整合预算和分配资源来实现特定的可持续发展目标,而不是单独部门的目标,可以提升不同政府实体之间的一致性。综合决策在国家以下层面也很重要(Clark, 2012)。民间社会、商界、工会和非政府组织的利益相关者在这一过程中应该有发言权。

执行与可持续发展相关的投资激励计划

在投资激励方面更加注重可持续发展,可能会对投资促进机构的工作和任务产生影响。他们的目标应该是针对那些特别有利于可持续发展的行业或活动,并帮助向市场提供预先包装的担保项目的管道的投资者。在这一过程中,投资促进机构可能面临一些超出了在推动常规外国投资方面经验的挑战。

投资促进机构的网络需要扩大至包括公共部门、非营利组织和其他与可持续发展相关的产业,如基础设施、卫生、教育、能源或农村发展等。投资促进机构还需要扩大与更广泛的目标群体和潜在投资者的联系,包括主权财富基金、养老基金和资产管理人。此外,政府亦须就与可持续发展有关的投资项目、新部门及可能的支持措施,进行专业技能的内部研发。

投资促进机构也最好开发出一条对外国投资者有吸引力的、可担保的与可持续发展相关的项目通道。投资促进机构的关键作用是确定优先次序、准备和包装。政治优先次序包括根据国家发展目标的沙子战略确定优先项目和优先部门。监管准备涉及预防监管方面的问题,并促进可能阻碍投资者的行政程序。包装是指从所有相关的利益相关者的角度出发,制定具体的项目建议,包括对投资者进行技术可行性研究,对银行进行财务可行性评估,以及对更广泛的利益相关者的环境影响研究(UNCTAD,2014)。为了提高它们的能力并提高其产品和服务的信誉,投资促进机构需要获得业务专长,并寻求与东道国的国际专门机构、商业协会和对外投资促进者建立伙伴关系。

监督投资激励措施对可持续发展相关
投资激励体系的影响

与所有其他激励措施一样,基于可持续发展的投资激励需被密切监测,以确定它们实现目标的实际程度。有效的监测也可以防止激励计划的滥用和腐败。此外,各国政府应审慎在投资激励的数额方面的向上竞争或在监管激励措施方面的恶性竞争风险。

评估与可持续发展相关的投资激励的有效性

评估投资激励的有效性需要明确规定这些激励的适当标准，并制定一套指标来评价这些投资对可持续发展的贡献。激励计划还将受益于对激励措施本身是否能有效改变公司行为的更深入评估，以及在缺少激励的情况下是否会出现可持续发展结果。

通过 2015 年版的《可持续发展投资政策框架》（《政策框架》），联合国贸易与发展会议提出了一些在这方面相关的指导原则。投资激励应以一套明确制定的与可持续发展有关的政策目标为基础，并在理想情况下包括若干可量化的可持续发展目标，既吸引投资，又可对可持续发展投资产生影响（见表 9.7）。这些目标应设定明确的优先次序、实现目标的时间框架以及旨在支持各项目标的主要措施。所以，应建立一个审查程序以确保投资激励计划得到正确执行。

表 9.7　建立投资影响目标和衡量政策效力的可能指标

区　　域	指　　标	细节与例子
增加的经济价值	→增加的价值总量	→投资产生的新的/额外的经济活动总产出（GDP 贡献）（直接和吸引而来的）
	→资本形成的价值	→对固定资本形成的总量的贡献 →对进入东道国的收益的再投资
	→总出口和净出口量	→总出口量；净出口量（进口净额）也被增加价值指标所采集
	→正式的商业实体的数量	→投资支持的价值链中的企业数量；这是企业家正式（纳税）经济发展和扩大的代表
	→财政收入总量	→通过投资里的经济活动产生的各种形式的征税和版税，获得的财政总量
创造就业	→就业（数量）	→投资创造的就业总数，包括直接就业和诱导就业（价值链观点）、独立就业、自营就业、临时就业和长期固定就业。
	→工资	→家庭总收入（直接和诱导）
	→不同类型员工的技能水平	→以国际劳工组织工作类别划分的职位数目，作为衡量工作质量和技术水平（包括技术传播）的指标

（续表）

区　域	指　标	细节与例子
可持续发展	→劳动影响指标	→雇用妇女（及同等报酬）和处境不利群体 →提高技能、提供培训
	→社会影响指标	→健康安全效应，职业伤害 →增加脱贫、工资水平高于温饱水平的家庭数量 →扩大商品和服务提供，以及取得和负担基本商品和服务的能力
	→环境影响指标	→对公共交通附近地区的贡献 →温室气体排放、碳补偿/信用、碳信用收入 →能源及用水量/效率，有效减少和减轻有害物质的不良影响 →环保领域的企业发展
	→发展影响指标	→本地资源发展 →知识和技术传播

资料来源：UNCTAD，2014；Thomas，2009；OPIC，2013a，2013b。

此外，企业可持续性报告可以在使各国政府能够监测投资激励措施的有效利用上发挥重要作用。这包括生成内部公司关于可持续性的活动和控制系统的数据、促进主动性管理、设定目标和基准测试。

如果预期的可持续发展影响没有实现，则应制定适当的规则允许撤回投资激励。根据具体情况，可能还需要逐步取消被认为对可持续发展有潜在危害的整套激励计划。对高污染行业投资的激励可能是首要目标。其他例子包括对出口导向型工业的激励，这些产业的生产方式对人类生命或健康是危险的，或者忽视其他核心的劳工标准。在基于业绩的激励措施中，其中一些考虑因素可以得到提升，因为其提供激励的条件是符合环境和其他要求。

减少现有的投资激励计划可能会减损已经获得激励的投资者的权利。在这种情况下，不满的外国投资者援引国际投资协定中"公平公正待遇"（FET）标准，声称他们的"合理期待"（见表 9.7）遭到侵犯，因此有权得到赔偿[例如 Bogdanov v. Moldova，SCC Case No.V（114/2009）案]。此外，投资者可能会援引国际投资协定中的所谓的尊重条款（或保护伞条款），来对投资激励的撤回进行挑战（例如 Veolia v. Egypt，ICSID Case No.ARB/12/15）。最近的发展表明，这种索赔是可能成功的（方框 9.1）。（请参见本书第十二章）这些案例表明，必须谨慎地起草国际投资协定中的公平公正待遇条款和尊重条款的内容。联合国贸易与发展会议的政策框架提供了这方面的指导。

要有效地监测投资激励措施对可持续发展的影响，对透明度提出了要求。提高透明度和获得有关投资的可持续发展影响的信息（例如通过业绩评估和评级方案）可能会产生使负面影响最小化的社会压力。此外，以透明的方式提供激励可以降低腐败风险。根据业绩给予激励可以促进实现预期的目标，并且在取得所寻求的结果和核实之后而非事前基于激励，可以避免执行撤回条款。在基于合同激励的情形，可能会出现复杂的风险分配问题。第一，是充分明确投资者预期要实现的业绩和可持续发展目标（例如，减少二氧化碳排放量或具体技术转让）。第二，有一个问题是，缔约方应承担约定的可持续发展目标无法实现的风险（见方框 9.1）。合同选择的范围是从投资者的绝对义务到不可抗力条款，以及考虑到超出投资者控制的其他情况（例如，所进行的研发未产生与可持续发展相关的预期结果）。

方框 9.1　通过国际投资协定挑战投资激励措施之撤销

［在最近的一系列投资者—国家争端解决（ISDS）案件或因此造成的威胁中，外国投资者声称，东道国单方面撤回激励措施构成了对国际投资协定中的公平公正待遇义务之违反。］

［在 Micula et al. v. Romania 案中，申请人诉称，罗马尼亚违反了《瑞典—罗马尼亚双边投资协定》（BIT），因为罗马尼亚改变或终止了早先延长的鼓励在罗马尼亚经济贫困地区投资的各种激励措施。反过来，罗马尼亚则认为，作为加入欧洲联盟的一部分，对其激励方案的修改是正当的。仲裁庭裁定，罗马尼亚单方面撤回激励措施违反了《瑞典—罗马尼亚双边投资协定》的公平公正待遇义务，并做出了包括利息在内 2.5 亿美元的赔偿金裁决（Ioan Micula et al. v. Romania, 2013）。］

［2013 年，7 名光伏能源生产投资者坚称，捷克共和国之前为了在可再生能源部门为吸引投资而采取的措施的撤回，违反了该国的若干个 BIT（项下义务）。在其中一个案件中，申请人寻求 5 000—7 000 万欧元不等的（"Solar Investors File Arbitration", 2013）赔偿。］

在 2012 年至 2015 年期间，可再生能源部门的外国投资者对西班牙提起了超过 23 起 ISDS 案件。这与该国在金融危机和经济紧缩时期被撤回的可再生能源投资的补贴有关。

在 2014 年至 2015 年期间，意大利同样面临着 3 项因类似情况而产生的 IIA 索赔。

资料来源：UNCTAD，投资争端解决引航数据库访问网址：http://investment-policyhub.unctad.org/ISDS。

对投资效果的监测同样还要求审查东道国的外国投资间的国际竞争的

含义。在投资鼓励方面开展更多的国际合作,有助于避免在国家间造成恶性竞争。迄今为止,在经合组织关于投资的多边协定的谈判失败期间,试图对在多边层面(见方框 9.2)使用投资鼓励措施加以约束。在全球层面,还存在着 WTO 项下《补贴与反补贴措施协定》,然而,这也主要被限于贸易。20世纪 90 年代,在多边层面上去规范投资激励措施适用的努力是在不太成功的多边投资协定的谈判中产生的。在当前欧盟与美国在《跨太平洋贸易与投资协定》的谈判文本中,欧盟曾建议,当一成员国认为一项补贴对其利益产生或者可能产生不利影响时,应为成员国提供磋商的可能性(EU 在 2015年 1 月 7 日公布的提案)。

方框 9.2　投资促进适用中的国际合作例子

在国际层面,一些条约限制使用扭曲贸易的激励做法(关于这一点,见本书第十二章)。例如,《欧洲联盟条约》限制成员国提供投资激励的能力,并且对成员国遵守这些规则进行监督。欧洲法院受理提交的争端时,有权对国家援助规则,包括对投资激励问题作出具有法律约束力的解释(见本书第五章)。

在非洲,东非共同体在协调各会员国的鼓励机制行为守则方面取得了进展。东非共同体还正在研究在各会员国之间为投资者提供一揽子激励措施的协调指导。西非经济和货币联盟成员同意协调其关税和税收方面的制度,包括所得税制度。不过,官员们正在利用体制上的弱点和相关规则的漏洞,来提供背离标准税收制度的投资协议。这增加了税收制度的不透明度和复杂性,并形成了税收谈判的文化。

资料来源:CCSI,2015。

更多的国际合作可以解决投资鼓励可能引发的关于底层监管标准的恶性竞争的风险。这可以通过统一投资者与国家必须遵守的某种特定原则或指导方针。例如,《国际劳工组织关于跨国公司和社会政策的三方原则宣言》(ILO,1977)、《联合国全球契约》(UN,2000)、《联合国关于商业和人权的指导原则》(UN,2011)、《粮农组织/世界银行/贸发会议/农发基金负责任农业投资原则》(PRAI;FAO,2010)和经合组织《跨国企业准则》(OECD,2011)。在许多国际投资协定中采用的另一种办法,是商定不降低环境或社会的管理标准来作为吸引外国投资的手段。

结　　论

投资激励,貌似可持续成为一个在全球竞争中吸引外资的重要的政策工具——特别是因为,对比国内经济复杂而又常常痛苦的机构性改革其更易于执行。尽管通过投资激励来推进要求达到的一些政策目标已经有了一个特定的可持续发展角度(例如,研发,技术和技能转移转让,地方发展和可再生能源),现有的激励计划往往缺少体系性和连贯性的做法。

　　本章主张可以重新定位和设计投资激励方案。可持续发展可持续发展应成为给予这些激励的首要理由和在评估其效果时的主要指导方针。对可持续发展的考量应当被放在吸引外资的核心理由之位置,而不是对短期经济收益的预期。这种重新思考容易实现双赢局面,因为投资激励措施在帮助穷人以可负担的费率来获得基础设施和健康教育服务的同时,也可改善投资者在政治上和经济上敏感的可持续发展部门的获得回报风险。

注释

　　作者所表达的观点并不必然是 UNCTAD 的观点。作者感谢来自 UNCTAD 的吉芬(Giffen)、文齐斯拉夫·科特佐夫(Ventzislav Kotetzov)以及贾森·穆扬(Jason Munyan)的贡献。

　　1. 通过系统性审视政府和商业情报的来源,来确定政策措施。个人举措通过参考政府来源而得到尽可能充分的证实。不同措施的汇编不是要穷举,也不是提供有货币价值的信息。例如,除了激励措施之外的投资促进和便利化措施,通过建立自由经济区或"一站式商店"进行商业登记。访问投资促进监管数据库：http://investmentpolicyhub. unctad.org。

　　2. UNCTAD 在 2014 年初开展了一项全球性投资促进机构的调查。在 257 家被联系的投资促进机构中,75 家完成了调查问卷,整体回复率为 29％。回复者包括 62 个国家机构和 13 个地方机构。答复的地理细目显示出转型经济体(东南欧和独立国家联合体)、非洲、拉丁美洲和加勒比的机构回复率相对较高。

　　3. 现有的章节并没有解决与投资刺激的影响对投资者区位决策的影响或者投资激励是否与成本相当等相关的问题。这些问题非常明确并且取决于很多因素,包括部门、经济地位以及投资促进措施的类型。要获取更多信息可参阅 Blomström and Kokko 2003;所有的文件都能够通过访问获取：http://earthmind.net/fdi/misc/eijs-fdi-incentives. pdf,也可见 James, 2009。

　　4. 公司社会责任标准有以下几个层次：(1)国际宣言和条约所承认的一般原则产生的政府间国际组织标准;(2)多方利益方倡导的标准;(3)工业协会行为准则;(4)单个公司行为准则。

　　5. 在一些案例中,政府可以决定特定投资产生的公共利益成为继续激励的事由,尽管需要付出长期激励的代价,该决定应仅仅在有一个周全的成本利益分析之后才实施。

参考文献

Blomström, M., and A. Kokko. 2003. "The Economics of Foreign Direct Investment Incentives." NBER Working Paper No. 9489. Washington, DC: National Bureau of Economic Research. http://www.nber.org/papers/w9489.pdf.

CCSI. 2015. "Investment Incentives: The Good, the Bad and the Ugly." 2013 Columbia International Investment Conference Report. New York: Columbia Center on Sustainable Investment.

Clark, H. 2012. "The Importance of Governance for Sustainable Development." Remarks at "The Importance of Governance for Sustainable Development," Singapore Lecture Series of the Institute of Southeast Asian Studies, Singapore, March 13. http://www.undp.org/content/undp/en/home/presscenter/speeches/2012/03/13 the-importance-of-governance-for-sustainable-development.html.

Dunning, J. H., and S. M. Lundan. 2008. Multinational Enterprises and the Global Economy. Cheltenham, UK: Edward Elgar.

FAO, World Bank, UNCTAD, and IFAD. 2010. "Principles for Responsible Agricultural Investment that Respects Rights, Livelihoods and Resources(PRAI)."

ILO. 1977. Tripartite Declaration of Principles Concerning Multinational Enterprises and Social Policy. http://www.ilo.org/empent/Publications/WCMS_094386/lang—en/index.htm.

Ioan Micula, Viorel Micula, S. C. European Food S. A, S. C. Starmill S. R. L., and S.C. Multipack S. R. L. v. Romania. 2013. ICSID Case No. ARB/05/20, Final Award of December 11.

James, S. 2009. "Incentives and Investments: Evidence and Policy Implications." World Bank Group, Washington, DC. https://www.wbginvestmentclimate.org/uploads/IncentivesandInvestments.pdf.

OECD. 2011. OECD Guidelines for Multinational Enterprises. Paris: Organisation for Economic Cooperation and Development.

Oman, C. 2000. Policy Competition for Foreign Direct Investment—A Study of Competition Among Governments to Attract FDI. Paris: Organisation for Economic Cooperation and Development. http://www.oecd.org/mena/investment/35275189.pdf.

OPIC. 2013a. "Office of Investment Policy Questionnaire." Washington, DC: Overseas Private Investment Corporation.

OPIC. 2013b. "Self-Monitoring Questionnaire for Finance, Insurance, Reinsurance, and Investment Funds Projects." Washington, DC: Overseas Private Investment Corporation.

"Solar Investors File Arbitration Against Czech Republic: Intra-EU BITs and Energy Charter Treaty at Center of Dispute." 2013. Investment Arbitration Reporter 6(10), May 15. http://www.iareporter.com/articles/20130515_1.

第十章　投资激励政策的成本—效益分析

Ellen Harpel
艾伦·哈珀

　　全球投资性竞争及政府为提高其辖区内就业数量和质量,使得政府开始扩大对经济发展激励措施之使用。这些激励措施旨在鼓励私营公司投资和开办业务,以便为管理这些业务和提供激励资助的管辖区创造净收益。本章讨论了政府评估成本和收益可采取的措施,以便在其为投资者提供激励措施时做出正确的决定。

为什么成本—效益分析很重要?

　　提供激励措施的政府越来越担心,在提供激励后,他们期望的收益可能不会实现。在投资选址过程和激励措施谈判期间,他们也经常感觉处于劣势,因为他们对公司的意图了解甚少。从政治角度看,那些有前途的投资机会中,赌注很可能会"赢",或者至少不会"输"。尽职调查和成本—效益分析可以增加与激励决策相关的信心,并帮助政府将关注点从达成交易转移向投资应投向何处:即确定给定的机会能否为社区创造净收益,这里的"社区"定义为提供激励措施的司法管辖区内的居民。

　　一项良好的成本—效益分析可以帮助减少与激励相关的若干潜在问题。第一,通过量化预期成本,政府可以避免给投资者提供过多的资源。第二,将成本与效益随时间进行比较的过程使政府有机会更明确地了解投资是否以及如何更有利于改善社区的经济前景。第三,该分析可以用来为高质量项目提供理论支持,并引导政府的方向远离低质量的(投资)机会。第四,在成本—效益分析结果基础上设定的预期成果可以用于监测和评估投资的实际成果以确定净收益是否实现。

　　本章结构如下。第二部分描述成本—效益分析的三个要素——项目性质,财政影响和经济影响以及实施激励措施需要解决的关键问题。第三部

分提供了将成本—效益分析纳入美国国家和地方经济发展计划的实例和若
干成本—效益分析工具的描述。第四部分简要介绍了合规性和项目评估。
最后一部分提供了在激励过程中进行质量分析前期价值的总结性说明。

成本—效益分析的三步法

激励不仅仅是赢得交易或完成与投资者的交易。如本书第八章所述，
有效的激励措施之使用必须是整体经济发展战略的一部分。激励措施是可
以用来实现社区目标的经济发展工具之一。成本—效益分析有助于确定激
励协议及其支持的投资是否有助于实现这些目标。

为此，激励措施的成本—效益分析应解决三个问题：

（1）这是政府提供激励措施的有利机会吗？

（2）拟议的激励方案对财政（预算）有什么影响？

（3）投资的潜在经济影响是什么？

这三个问题旨在评估给定的投资是否能够为社区带来净收益，而非是
否将会为社区带来净收益。后者取决于推动运营成功的诸多因素，其中很
多因素（如经济周期或市场趋势）都不在投资公司或个别政府的控制范围
内。此外，投资是否确实产生净收益是另一个问题，这将在第四部分中简要
讨论。

这种做法有意引导讨论避开如果没有激励措施的话，该项投资是否还
会发生的问题，主要出于以下两个原因的考虑。首先，对于许多拟议的投
资来说，做出这个决定是很困难的，这意味着它不是一个有利的决策标准。
对投资者而言，激励措施的价值与许多其他地区和公司相关的因素是混
合在一起的，因此没有可操作的方法来明确说明激励或激励措施使投资
决策产生最终的差异。此外，其他管辖区向投资者提供的位置性质和激
励措施的相对价值通常是未知数，因此无法比较总成本进而确定最优激
励金额。

其次，公司在进行投资之前，试图确定其是否需要激励措施时无意中就
会过多地关注公司和交易本身，而不是社区、经济以及财政效益，而这些因
素应该是所有提供投资激励决策背后的驱动力。政府当然可以考虑一项投
资措施是否必要，但这一章中介绍的方法，使他们作出明智的决定，而不是
被解决"如果没有激励措施，一项投资是否会发生"这一问题所牵制。

项目属性：这是提供激励措施的有利机会吗？

成本—效益分析第一步，简单通俗地说，就是判断交易可能为社区带来的利益。除了回过头集中在模拟的结果及专业评价，项目支持者应当能够为市民和任职官员解释为什么它是一项有价值的"投资"。如果需要巨大的想象力来了解上行潜力，就应该让开发商暂停。收益主要有两大类：（1）基本项目特征（就业机会、就业质量、投资、位置）；（2）可与社区的宏观的经济发展战略匹配。时间和项目风险是两个额外应考虑的因素。

经济发展组织（EDOS）或投资促进机构（IPAs）在与可能寻求激励的民营企业互动方面领先于一般机构组织。经济发展组织可能是政府、私营或混合组织，这些地方、区域、州或国家层面的组织，通过创造或保持就业机会来促进国家经济发展和提高社区生活水平，从而有利于促进增长并提供稳定的税基（IEDC，2014）。投资促进机构（IPAs）的聚焦点往往更小，任务是通过形象建设和行业品牌化、投资目标定位和便利化以及其他服务（UNCTAD，2014），便利和促进区域、国家及地方层面的投资。总之，经济发展组织和投资促进机构的存在就是为了增加他们社区或国家的就业和/或投资机会的。因此，创造预期就业机会和投资价值是他们的基本使命。

就业质量是第一个要素的一个重要方面，也是一个项目的基本特征。就业质量通常取决于薪酬水平、福利待遇、教育或技能要求，或与预期投资有关的产业部门。确定项目实施和利益集聚位置也很重要。许多经济发展组织的任务是增加贫困地区的经济发展机会。确定收益（和成本）的区域分布，是报告和评估的必要步骤。

本书第八和第九章均强调了在更广泛的经济发展框架里引入投资激励的重要性。因此，每个被提供激励措施的项目都应在这些经济目标和战略背景下进行评估，这是进行效益分析时第二个要考虑的因素。许多社区有某种自己的经济发展战略，这些发展战略尽管可能层次各异，但确保提供激励的项目与战略中的宏观宣传和价值相匹配是一个很好的开始。在美国，尽管授权这些项目的很多法规仍不清晰，这使得对这些项目无论是管理还是评测都很困难。但国家和地方政策的制定者仍然越来越注重保证个人激励计划具有明确的目标。明确界定一项激励政策或项目的目的，有助于确保它会按照预期目的的运行，否则它将可能会被提供给所有申请者，而不管他们是否有利于实现社区目标。

各国政府往往有与支持某目标行业或发展某私营经济部门有关的具体

目标。经济开发工作人员可能被敦促支持小企业或符合某些人口标准的企业（如以妇女或少数人拥有的公司）。私人团体、经济发展组织以及投资促进机构可能是更广泛的区域或国家组织的成员，需要将其努力与这些更广泛的战略保持一致。与此同时，他们希望其投资不伤害邻近社区或不违背相应的地区或国家目标。可持续发展是当务之急。在评估一项投资可能产生的基本项目收益时必须考虑所有其他战略因素。

经常被忽视的第三个因素是项目的时间。很多时候，项目呈现给公众，好像其所有收益在第一天就会开始，但这是极少数的情况。搞清楚以下事项很重要，即项目预期什么时候开始，投资和招聘预计什么时候发生以及该项目周期多久。此外，该项目及其预期收益的时间应该与用于提供激励措施的资金流相关联。激励通常有一个长远的时间规划，到期后会有财政收益反馈，但如果一个十年或者更久的规划能一直保持不变也是不现实的。

第四个相关的要素是风险评估。经济发展组织和投资促进机构应该对拟进行的投资成功率予以考虑。不同的社区有不同的风险，没有哪项投资是无风险的，但对投资潜在的成功与否有一个大概的预见是很重要的。需要考虑的一些基本因素包括：投资者的投资轨迹记录，其他合作伙伴和项目资助者，以及投资是否涉及新的或未经验证的技术。

现存的标准不包含任何以上要素，它们都依赖于相应的社区欲实现的目标和拟议投资的性质。一个良好的经济发展组织，需要很了解其所在的社区，需要能够评估一个拟议的投资是否符合社区对单个上述因素或所有因素的价值观，并对时间和项目的风险有一个大概的预期。其目的并不要求每次都正确，但要能够解释提供激励的决定，并能够通过从社区的视角去理解给定机会的基本利弊，从而使自己在谈判中占据优势地位。

财政影响：拟议的激励措施计划的财政（预算）的影响是什么？

成本—效益分析的第二步是评估激励决策的税收和预算影响。其目的是为了理解相较于激励措施的成本和政府提供的任何额外服务，一项投资的预期税收是如何产生的。即使它们是国库的净成本时，政府往往也会选择提供激励。因为其能实现其他经济发展目标。但了解将会带来什么样的财政影响仍然是很重要的。

财政影响分析主要有三个要件。首先是计算激励机制本身的成本。其次，应当估计可能会产生的新税赋。再次，应该考虑因为该项投资政府的额外支出。

激励措施的成本

激励计划的成本应该是最容易计算的因素，因为其价值取决于政府。事实上，对于一些赠款和地方激励措施，这可能是正确的，但激励措施的实际成本仍然很难确定。使计算复杂的因素主要是估计激励的总价值（特别是某些类型的减税期间），和货币时间价值的具体化。预计激励计划不同要素的支出时间也很复杂，特别是在实物、现金和税收激励相结合的情况下。激励方案也经常涉及若干不同的州、地方或国家管辖区，这些区域可能会在不同层次和不同时期受到这些激励措施的影响。

估计税收抵免的成本极具挑战性。无法了解适格公司的数量和（或）公司获得税收抵免的许可的时间，给美国的州预算官员和收入预测机构造成了极大困扰。通常税收优惠是不限制成本的。

因此，即使没有国家立法者的有意扩大，税收优惠的财务影响也会出乎意料地迅速增长（The Pew Center on the States，2012a，3）。税收负担可能会很大，特别是在税收抵免协议可能延续数年甚至数十年时。这造就了一些州有所作为，如密歇根州致力于减少对主要税收抵免项目的依赖，而加利福尼亚其他州则对税收抵免使用的上限或其他进行了限制。在避免空白支票方面，国家皮尤中心（2012a，4）建议为税收优惠制定可靠的成本估算，并设定年度成本控制，同时应该注意"税收优惠的成本估算很难做到"的定性。

新税赋

估算一个项目可能产生的新税收，需要对税收结构以及关于谁将会在什么时间支付什么的几个假设有很好的了解。公司和个人的税收估计应该被计算出来。主要税种通常包括商业和个人收入，销售和消费税以及财产税。税率和税收结构可能有很大差异，其取决于不同的辖区。可能也会有其他辖区，较少的税费也会受到影响。多个征税管辖区可能会被涉及。

一个将带来新就业机会的新项目也可能会给该地区带来新居民。这些居民将缴纳税款，大多数社区可以根据过去的收入数据，对每人或每个家庭可能产生的税额进行很好的估计。不能带来新居民的新就业机会，对税收影响不大。

减去已经减免的税款，新加入社区的公司也将纳税。估计任何一家公司的税收都具有挑战性。可以根据公司提供的关于资产和运营的基本信息对新税收进行粗略估算。然而，在很多辖区，各种因素都会影响应税收入，从而使得每个要素难以建模或估计而即便是运用经验法则进行计算。动产和不动产的未来价值、应税销售额、地方采购、公共设施使用及其他应税项目或交易均应该予以评估,但确实难以准确预测。

新服务的成本

新居民和新业务要求更高的服务水平。教育和公共安全往往是需要增加支出的最大类(根据家庭规模和儿童人数),但对运输或公共基础设施的额外投资要为新业务提供服务,这反过来又影响债务水平和资本预算。

专家认为在计算扩大政府服务的影响时应考虑平均成本与边际成本。平均成本,是在当前每单位(家庭、个人或单位土地)所需公共服务成本的数据基础上进行计算,然后将其应用于项目。然而,在经历快速增长或衰退的社区,一项大的投资可能需要大量资本,现有比率或标准可能无法全方位反映影响。边际成本则是根据社区的基础设施和资本能力来确定每个单位服务的增量成本(Morgan,2010)。

模型及相关问题

由于计算的复杂性,许多社区采用财政影响模型来估计激励计划的预算影响。这些模型的范围从简单的基于几个录入和经验法则的电子表格到复杂的软件包,再到需要详细录入和一些技术性的在线模型。一些模型具有集成的地理信息系统(GIS),可以基于站点或邻域显示影响。

无论社区使用哪种类型的模型,对系统内置的假设和机制有一个基本的了解很重要。这些数据分析不应该是个谜,其结果应该是可以被解释的。与所有模型一样,重要的是要记住,所有模型都是错误的,虽然有些还是有用的。建模后的结果是建立在假设基础上的,因为没有完整的数据可用,并且其产生的评估结果是基于对未来行为的期望。即使是最复杂的财政影响模型,也必须周密地使用,并且对他们的发现要仔细解读。激励评估中使用大量的假设,这些模型对产生影响的数量级是最有帮助的。正或负投资回报的粗略计算,可以用来支持决策。

有的模型不仅考虑了与激励项目直接相关的新就业机会或投资,还考虑了使用经济影响分析计算的间接和诱导就业机会(见下文)。这种方法应该谨慎使用,因为它需要建立在假设上的假设,这些假设可能会夸大与手头项目相关的实际可能的预算流量。

时间也是个问题,特别是对于分期的投资。第一年的收入和支出可能不代表未来几年,而且一个项目的真实周期可能也不明确。收入和支出可能会在项目周期的不同时期发生,直到激励期结束,预期收益也不会产生,所以必须考虑货币的时间价值。

经济贡献：投资的潜在经济影响是什么？

经济影响分析，通过初始投资所产生的经济行为来追踪投资流动。他们试图估计不同类型的经济活动对区域或国家经济的贡献。一个行业的投入支出刺激了其他行业的额外经济活动，因为这笔资金在不断增长，产生了乘数效应。乘数量化直接行业影响，但也承认一个经济体中行业间的联系和连续支出。通过跟踪行业和家庭之间的货币流动来估计这一额外支出的总经济贡献，直到所有的初始投资最终通过外国或国内贸易或被作为一种税收予以征收而退出一个地区。

经济影响模式应适应相对应的管辖范围内的支出模式和行业组合，以便于估计各种经济活动的直接、间接和潜在影响。

● 直接效应是指所研究的行业和项目的总支出和总就业。
● 间接影响是供应商和承包商为行业和项目提供投入的支出和就业。
● 潜在影响包括行业雇员、承包商雇员和供应商雇员（直接和间接雇员）在商品和服务方面的内部支出。

总经济影响是直接、间接和潜在效应的总和。

与财政影响分析相反，产生经济影响分析的投入是直接的。模型通常要求年度运营、就业、工资和建筑支出（如果有关的话）方面的投入。为初始投资选择行业分类是一项重要的选择，其很大程度上影响评估影响的总价值。地理意义上的定义也很重要；经济名义上的影响，也将随着管辖范围的扩大而增加。

虽然初始投入更易定义，但运行该模型并能正确解释结果是比较困难的。经济影响建模通常需要数据和模型采购的前期成本。（尽管可以做到，但很少有美国的地方当局会投入资源开发适合自身情况的模型。）将基础项目数据转化为适当的模型输入需要对项目、经济和模型有很好的了解。结果通常以整体、简单的格式呈现，其概括了总就业、总收入和总产出的影响，但是这些影响并不是很清楚。

例如，许多经济影响模型是静态的，而不是动态的，所以它们不考虑经济的结构性变化。也就是说，他们认为，在吸收新的投资时，经济基本保持不变（Morgan，2010）。与此相关的是，许多建模者不会考虑风险和时间的变化。换句话说，他们认为每年的影响将与初始投入产生年份的影响相近。另一个缺点是，模型一般不考虑支出替换；模型认为所有的支出对原始经济而言均是全新的。但实际可能并非这样,特别是对于诱发效应而言。例如,零售业的一些项目,新业务只有以牺牲现有业务为代价(Morgan,2010)才能获得高排放效应。

当总影响调查结果作为独立数据提出时,很容易将被激励的初始投资的直接影响与总体影响(包括间接和诱发效应)相混淆。这可能会不当地提高对一个投资如何转换为经济的期望。除了最大的投资之外,许多间接和诱导的影响将难以计数,甚至看起来像区域经济那么大和多样化。最后,这些模型做了这样的假设,即基于产业结构的资金将如何用于该地区,但并不意味着与特定项目有关的资金将以之前假设的那种方式用于该地区。

经济影响分析是宝贵的工具,因为它们能够洞察新投资可以为某个地区带来的价值,但往往其结果过于简单和夸大。对决策者而言,经济影响分析是很好的投入,但不应是激励投资或成本—效益分析的唯一工具。

影响

这三个成本—效益分析要素是建立在假设和关于考虑予以激励的项目性质的预投资投入基础上的。他们提供了对拟议投资的潜在社区、财务和经济影响的洞见,因此对决策者来说,是很有价值的决策工具。他们可能不会总得出所谓的“正确”答案,但他们应该为决策者提充分的预见,以确信社区的收益能够超越成本,并粗略地了解这些成本和收益的大小。

“系统的成本—效益或财政影响分析是复杂的,需要大量时间和技巧”(Ha and Feiock,2012,482)。但是鉴于美元高昂的价值和激励措施越来越多的重大承诺,决策人员必须投入一些前期时间和资源来建立评估激励措施成本和收益的程序。

成本—效益分析是如何应用于实践的——案例与资源

国家和地方政府比以往更频繁地制定激励决策的成本—效益分析,但实践中该分析尚未普遍存在。国家皮尤中心(2012a)报告表明,各州制定税收优惠政策的成本估算不一致。其他研究人员发现,75%的城市在实施激励措施之前需要进行成本—效益分析(Sharp and Mullinix,2012),高于五年前的 50%(Weber and Santacroce,2007),另一项研究报告表明,当地10%的政府从未进行过这样的分析(Ha and Feiock,2012)。

一家由在整个经济发展激励过程中为社区提供建议的作者所创立的公

司的智能激励活动表明,国家和地方政府在酌情授予奖励时越来越多地采取某种类型的成本—效益或投资回报率(ROI)分析。然而,在各个辖区和激励项目中,分析的质量和种类差别很大。此外,许多人不愿意分享他们的分析或公开他们的决策过程。下面描述的前两个州已经公开了他们的决策过程,并提供了很多不同的案例。一个专注于财政影响,另一个强调经济影响和战略价值。第三个州描述了某重大激励计划的前期审查流程。地方政府也在提高其数据分析能力,并提供一些最先进的成本—效益分析方法。还提供以下一组地方案例。

　　不同的地方有不同的经济发展战略和提供激励的理由。这里关键是,运用适当的方式进行成本—效益分析是很重要的,这种方式能够确定一项投资能够多大程度上支持这些战略及帮助社区实现其经济发展目标。因此,如下面的例子所示,没有一种所谓"正确"的方法去进行这样的分析。在本章概述的框架内,多种方法都是可能的。

州政府

弗吉尼亚州

　　弗吉尼亚州经济发展组织使用投资回报率模型来比较拟议的激励措施的成本与预期收益。该模型仅适用于该州,并在几个州立大学和国家规划和预算部经济学家的帮助下进行开发。该模型考虑了预期的新就业岗位数量、平均工资和资本投资总额,以估算直接工人和间接工人所支付的税款(后者由初始投资的行业多元化决定)以及在应税设备和动产、建设材料(如适用),直接和间接工程用工上支付的薪酬。该模式不包括企业所得税,也不考虑政府服务的额外费用。该模型主要针对的是对该州的财政影响,但也反映经济影响。调整激励计划使得成本与预期效益保持平衡。该模式主要用于前期决策,但也被用于评估计划效率(Uirginia Senate Finance Committee, 2010; JLARC, 2012)。

加利福尼亚州

　　加利福尼亚州的税收抵免优惠要通过竞争机制方能获得,需要经过申请,两轮审查,并经州财政司厅长、金融厅厅长,州长办公室经济发展局主任(GO-Biz),以及大会和参议院委员会的每位成员许可通过。这些优惠可用于加利福尼亚州本土或移居该州的公司,旨在吸引和留住高增值公司。

　　两轮审查工作如下。第一轮是"一个自动化阶段,申请人提出税收抵免金额,评估员工薪酬和投资总额,以确定回报率"。所要求的优惠额除以薪酬和投资之和,从而得出一个比率。比率最低的申请人最有可能转入第二轮,尽管如果没有确定的迹象表明,公司如果没有获得税收抵免,[1]其将在别的州启动其项目。

在第二轮,委员会对拟议项目所在地的几个要素进行评估,包括失业或贫困、来自其他地区或加利福尼亚州本土的申请人可申请其他奖励措施、州经济影响、项目对该州、地区、地方的战略重要性、现有员工有望保留的数量、该州增长和扩张的机会、向员工提供的工资和福利、财务报表等其他与项目相关业务文件。

优惠的最终价值取决于 GO-Biz 与商人之间的谈判。协议为优惠和可能采用的时间框架设定了特定的美元价值。每轮申请均涉及可能提供的税收抵免总额的上限,因此总财政影响是前所未有的(GO-Biz,2014)。

华盛顿特区——波音公司

华盛顿州向波音提出的保留 777X 装配且机翼要在本州生产的提议据说是迄今为止最大的激励措施。87 亿美元的一揽子计划包括减税和税收抵免——很多要件都延续到 2040 年,包括劳动力、培训和监管要素。

华盛顿州达成该一揽子计划的过程使其成为一个有趣的研究案例。根据总统办公室发布的“华盛顿航空航天工业战略”,确保 777X 将在华盛顿州建成,是国家最高的经济发展优先事项之一。激励计划是一个重大战略要素。该战略旨在壮大和多样化航空航天集群,培养高精尖的航空航天人才,培育航空航天创新文化,连接航空航天支撑链,使该行业在本国更加繁荣昌盛。

这个计划本身是由一个立法工作组监督而制定的,其中包括来自四个主要核心小组和六个非法定成员(三个劳工代表和三个商业/行业代表)的参与者。该州完成了一项财政影响分析,该分析表明在激励期内财政收益将达到 213 亿美元,相比之下,由于激励措施,预计将有 87 亿美元的损失(Harpel,2013 年)。

地方政府

如下所述,地方政府尚在开发不同类型的分析工具以了解激励决策的财政和经济影响。

伊利县,纽约州

伊利县工业发展局(ECIDA)使用纽约州罗切斯特市政府研究中心开发的成本—效益模型。该模型的创建使得经济发展专业人员能够快速而准确地分析拟议项目的影响。它可以根据项目收益来模拟地方激励措施的成本。项目收益包括就业、劳动收入和销售、财产和所得税等(information Analytics，2014)。

伊利县工业发展局将该模型用于许多项目。这里列举涉及 Welded Tube USA 的一个例子。Welded Tube USA 是一家为石油和天然气行业生产管状钢管的公司，并在布法罗地区建造了一个新工厂。使用该模型，伊利县工业发展局估计，仅基于税收优惠的州和地区总收益超过了拟议项目激励措施的成本(见表 10.1)。

表 10.1　伊利县工业发展局运用信息分析法做的成本—效益分析

州和地区收益评估/项目激励分析评估	
州和地区总收益	$ 23 808 362
项目总激励	$ 7 022 139
就业总人数	830
直接	121
间接	332
诱导	228
临时建筑(直接和间接)	149
州和地区收益评估(贴现现值)	
州和地区总收益	$ 23 808 362
所得税收入	$ 14 564 505
财产税和飞行员收入	$ 208 173
销售税收入	$ 9 035 684

ECIDA 还使用一个称为激励分层的程序，其中激励措施的总价值从基准开始，并根据成本—效益分析，物理现场问题，行业集群和遵守区域目标而增加。换句话说，是否给予奖励方案，与个人项目和当地经济发展战略和社区目标的匹配程度有关。

蒙哥马利县，马里兰州

蒙哥马利县经济发展部(DED)运用内部开发的财政影响力模型进行激励计划。投入是计划投资、创造或保留的就业数量和平均工资。

然后，该模型估计了几个税种(包括财产税和所得税以及其他税、费用及收费)的县收入增长以及服务成本的预期增长，特别是与地方政府、学校和社区大学活动相关的费用。除了这些财政影响之外，该模型还对二次投资和新就业机会的创造进行了评估。一个内在的假设是，60％的新创造的就业岗位将由新的居民填补。蒙哥马利县经济发展部报告指出，它青睐于那些将会在三年内财政影响超过公共投资的项目。还要考虑该项目对该县是否具有战略意义，是否支持目标行业或地理位置，或是否有利于对特定部门的劳动力（Howard and Carrizosa，2013）。

得克萨斯州奥斯汀

奥斯汀经济发展政策和计划运用了2004年市议会首次采用的以企业为基础的激励矩阵，以评估正在考虑的激励措施指向的公司。[2]这些公司至少要位于所需开发区内，遵守环境法规，并符合某些其他工资和福利要求（尽管某些标准可以有例外）。根据项目的整体经济和财政影响，结合当地经济、基础设施影响，就业和劳动力实践的特点、生活质量及文化活力方面对符合这些标准的公司打分，得分决定了这些公司将获得不同程度激励的资格（EGRSO，2013）。

各国政府并不总是有能力在内部发展有力的模型。方框10.1描述了几种成本—效益分析工具，可用于帮助各国政府制定经济和财政影响来支持决策。

方框10.1　成本分析工具

私营公司、非营利组织、大学和政府机构可以使用很多不同的工具进行成本—效益分析。这里提供的大多数示例可扩展到每个社区，并提供针对美国国家和地方政府的经济和财政影响分析的组合。

信息分析法（http://informanalytics.org）由政府研究中心开发，用以帮助地方政府分析拟议项目的影响。它包括经济和财政影响要件，并生成报告，为重要利益相关者群体总结成本和收益。

影响数据源（http://impactdatasource.com）专门针对经济发展项目的经济和财政影响报告进行分析，并帮助社区了解激励投资的投资回报和投资回收期。

REMI（http://www.remi.com）提供先进的经济和财政影响工具。REMI模型是一种动态预测和分析工具，允许用户开发复杂的经济发展情景。

三重底线工具（http://tbltool.org）结合了成本—效益和可持续发展概念。由美国经济发展局委托，供批准、资助或从事经济发展的公共、私营、非营利及慈善组织使用。

合 规 与 评 估

在提供激励措施之前进行成本—效益分析可以帮助政府根据社区预期

实现的战略、财政和经济收益的估计值做出更好的决策。经济发展组织还应通过程序来监督项目活动，以确定这些利益是否真正得到实现。

前期的成本—效益分析并不容易，激励授予后的评估也存在艰巨的技术、管理和政治挑战。大多数州仍然没有提供激励工具是否按预期工作的证据（Pew Center on the States，2012）。许多政府和教育部门正在改进激励措施使用情况的跟踪和报告，但关于激励措施的质量数据和运行良好且帮助社区实现了其经济发展目标的项目仍然缺乏（Mattera et al.，2011）。

激励计划评估应根据交易条款和总体计划效益来检查项目的合规性。本部分介绍了经济发展组织和投资促进机构在激励后期评估中应考虑的一些基本问题。第一步是确定接受激励一揽子计划的公司是否产生了协议达成后预期的直接利益。激励谈判通常以履行协议结束。以下是起草协议时要牢记的一些基本问题：履约要求是否明确界定？公司是否需要报告其在满足这些要求方面的进展情况？政府内部谁在审查这些报告？在不履约情况下是否有保护社区的政策？

经济发展组织和投资促进机构应获得管理和监督激励措施的资源，并在必要时强制执行合同条款。当协议和前期分析没有遵循监督合规性的承诺时，这些分析的价值就会被破坏（Weber and Santacroce，2007）。许多组织认为最好能够创建单独的合规部门或使用第三方机构（在政府内部或外部），而不是要求其开发商监控他们自己的项目。

第二步是评估方案的有效性。除个别项目合规之外，经济发展组织、投资促进机构、领导人以及社区均希望了解哪些激励计划和政策在实现经济发展目标方面最有效，包括激励方案是否创造了未提供激励措施就不会产生的收益。评估计划有效性是与确定基本项目合规性不同的评估过程。它需要长期监测、解决数据质量和验证问题，并实现不同激励计划的比较，仅列出几个挑战。

除了这些技术问题外，有效的评估需要周密的管理和强有力的政治领导。更好的方案评估来自这样的组织架构：

● 考虑所提供的激励措施之整体架构；

● 明确规定每个激励计划的目标（这一意外的差距使得合规监控和评估非常困难）；

● 使用真实有效的数据而非建模或估算的数据；

● 创建具有丰富经济发展知识、与企业合作的经验，政治意识，分析能力和有信息系统专长的多学科评估团队；

● 与其他机构合作,收集数据和共享专业数据分析;为评估组提供支持性的环境和培训。在实行激励措施中,领导力是创造问责制和透明度的关键。领导层也应着重改进未来的决定,而不是惩罚过去的决定。

大量经济发展、良治政府,财政政策和民选官方组织正在关注这个问题,其中一些组织正在面临改革评估刺激措施的方法的挑战。例如,皮尤慈善信托基金正在与区域经济竞争力中心(CREC)就商业激励计划进行合作。这一举措是在"经济发展计划的准确数据可以大大提高决策者制定以最低可能成本获得最强结果的政策的能力"(Pew Charitable Trusts,2014)的前提下建立的。皮尤和CREC正在努力,主要通过以下方式:(1)确定管理和评估经济发展激励政策和实践的有效方法;(2)改进关于激励投资的数据收集和报告;(3)分享国家可以用来成功收集和报告经济发展激励措施数据的最佳做法来提高激励计划使用的数据质量(Pew Charitable Trusts,2014)。

这里提供的准则是有用但比较宽泛的。我们可以继续在 EDOs 和 IPA 具体指导方面取得进展,以便于最有效地进行质量激励计划评估。未来几年我们应该对经济发展激励措施的评估和报告方式会有重大改进,但我们仍处于这些努力的早期阶段。

结　　论

投资激励的成本—效益分析可以促进经济发展,并且能够帮助政府领导人在使用激励吸引投资时做出更好的决策。评估项目收益和战略价值、估算财政影响、模拟拟议投资的经济影响,将会使得资源投向最有可能收益的地方。

使用成本—效益分析和其他数据分析工具也可以将提供激励使重点从将交易导向型(达成交易是最主要的目的)转移到经济发展导向型(帮助社区繁荣成为主要目标)。通过强调投资需要符合一些基准准则,以便政府或社区参与通过激励,它还可以帮助重新平衡与潜在投资者的互动,并消除信息不对称带来的一些风险。这些标准可以成为激励后期合规评估和项目评估的基础。

成本—效益分析不一定容易,但也不会过于复杂。开发内部分析工具或采购能够让政府回答有关投资激励方案的预期成本和收益的基本问题的现有模型是需要花费一些时间和资源的。政府机构,具有相似财政结构的经济发展机构以及服务于 EDO 或 IPA 的区域或国家组织均可以共同分担成本和专长，以最大限度地扩大这些模型的内部投资。

激励措施是商业吸引力工具之一，商业吸引力是良好经济发展战略的一个要素。合理的成本—效益分析和质量评估有利于确保激励计划在经济发展中取得应有的地位，而同时也不掩盖其要达到的更为广泛目标。

注释

1. 这一认证要求比要求投资者仅仅证明其"可能定位"或"考虑定位"在另一个司法管辖区的投资更强。

2. 该矩阵可以在 http://www.austintexas.gov/edims/document.cfm?id=205680（2015 年 7 月 27 日访问）查阅。

参考文献

EGRSO. 2013. "2013 Report and Recommendations on the City of Austin Economic Development Policy." Economic Growth and Redevelopment Services Office, Austin, TX.

GO-Biz. 2014. "California Competes Tax Credit" and "California Competes Tax Credit Regulations, Adopted August 18, 2014 as Emergency Regulations." Governor's Office of Business and Economic Development, accessed September 25, 2014, http://www.business.ca.gov/Programs/CaliforniaCompetesTaxCredit.aspx.

Ha, H., and R. C. Feiock. 2012. "Bargaining, Networks, and Management of Municipal Development Subsidies." *American Review of Public Administration* 42(4): 481—497.

Harpel, E. 2013. "A Closer Look at the Boeing Incentive Deal." Smart Incentives, November 27, accessed September 25, 2014, http://www.smartincentives.org/blogs/blog/10447101-a-closer-look-at-the-boeing-incentive-deal.

Howard, C., and N. Carrizosa. 2013. "Review of Montgomery County's Economic Development Incentive Programs." Office of Legislative Oversight Report No. 2013-2, Rockville, MD.

IEDC. 2014. "IEDC at a Glance," International Economic Development Council, accessed October 24, 2014, http://www.iedconline.org/web-pages/inside-iedc/iedc-at-a-glance/informAnalytics. 2014. "FAQ," accessed September 25, 2014, http://informanalytics.org/faq.

Joint Legislative Audit and Review Commission. 2012. "Review of State Economic Development Incentive Grants. Report to the Governor and General Assembly of Virginia," Senate Document No.8, Richmond.

Mattera, P., T. Cafcas, L. McIlvaine, A. Seifter, and K. Tarczynska. 2011. *Money for Something: Job Creation and Job Quality Standards in State Economic Development Subsidy Programs*. Washington, DC: Good Jobs First.

Morgan, J. Q. 2010. "Analyzing the Benefits and Costs of Economic Development Projects." UNC School of Government Community and Economic Development Bulletin No.7, April, Chapel Hill.

Pew Center on the States. 2012a. "Avoiding Blank Checks: Creating Fiscally Sound State Tax Incentives."

Pew Center on the States. 2012b. "Evidence Counts: Evaluating State Tax Incentives for Jobs and Growth."

The Pew Charitable Trusts. 2014. "The Business Incentives Initiative," April 8, accessed September 26, 2014, http://www.pewtrusts.org/en/about/news-room/news/2014/04/08/the-business-incentives-initiative.

Sharp, E. B., and K. Mullinix. 2012. "Holding Their Feet to the Fire: Explaining Variation in City Governments' Use of Controls on Economic Development Subsidies." *Economic Development Quarterly* 26(2):138—150.

UNCTAD. 2014. "Skills and Foreign Direct Investment Promotion." IPA Observer No.3, United Nations Conference on Trade and Development, New York.

Virginia Senate Finance Committee. 2010. "Economic Development Incentives." November 18—19, Staunton, VA. http://sfc.virginia.gov/pdf/retreat/2010_Retreat/8_Econ_Develop.pdf.

Weber, R., and D. Santacroce. 2007. *The Ideal Deal: How Local Governments Can Get More for Their Economic Development Dollar*. Washington, DC: Good Jobs First and Center for Urban Economic Development, University of Illinois at Chicago.

第四部分
减少投资激励竞争
——限制"逐底竞争"的
规制性努力

第十一章　投资激励的规制
——国家与地方政府通过激励措施之适用
规制投资竞争所做出的努力

Kenneth P. Thomas

肯尼斯·P.托马斯

投资激励有巨大的潜在缺陷。特别是在降低经济效率、增加税后转移的不平等、甚至在对环境有害的项目提供帮助等问题上，上述缺陷更为明显（Thomas，2011a）。然而，正如我们所知，政府对激励措施的使用是普遍存在的，且数量尚在增加，本书第七章就有相关记载。有趣的是，政府自身对上述情况也十分了解。美国全美州长协会（NGA；Kayne and Shonka，1994）就是一个很好的例子。在一份有关国家发展政策和计划的报告中，美国全美州长协会认为，各州政府应该减少对激励措施的使用，因为提供激励支持是一项糟糕的政策，但同时，它又反对联邦政府对各州激励措施进行控制。不幸的是，对政府的这一告诫被置若罔闻，州和地方的激励措施金额从1995年的264亿美元增加到2005年的约490亿美元（Thomas，2011a）。

为什么声明和行动之间是脱节的？答案是，美国全美州长协会的报告并没有认识到各州在投资竞争时对其本身战略位置之定位。简单地说，结束投资竞争对各州政府而言是个"囚徒困境"。如果各州都没有提供激励措施，它们的整体表现会更好，而且它们各自都达到了可能被称为"非扭曲"的投资水平。但是，每个政府都有机会通过提供激励措施来增加投资，当其他政府提供了激励措施，而该政府不提供相应激励时，该政府就会失去该投资。因此，在欧盟（EU）之外，我们看到了一种均衡，几乎所有的政府都提供激励，并最终获得了与在合作的情况下相同的非扭曲的投资水平，这是因为各政府的激励措施相互抵消了（完整的讨论可以参见 Thomas，2000，Chap.2 and app.1）。[1]本章讲述了国家和地方政府为解决"囚徒困境"所做的努力。

在操作层面，政府还存在两个更为严峻的问题。第一个是对投资项目出价过高的可能性，这消弭了管辖范围内投资的大部分或全部价值。2013年，华盛顿州给予波音公司 15 年内减税 87 亿美元的决定就是一个特别好的鲜活例子。为什么这么说？这特别是因为该决定还糅合了劳动力在退休金和其他福利的实质性让步。由于华盛顿州大量存在专门为航空航天工作培训的工人，这使得波音公司无法将大部分工作转移到州外。认识到这一点，工会、国际机械师协会拒绝了波音公司的第一份合同要约。但是，如上所述，工会、国际机械师协会最终还是同意了合同，并作出了明显的让步（Thomas，2013）。

第二个问题是，上一级政府面对着州政府利用补贴可能直接或间接地将现有的工作从一个管辖区转移到另一个管辖区的难题，这对整个国家来说没有任何好处，而且也造成了地方辖区总体税收收入的巨大损失。然而，要注意的是，在不同发展水平的辖区之间的竞争情形中，上述结论并不必然正确。通过支持不发达的辖区，激励措施可能有助于再平衡经济失衡。[2]

作为通过补贴直接转移就业岗位的例子，1991 年，加拿大萨斯喀彻温省为吸引皇冠人寿保险将其位于安大略省多伦多的总部以及 1 200 个工作岗位转移至萨斯喀彻温省里贾纳，开出了提供 2.5 亿加元贷款担保的交换价码（Thomas，2000）。相比之下，现有工作的间接流失则更为普遍。原因在于，若为行业增加新的产能，则由于需求增加不会导致产量增加，现有企业可能会出现一些失业。以下两个例子很好地说明了上述问题。鲁宾斯坦（Rubenstein，1992）的研究发现，1979 年到 1990 年间，在美国和加拿大开业的每一个汽车和卡车组装厂（所有组装厂都获得了补贴）中，仅有一个倒闭。相似地，在密苏里州的圣路易斯，城市规划机构记录了 1990 年至 2007 年间，该地区的地方政府为购物中心和其他零售项目提供的 20 亿美元补贴，但是零售工人的总就业人数仅仅增加了 5 400 人，这就导致每个工作的名义成本竟高达 380 380 美元。这项研究表明，补贴仅仅是将零售活动转移到了周边地区，该地区的收入增长而非补贴才是就业增长的原因（East-West Gateway Council of Governments，2011）。

本章介绍了针对第二个问题的尝试解决方案的例子——也就是，地方政府如何通过自愿协定或具有约束力的国家法律工具来减少他们间的竞争。因为本书第五章和第十二章分析了欧盟的案例，本章重点讨论澳大利亚、加拿大和美国内的协定。总的来说，在加拿大，有一个具有约束力的协定，同时还有六个自愿的互不侵犯协定（no-raiding agreement），澳大利亚州之间缔结其中一个，美国州之间缔结其中三个，美国的大都市区之间缔结其中的两个。

澳大利亚：州与州之间投资合作协定兴衰

在澳大利亚，有关投资激励和竞价战的问题，在澳大利亚为帮助福克斯新闻在悉尼建立一个4.3亿澳元的工作室而给与其1亿澳元一揽子激励后浮出水面（Markusen and Nesse，2007）。澳大利亚联邦政府工业委员会曾在1996年批评州政府的激励措施。其继任者，澳大利亚生产力委员会通过估计，公布了2002年每个州给予的激励措施（生产力委员会，2004）。

《州际投资合作协定》（IICA）是维多利亚州财政部长约翰·布伦比（John Brumby）所支持的，尽管其最初是在20世纪90年代由经济学家柯武刚（Wolfgang Kasper）建议并提出的（Novak，2011）。在这个协定之前，维多利亚州已经开始与新南威尔士州（NSW）互通有无。根据布伦比所言，维多利亚州已经与新南威尔士州在30个项目上交换了信息，并且参与的公司也被发现夸大了他们潜在的竞争对手披露的激励政策的作用。据估计，仅这一行动就已经为纳税人节省了约2 000万澳元的资金（State of Victoria，2003，1）。由于激励措施造成重大损失，布伦比办公室起草了该协定。

《州际投资合作协定》（IICA）规定（State of Victoria，2003，2）：

在本协定（IICA）存续期间，州和地区将会：

（1）以拒绝提供任何金融激励为目的，在任何没有国家经济利益（比如将企业从一个州转移到另一个州）的涉及潜在自由投资的情况下进行合作。

（2）当新项目和活动显然是在澳大利亚进行时，尽可能出于减少激励措施进行合作。

表 11.1　澳大利亚州/领地执政党，2003 年、2006 年、2011 年

州或领地	2003 年	2006 年	2011 年
澳大利亚首都领地	劳工党	劳工党	劳工党
新南威尔士州	劳工党	劳工党	自由党
北领地（北部地方）	劳工党	劳工党	劳工党
昆士兰	劳工党	劳工党	劳工党
南澳大利亚州	劳工党	劳工党	劳工党
塔斯马尼亚岛	劳工党	劳工党	劳工党
维多利亚州	劳工党	劳工党	自由党
西澳大利亚州	劳工党	劳工党	劳工党

2003 年的协定初版由澳大利亚 6 个州中的 5 个（新南威尔士州、南澳大利亚州、塔斯马尼亚州、维多利亚州和西澳大利亚州）再加上澳大利亚首都领地签署而成。但是，昆士兰州拒绝签署该协定。按照马库森和内瑟（Markusen and Nesse，2007，5）的解释，这是因为昆士兰州成功地从维多利亚州和新南威尔士州争取到了公司总部和设施，并进行了秘密交易。

2006 年，IICA 被长 5 年。除原始签署的州外，北领地（北部地方）也签署了该协定。但昆士兰州再次拒绝加入。有趣的是，昆士兰州和签署协定各方之间的分歧并不在于任何重大的意识形态问题，而在于劳工党在 2003 年与 2006 年控制了全国（澳大利亚）6 个州的政府以及澳大利亚的首都和北部领地，见表 11.1。

在相互竞争环境下达成协定是十分困难（Thomas，2000，2011a）的。对作为《州际投资合作协定》一部分的这 5 个州和 2 个领地而言，其相互间似乎达成了真正规范性的共识："偷猎"他州投资确实是不好的政策。当然，这一观点是由联邦政府通过工业委员会/生产力委员会提出的。只有昆士兰州认为它可以通过做任何事情，包括挖角，来改善自身的经济状况。

当 2006 年续签协定的时候，维多利亚财政部长布伦比说，协定"将继续为参与的州和地区节省数千万美元"。此外，他声称："一些司法辖区已经注意到，由于寻求激励而从一个州或地区转移到另一个州或地区的公司数量有所减少。"（State of Victoria，2006，1）

然而与此同时，1998 年至 2010 年间，昆士兰州政府为吸引 133 家公司，支付了 1.8 亿澳元的补贴。2010 年，澳大利亚联邦政府在 2011 年计划召开的州财政部长会议决定重新修订该协定之前，资助了一项对《州际投资合作协定》的研究（Dunckley，2011）。2010 年，当我采访维多利亚州财政部的一名成员时，有迹象表明该协定将于 2011 年更新。

然而，当自由党领导的政府于 2010 年及 2011 年分别在维多利亚州和新南威尔斯州就职后，两州政府都转而反对 IICA。这种转变在新南威尔士州表现得尤为明显，甚至在自由党掌权前的州选举之前已经初露端倪，维多利亚州随后效仿。事实上，在 2010 年大选中，自由党击败了维多利亚州的执政党劳工党（此时，布伦比已经擢升至维多利亚州总理办公室），指责前两届劳工党政府参与到 IICA 的行为，因此将州占整个国家的投资份额从 25％降低至不足 22％（Novak，2011，8）。诺瓦克（Novak）对该观点提出异议，其说："毕竟，西澳大利亚州、塔斯马尼亚州和另两个签署反投资补贴协定的领土在过去十年中增加了在国家中所占的投资份额。"她指责维多利亚州在激烈的外部竞争中颓败是维多利亚州的大型制造业引起的。不管怎样,木已成舟,新南威尔士州和维多利亚州退出了该协定。根据托马津(Tomazin,2011)的观点,有三个最大的州(即包括昆士兰州)在协定以外,因此对于剩下的各方来说,维持该协定是"不可行的"。因此正如我们将看到的,在州或省一级层面开展的对激励措施最成功的监管尝试就此结束。

从纳税人的角度来看,我们应该注意到协定的一个缺点:尽管各州被要求报告他们所实施的激励措施,但是这些报告没有被公开或可被公众获得。这导致错失了增加投资激励透明度的机会,而政府应为此而负责。

加拿大:《激励行为准则》

和澳大利亚一样,在加拿大,控制省级投资激励的动力部分来自一篮子庞大的激励计划。1991年,总部位于多伦多的皇冠人寿保险公司搬迁总部,在省政府提供了2.5亿加元贷款担保的帮助下,其搬迁至萨斯喀彻温省里贾纳的,"随行"的还有1200份工作(Motherwell,1991)。在加拿大东部,新不伦瑞克省的省长弗兰克·麦肯纳(Frank McKenna)把呼叫中心的吸引力作为其经济发展战略的核心,他将目标锁定在利用现有的设施和引进新设施上(De Mont,1994)。至1995年,他为该省带来了2500个呼叫中心的工作("Utopia in the Boardroom",1995)。

在《加拿大内部贸易协定》(AIT)的谈判过程中,不列颠哥伦比亚(省名,位于加拿大西部)是其提议的《激励行为准则》的主要支持者。德恩和麦克唐纳(Doern and Macdonald,1999,70),以其撰写有关《加拿大内部贸易协定》内容的书为契机,与全国各地省级官员进行了多次访谈。该书中写道:"作为吸引投资的主要地点,不列颠哥伦比亚省担忧会像安大略省一样,其他省份会吸引本应自然而然流向该省的投资。"他们进一步暗示,不列颠哥伦比亚省将不会签署不包含该准则的整个协定。

《加拿大内部贸易协定》于1994年7月1日正式生效。包括投资章附件608.3的协定行为准则,有两个重要条款。在禁止激励内容下,第四条规定:"任何一方在法律上或实际情况中不得提供各种因情况而异的激励,也就是直接导致企业本在某省的领土内,使企业将现有的业务迁移到该方境内的激励。"(国内Internal Trade Secretariat,2007,79)在避免特定激励内容下,第八条规定:签署各方进一步承诺均将尽最大努力避免卷入新投资竞价战。最后,准则要求签字各方通知内部贸易秘书处其投资激励项目,但是正如澳大利亚的情况一样,上述通知并非公开文件(Thomas,2011b)。

虽然与澳大利亚不同,这些规定中的第一个互不侵犯协定条款对所有省份和地区均具有法律约束力(当协定签署时,努纳维特的地区还不存在;其以观察员身份加入《加拿大内部贸易协定》),但很快,该协定的实施机制就被证明是十分无效的。

1995年,新不伦瑞克省为联合包裹服务公司(UPS)提供了1 100万加元优惠贷款的激励。这些激励支持了该公司将其呼叫中心整合到该省,并导致该公司在不列颠哥伦比亚省、马尼托巴省和安大略省的870个已存在工作岗位的终止(Anderssen,1995)。第二年,不列颠哥伦比亚省指出了新不伦瑞克省的违规行为,并根据《激励行为准则》提出了申诉。尽管双方指控对方并又反诉对方(Thomas,2000),但是不列颠哥伦比亚省并没有将申诉再进一步。根据布朗(Brown,2006)的观点,这挫伤了补贴批评者的信心。考虑到直至2010年加拿大方如同澳大利亚一般制定有规范性协定文件,故《加拿大内部贸易协定》缺乏执行机制(如后文中讨论,该协定直至2008年方制定有执行机制)就解释《激励行为准则》为何失败。

不仅1996年UPS案没有给出真正的决定,而且也不清楚当时所给的处罚是什么。然而,在2008年,联邦议会通过争端解决程序达成一项共识,决定对违反AIT的规定进行罚款。共识确定可能的罚款额为25万加元到500万加元不等,具体金额取决于该省的规模。(Committe On Internal Trade,2008)。有了上述新的、具体的惩罚措施,UPS或皇冠人寿保险规模的补贴的重新安置就可能会引发基于《激励行为准则》而起的申诉,尽管在已使用的小规模重新安置补贴问题上并没有人提起相应的申诉。

托马斯(Thomas,2011b)认为,尽管《激励行为准则》第三条具有约束力,但偷猎行为在加拿大并无销声匿迹。他发现,新斯科舍省已经提供了三次搬迁补贴,而爱德华王子岛则这样做了三次,安大略省一次,魁北克省做了不知多少次(Thomas,2011b)。自那篇文章发表以来,似乎又出现了一起偷猎案件,其可被追溯到UPS,并且在后麦肯纳时代新不伦瑞克省发生了颠覆性的变化(Thomas,2011b)。2011年,该省给荷兰国际集团(ING Direct)315万美元以扩大其在加拿大双语呼叫中心,并使其从渥太华迁移到蒙克顿(Government of New Brunswick,2011;Pilieci,2011)。根据新不伦瑞克省政府的说法,该公司将创造"多达300个"工作岗位,其中130个是从渥太华呼叫中心转移而来。因此,最大的补贴安置工作涉及130个工作岗位,但与联合包裹和皇冠人寿保险的案例相比,这一数字显然要小得多。因此,可以认为,即使《激励行为准则》并无实现其承诺,但其至少造成了部分影响。

美国:自愿性质的州互不侵犯协定
失败,但两个地区协定生效

正如引言所指出的,美国州和地方政府肯定意识到投资竞价战所引发的问题。同时,他们以欧盟国家援助规则为参照,成功抵御住了联邦政府的干预,其更倾向于认为:州之间之所以不打"补贴战"是因为不打"补贴战"是一项好政策(Kayne and Shonka,1994,25—26)。但是,事实上,这些州和地方政府并没有采取行动以落实避免补贴战这一好政策。实践中,2010年之前,他们并无共同实施除昆士兰外所有澳大利亚州之间生效的规范性协定,也不管全美州长协会发布的声明。与昆士兰州一样,这些州和地区不希望看到任何限制其经济发展的"力量"。该态度,在2006年诉到美国联邦最高法院的库诺诉戴姆勒-克莱斯勒案(Johnston,2006)中表现得最为明显。在该案件中,俄亥俄州托雷多州市的纳税人起诉俄亥俄州及该市,诉由是州和市给予吉普车工厂超额的税收减免。虽然州法院和美国联邦地方法院均裁定原告败诉,但是美国联邦上诉法院裁定该州的税收减免违反了美国宪法的商业条款,美国《宪法》商业条款规定,"禁止州政府征收关税从而干扰各州之间的内部贸易"。在等待联邦最高法院就俄亥俄州就联邦上诉法院裁决提出的上诉的裁决时,由乔治·沃伊诺维奇(George Voinovich,前任俄亥俄州州长)领导的两党参议员小组提交了一项法案,该法案明确允许各州提供投资激励,从而推翻联邦最高法院作出的可能有利于原先的裁决(Koff,2006)[3]。最后,最高法院推翻了上诉法院的判决,原因为原告没有起诉资格,但很明显,沃伊诺维奇的法案由于有最高法院的判决支持而很容易获得了通过。

库诺诉戴姆勒·克莱斯勒案是对州际间投资竞标战提供联邦解决方案的最好时机。联邦政府对州政府和地方政府激励措施的唯一限制是各种联邦计划(小型企业管理、社区发展街区补贴拨款等)中关于禁止使用可诱导现有设施搬迁的补贴,限制地方政府可以发行的免税工业收益债券的数量的规定(Thomas,2000)。在其他控制措施方面,我们看到的是一些邻近州的提议,例如不向其他参与州的公司提供搬迁补贴,以及在两个大都市圈进行类似的合作。在这上述限制中,州的努力是完全失败的,虽然有可能很快就会被复苏;事实证明,地区间的协定会更加持久。

第一个这样的"互不侵犯区域"在20世纪80年代由大湖区理事委员会

发起的一项协定创建,该协定禁止在该组织成员之间实施搬迁补贴。但在该非约束性协定生效前有一个州向一家公司提供了激励,要求其从另一个签字方转移到另一个签约方,毫不意外的是该协定立即崩溃(Gauf,1992;Schweke,Rist,and Dabson,1994)。1991 年,康涅狄格州、新泽西州和纽约市的一项协定同样在生效后的几天内崩溃,因为康涅狄格州和新泽西州都批准了针对纽约市的新补贴政策(Thomas,2000)。

第三份协定是在 20 世纪 90 年代中期,在堪萨斯州和密苏里州之间缔结的;在堪萨斯城城区,地区间工作窃取行为猖獗(Le Roy et al.,2013;Mansur,2010)。由霍尔家族基金会资助的一项研究发现,自 2009 年以来,这两个州总共向堪萨斯城地区的沿着州边界线迁移的公司提供了 2.17 亿美元的税收优惠(Lieb,2014)。该地区的一些大型企业试图说服两州的领导人结束相互侵犯现象,当《纽约时报》经 10 个月调查将它称为"美国的补贴",并高度关注这场负和游戏时,他们(一些大型企业)的努力得到了鼓励(Story and Bishop,2012)。尽管密苏里州州长杰•尼克松(Jay Nixon)是民主党人,而堪萨斯州州长萨姆•布朗巴克(Sam Brownback)是共和党人,但他们都告诉纽约时报记者 Louise Story:他们两州不可能停止补贴,而且在 2014 年,密苏里州立法机关(应该注意的是共和党在参众两院占多数)通过了一项法案,明确,如果堪萨斯州在两年内通过一项补充法案,则密苏里州将停止对来自萨堪萨斯州的重新安置给予补贴的补贴项目(Missouri General Assembly,2014;Stafford,2014)。然而,在撰写本文的时候,这种情况并没有发生。

相比之下,在地方层面上有两个重要的案例,在大都市圈内拥有数量众多的地方政府——俄亥俄州的代顿和科罗拉多州的丹佛,它们成功地避免了毁灭性的竞价战和工作窃取行为。2014 年"好工作优先"(McIlvaine,2014)的一项研究表明,这两个地区的成功案例持续时间超过 20 年。

在代顿/蒙哥马利郡,市政当局每年为"区域重大项目"提供 500 万美元的激励基金(McIlvaine,2014,13)。由来源于参与经济发展/政府公平计划辖区成员所组成的 27 人顾问委员会向郡委员会提交应资助哪些项目的建议。该计划于生效 1991 年,计划将增加的税收收入从郡经济增长较快地区向经济增长较慢地区转移。第二个项目是——商业优先!项目创建了一个不侵犯地区,其范围从蒙哥马利郡扩展至邻近的郡。其为可能试图从一个地方转移到另一个地方的公司提供了信息交换平台,并且如果那些公司真的搬迁,它可以执行过渡期的税收分配。

在丹佛市区,几乎所有的当地经济发展机构都是麦德龙丹佛经济发展集团(the Metro Denver Economic Development Corporation,EDC)的成员,因而使该地区可作为一个单一实体市场有一套道德准则,以禁止工作窃取行为。尽管这套准则没有法律效力,但它确实提供了一个解决争议的方法。尽管这个方法在 26 年里只使用过三次。此外,在实际实施中,并无EDC 成员遭受该准则下的最严厉的制裁——被强制驱逐。

"好工作优先"分析了在代顿、丹佛所取得的成功,强调了在地方经济发展问题上透明度和信息交换的重要性(McIlvaine 2014,18)。它还强调了经济发展官员参与其中的必要性——不仅因为他们是实施政策的人,而且还因为他们代表着每个市的各个机构的记忆,帮助保证协定在未来也可以被实施。

结　　论

通过对国家和地方政府对激励控制的考察,我们发现它们大多数均以失败告终。因为即便是对滥用补贴最为恶劣之形式——如授予重新安置现有设施的许可,也以失败收场。就连加拿大具有法律约束力的《激励行为准则》也无法阻止这种"工作窃取"行为。因此,如果没有有效的方法去实施法律,仅有立法是不够的。这就是《激励行为准则》与欧盟国家援助规则的区别所在。后者由可以主动采取行动(与《激励行为准则》的申诉驱动不同)的专业人士,数十年的判例法及行政经验,以及支持欧盟委员会相关行动的法院体系支持。与之相反的是,这种《激励行为准则》系统类似于 GATT 时代(与 WTO 时代相异)的争端解决方案,其特点是依赖于申诉和薄弱的中央执行机制。

在俄亥俄州代顿市和科罗拉多州丹佛市的当地取得的成功以及澳大利亚 IICA 协定成功运行 8 年的经验表明,自愿的互不侵犯协定仅在十分有限的情形下奏效。这种情况是为:大家就"工作窃取"对一个地区或国家而言是一种糟糕的政策达成真正的规范性看法。在澳大利亚的案例中,这一观点得到了所有州和地区的工党的支持,除了昆士兰州之外。然而,正如我们在 2010 年至 2011 年看到的那样,自由党并没有分享这一想法,所以因而当自由党政府在 IICA 两大成员方掌权时,协定就崩溃了。在代顿和丹佛,看起来当地体系似乎是想将经济发展去政治化到一个显著的程度,同时这些体系也是依赖于曾承诺避免重新安置补贴的经济发展官员的支持。

　　根据上述分析，有如下两个建议：第一，政府需要确保补贴过程的透明度，因为没有信息的透明就不可能有民主问责。透明度是对激励机制进行非正式或正式控制的重要基础。

　　第二，各国政府应该对以地区为单位强制实施无侵犯行为的协定，因为案例研究重点说明了自愿协定的弱点。正如所指出的那样，代顿、丹佛和澳大利亚的经验表明，非正式的工作窃取禁令能够成功的情况是有环境限制的，澳大利亚的经验表明，规范性协定很容易受到政治风向变化的影响。因此，最好是在强制性协定的基础上同时拥有有效的执行机制。

　　由于激励措施的使用普遍存在，而且还在不断增长，因此找到控制它们的方法应该是一个需要优先考虑的问题。欧盟的国家援助规则是目前世界上最有效的解决方案（参阅本书第五章），但是在很多地方欧盟的方法在政治上是行不通的，讨论的这些方法仅代表了激励控制的第一步。

注释

　　1. 这并不是说理想情况必然是完全禁止投资激励措施。在某些情况下，考虑经济落后的情况可能会让他们得以证明。一个禁止在富裕地区使用激励措施的制度而在较贫穷的地区使用较小的刺激措施来吸引投资将创造一个不受监管的环境，像美国一样。欧盟正是采用这种最大差别激励制度（见本书第五章）。托马斯（2012）在一个具体公司的案例基础上展示了如何欧盟成员国允许对类似的项目给予比美国国家更小的激励。

　　2. 除了欧盟，没有一个国家或超国家地区有一个机制来控制和实现这种分化。例如在美国，可以如此解释，美国联邦最高法院从国家级规则的层面降低了分化的可能性；此外，国会可以通过立法废除最高法院对中央控制的裁决。

　　3. 披露：作者是法庭之友简报的签约人，在案件诉至美国联邦最高法院之前曾为原告辩护。

参考文献

Anderssen, E. 1995. "New Brunswick Playing with Fire, Critics Say." Calgary Herald, February 8.

Brown, D. M. 2006. "Still in the Game: Efforts to Govern Economic Development Competition in Canada." In Racing to the Bottom? Provincial Interdependence in the Canadian Federation, ed. K. Harrison. Vancouver: UBC Press.

Committee on Internal Trade. 2008. "Advancing Trade and Prosperity Among Provinces/Territories." Press Release, June 10, accessed August 10, 2008, http://www.ait-aci.ca/index_en/news.htm.

DeMont, J. 1994. "Fast Frank: How New Brunswick's Premier Turned His Province Into Canada's Social Laboratory." Maclean's, April 11, 22—29.

Doern, G. B., and Macdonald, M. 1999. Free Trade Federalism: Negotiating the Canadian Agreement on Internal Trade. Toronto: University of Toronto Press.

Dunckley, M. 2011. "Business Wins in Poaching Wars; States to Dump Truce—Incentives up for Grabs—Industry Welcomes Competition." Australian Financial Review, January 19, 1.

East-West Gateway Council of Governments. 2011. "An Assessment of the Effectiveness and Fiscal Impacts of the Use of Development Incentives in the St. Louis Region." Final Report, St. Louis.

Gauf, M. 1992. "In the Midwest, It's Every State for Itself." St. Louis Post-Dispatch, December 2, 3C.

Government of New Brunswick. 2011. "ING DIRECT Investing in 300 Jobs in Moncton." Press Release, July 5, accessed July 9, 2014, http://www2.gnb.ca/content/gnb/en/news/news_release.2011.07.0749.html.

Internal Trade Secretariat. 2007. "Agreement on Internal Trade, 2007 Consolidated Version," accessed September 13, 2014, https://www.ic.gc.ca/eic/site/ait-aci.nsf/vwapj/AIT_agreement_2007-05_en.pdf/$FILE/AIT_agreement_2007-05_en.pdf.

Johnston, D. C. 2006. "Legalities of Corporate Tax Incentives Before Court." New York Times, March 1, C1.

Kayne, J., and M. Shonka. 1994. Rethinking State Development Policies and Programs. Washington, DC: National Governors Association.

Koff, S. 2006. "Court Sides with Ohio on Tax Breaks: Taxpayers Lack Standing to Sue, Justices Say." Cleveland Plain Dealer, May 6, C1.

LeRoy, G., K. Tarczynska, L. McIlvaine, T. Cafcas, and P. Mattera. 2013. The Job-Creation Shell Game: Ending the Wasteful Practice of Subsidizing Companies That Move Jobs from One State to Another. Washington, DC: Good Jobs First.

Lieb, D. A. 2014. "Mo. Lawmakers Hear Plans to End Kan. Tax Break War." Associated Press, February 5.

Mansur, M. 2010. "Loss of Jobs to Kansas Irks Kansas City's Mayor." Kansas City Star, November 25, A1.

Markusen, A., and K. Nesse. 2007. "Institutional and Political Determinants of Incentive Competition." In Reining in the Competition for Capital, ed. Ann Markusen, 1—41. Kalamazoo, MI: W. E. Upjohn Institute.

McIlvaine, L., with G. LeRoy. 2014. Ending Job Piracy, Building Regional Prosperity. Washington, DC: Good Jobs First.

Missouri General Assembly. 2014. "Bill Summary of SB 635," accessed July 3, 2014,http://www.moga.mo.gov/.

Motherwell, C. 1991. "Provincial Loan Will Help Crown Life Move to Regina: Toronto Mayor Outraged at 'Raid' by Saskatchewan." Globe and Mail, September 10.

Novak, J. 2011. "Dropping the Lure." The Age(Melbourne), February 11, 8.

Pilieci, V. 2011. "ING Direct to Close Ottawa Centre; Call Operations Will Be Moved to Moncton, N.B., Next Year." Ottawa Citizen, June 30, D1.

Productivity Commission. 2004. Annual Report 2002-03. Canberra: Productivity Commission. Accessed September 21, 2007, www.pc.gov.au/research/annrpt/annualreport0203/annualreport0203.pdf.

Rubenstein, J. 1992. The Changing U.S. Auto Industry: A Geographic Analysis. London: Routledge.

Schweke, W., C. Rist, and B. Dabson. 1994. Bidding for Business: Are Cities and States Selling Themselves Short? Washington, DC: Corporation for Enterprise Development.

Stafford, M. 2014. "Missouri Offers Truce in Kansas Business Battle." Associated Press, July 1.

State of Victoria. 2003. "States Agree to End Investment Bidding Wars." Press Release, Office of the Treasurer, September 5, accessed July 2, 2007, http://www.dpc.vic.gov.au/domino/Web _ Notes/newsmedia.nsf/b0222c68d27626e2ca256c8c001a3d2d/fb21eee7f27c4044ca256d9a0080fb0b! OpenDocument.

State of Victoria. 2006. "Historic Anti-Bidding War Agreement Renewed." Press Release, Office of the Treasurer, March 30, accessed July 2, 2007, http://www.dpc.vic.gov.au/domino/Web_Notes/newsmedia.nsf/798c8b072d117a01ca256c8c0019bb01/5214506f6c9c5543ca257141007fee72! OpenDocument.

Story, L., and M. W. Bishop. 2012. "Border War." New York Times video, accessed December 1, 2012, http://www.nytimes.com/video/business/100000001832941/border-war.html.

Tomazin, F. 2011. "Victoria Spurns No-Poach Pact Between States." Sunday Age (Melbourne), November 20, 5.

"Utopia in the Boardroom." 1995. Globe and Mail, January 12.

第十二章　投资激励监管
——国际/超国家层面文件

Lise Johnson

丽斯·约翰逊

近几十年来,随着各国市场日益开放,外商直接投资(FDI)跨境流动迅速增长,尽管有时其增长并不规律。随着外商直接投资流量的整体上涨,我们也看到了资本竞争日益激烈。各国及其地方政权正在采取一系列策略设法吸引新投资者,并鼓励现有投资者继续保持甚至扩大经营。如本书其他章节所述,这些策略往往需要为投资者提供一系列潜在的高代价的激励政策。

到目前为止,如本书第十一章所述,寻求防止地方机构在参与资本竞争中展开"逐底竞争"的国家规制体系在很大程度上是缺失的。除了一些例外,国际层面同样缺乏全面的法律监管,限制各国采用激励政策将投资从一个地点转移到另一个地点的行为。实现协调和集体行动的挑战使得解决办法难以捉摸,因此公平地利用激励政策的有效机制仍然不发达。这种不加限制的竞争很大程度上是因为福利的减少和过去监管的缺失。

正因为限制浪费的区位激励的时机已经成熟,对于是否以及在什么情况下国家应该能够并且应该使用投资激励政策来实现可持续发展目标的战略思考的时机也已成熟。如果计划和实施得当,[1]激励政策将成为利用公共资源促进私营部门区域投资和进行目前处于次优利益水平活动的有效途径。因此,至关重要的是,国际规则可以使激励政策发挥这一促进作用。

随着过去几十年国际投资治理发生的飞速变化以及可持续发展面临的紧迫挑战,国家间协定在这一领域的作用需要重新审视。作为满足这一需求的一步,本章概述了国家周边或内部规制使用激励政策的核心国际法律制度的发展和现状。第一部分简要概述了世界贸易组织(WTO)制度中各种国际贸易条约在激励政策规范方面的作为和不作为。第二部分建立在本书第五章的基础上,详细阐述了欧盟(EU)制定的限制资本竞争和成员国浪

● 特定行业补贴：仅对一个行业或一组行业进行补贴；

● 特定地区补贴：仅对特定地理区域内或者在给予补贴的机构管辖范围内确定的领土内的企业或行业进行补贴；

● 出口业绩和本地内容条件的补贴：无论是否限制某些特定企业或行业，自动视为为专向性补贴。

除了第四类（出口业绩和本地内容条件的补贴，被视为专向性的且为《补贴与反补贴措施协定》所禁止），一般规则是，补贴的范围越广泛，标准更为客观，它被视为专向性的可能性就越小。正如第 2.1（b）条所述，如果

> 授权机构或授权机构的立法规定了补贴的资格和数额的客观标准或条件，则不得存在专向性，只要补贴资格是自动的且严格遵守这些标准和条件。这些标准或条件必须在法律法规或其他正式文件中明确规定，以便能够进行核查。[10]

根据客观标准（如员工人数或企业规模）对所有行业给予激励政策，对某些企业没有明确或有效的优于其他特定企业的政策也不太可能被认为具有专向性。对于特定地区补贴，即使给予特定地区的所有企业也是专向性补贴。然而，如果这些补贴是通过普遍适用的税率授予的，则不会被视为专向性补贴。因此，国家或州对其纳税人采用的低企业所得税不太可能被《补贴与反补贴措施协定》所禁止，所以各国和地方都有权利使用这些税收策略来竞争新的投资并支持现有的投资。

与本书第七章讨论的问题相关的是，《补贴与反补贴措施协定》中关于专向性的规则更加重视实际授予和使用投资激励的过程。如果一项法律制定了一种广泛适用的激励机制，但是管理该计划的当局行使其权力和裁量权时，只能给予特定企业或行业的激励，那么授予这些激励可能构成专向性补贴，即使普遍适用的法律不会（这样规定）。同样，如果只有某些特定企业或行业实际使用补贴，或者资助额不成比例，则补贴为专向性补贴。

在这种情况下，投资者与国家之间的合同可能特别有可能满足特殊性的考查。这些合同制定了适用于合同私人主体的专门法律制度，该私人主体可以从政府或公共机构获得各种资助。即使合同要求私人主体给予政府回报，政府的资助仍然可以根据《补贴与反补贴措施协定》确定为补贴。

禁止性补贴

如果一项激励符合补贴的定义，则其将被分类为禁止性或可诉性补贴。上述类别的补贴均有自身的关于是否可以使用和何时可以使用激励政策及

当其他世界贸易组织成员违反《补贴与反补贴措施协定》后可以采取何种救济措施的系列规定。

禁止性补贴是在法律上或事实上取决于(1)出口实绩或(2)使用国内而非进口商品。该补贴被认为是"最有害的补贴,因为其直接目的在于扭曲贸易模式"(Bhala et al. 2013,409)。因此,其被视为具专向性和非法的,并因此被禁止而不论其是否对其他成员产生任何不利影响。

仅仅基于出口实绩或使用国内而非进口商品的事实以确定一项补贴是否为禁止性补贴,这一判断并不清晰。其中大部分不确定性来源于对何为构成事实上的取决于出口。

例如,事实上的取决于出口不是仅仅因为补贴的受益者出口其产品而构成;也不足以让国内市场无法吸收获得补贴的企业或产业生产的产品。此外,正如世界贸易组织上诉机构在欧共体—飞机案中澄清的一般,事实上的取决于出口并不是政府有意根据其促进出口的意图或由于其对出口收入的预期而给予补贴就能简单地构成的。相反,上诉机构认为,为了确定补贴是否是事实上取决于出口,调查(应当)是客观的且事实是具体的,以调查是否"相比在没有补贴的情况下受益者的历史表现或利润最大化公司的假设表现,补贴的授予为扭曲出口预期销售提供了激励"。[11]

然而,满足该标准是困难的。在欧共体—飞机案中,上诉机构最终裁定,尽管在长时间的诉讼中事实汗牛充栋,但并没有足够的证据来认定补贴是否事实上取决于出口。对事实上的相倚性提起的申诉使得投资激励政策更容易脱离禁止性补贴类别;因此,正如下面将进一步讨论的那样,他们只能作为可诉性补贴,除非有证据表明其对其他成员产生不利影响,否则这些补贴是被允许的。

在进口替代补贴方面,尽管《补贴与反补贴措施协定》的文本没有明确地涵盖或限制那些仅依赖于事实上使用国内产品的(非法定)的补贴,但世界贸易组织的裁决已明确表示禁止将这种支持扩大到事实上的相倚性。然而,禁止这些事实上的相倚性达到何种程度仍然是不确定的。裁决表明,《补贴与反补贴措施协定》将为获得补贴而有效要求或鼓励使用国内产品的措施列为禁止性补贴(Horlick,2010)。但是,关于这个问题的一些争议使得许多问题还没有得到解决。在某些领域内制造业采取的激励政策,但不明确依赖于使用国内商品的数量或百分比,可能会被视为禁止的进口替代补贴,如果它有利于使用本地物理输入。但到目前为止,世界贸易组织的判例还没有明确,当地成分的限制能否及何时实现。

总而言之，通过涵盖事实上或法律上与出口实绩或使用当地产品相关的政策，《补贴与反补贴措施协定》具有潜在的广泛扩张范围，使其能够涵盖广泛的产生激励出口或大量购买国内投入品的效果投资激励政策。如上所述，这些补贴被视为具专向性的，并且在《补贴与反补贴措施协定》下是非法的，即使其并未对其他成员造成不利影响。然而，建立法律上的相倚性可能比较直接，建立事实上的相倚性要少得多，结果是事先确定（采取政策时）或事后（出现贸易争端时）《补贴与反补贴措施协定》的禁止性补贴是否使可能允许许多事实上的出口或本地内容条件补贴以避免被视为禁止的复杂测试得以运用（Horlick，2010）。

可诉性补贴

第二类包括国内补贴或产业补贴。上述补贴并不为《补贴与反补贴措施协定》所禁止，但若补贴对世界贸易组织成员产生不利影响，则世界贸易组织成员可提出申诉。根据《补贴与反补贴措施协定》第 5 条的规定，"如果一成员方的补贴造成（1）另一成员方国内产业受到损害，（2）根据 GATT 直接或间接获得的利益遭受丧失或减损，或（3）严重侵害（第 6 条界定）另一成员方的利益。"

因为成员方必须证明存在不利影响来成功申诉可诉性补贴，因此根据《补贴与反补贴措施协定》所规定的可诉性补贴的申诉，比在禁止性补贴方面的申诉更难以获得成功，这将使得该条约规定不符的各种激励政策得不到监管。再者，《补贴与反补贴措施协定》的重点不在于监管投资激励的使用。事实上，确定是否采取可诉性补贴将被禁止的考查进一步揭示了《补贴与反补贴措施协定》的目的与寻求更直接限制浪费或高代价的激励的政策之间的联系。

美国—大型民用航空器争议的专家组和上诉机构裁决说明了这一点。在该争议中，专家组评估了美国国家航空和航天局（NASA）和国防部（DOD）所提供的特定研发激励政策（R&D）。（上述激励政策可被认为是《补贴与反补贴措施协定》意义上具有专向性的可诉性补贴的措施）对其他世界贸易组织成员造成了不利影响。根据专家组的意见，上述激励政策是作为政府"战略重点研发项目"的一部分，其"为加强与美国产业合作，通过资助高风险、高收益且自己不可能投资的个人公司的研究为美国产业提供竞争优势"。[12]专家组指出，政府的研发激励政策旨在并有效克服"长期高风险航空研发对私营部门投资造成的巨大障碍（由于个别企业无法全面从研究工作成果中获益）"。[13]研发部门的补贴并不只是简单地降低经营成本，增加企业的利润,而是将公司的研发活动塑造成为政府和商业用途的技术开发。专家组进一步解释,研发激励政策取得的技术进步的价值不能"低于现金价值"。[14]相反,他们的利润是倍增的。[15]

如果从有效性方面进行评价,研发激励政策的专家组报告的描述可视为成功。然而,正是这样的有效性才导致专家组得出结论:激励政策与《补贴与反补贴措施协定》不一致。据专家组介绍,研发激励政策对技术开发和创新做出了"真正的实质性贡献",其中除了其他的影响之外,还使得波音公司能够制造更好、更便宜的飞机,并且比其他方式更快地完成,因此这使得美国公司更具竞争优势。反过来,这些调查结果又导致了专家组随后的"不利影响"的调查结果,并且后来得到了上诉机构的支持。[16]

相比之下,专家组认为没有足够的证据表明某些其他专向性补贴造成了不利影响,致使这些补贴在《补贴与反补贴措施协定》下面临申诉。获准许的补贴包括美利坚合众国伊利诺伊州和其他城市提供的 1 100 万美元的搬迁激励政策,以促使波音将其总部从华盛顿州迁往伊利诺伊州。还包括美国堪萨斯州官员为激励波音扩张和维持其在该州的制造设施,通过债券计划提供的 4.76 亿美元的财产和销售税减免。[17]值得注意的是,2012 年 1 月,在世界贸易组织上诉机构的裁决发布之后,波音公司宣布将在堪萨斯州威奇托关闭一家受益于在世界贸易组织争端中有争议的补贴的工厂(Bhala et al.,2013,417—418)。

美国—大型民用航空器的争议突出了《补贴与反补贴措施协定》作为投资激励政策的监管工具的局限性。虽然堪萨斯和伊利诺伊州当局提供的地理位置和搬迁激励类型可能对其给予授权的司法管辖区以及竞争投资的司法管辖区的福利影响最为有害,但这些激励政策仍然不在《补贴与反补贴措施协定》范围。相比之下,美国国家航空航天局提供的激励政策和国防部的激励政策——这些激励政策似乎有效地针对和克服了阻碍政府和商业用途的研发投入的市场失灵——在世界贸易组织的规则下也开展得不尽如人意。

信息披露、审议和执行

正如世界贸易组织(2006)所承认的,"就《补贴与反补贴措施协定》的运作及对其条款的遵守而言,透明度至关重要"。为此,《补贴与反补贴措施协定》第 25 条要求世界贸易组织成员披露每一项专向性补贴的突出特点。该条款指出,上述通知应"具有足够的专向性,以使其他成员能够评估贸易效应并了解通知的补贴计划的运作"。成员应每两年提供一次新的全面的专向性补贴通知(SCM Committee,2003)。

为帮助执行上述要求并确保披露是有意义的,第25.6条规定,"任何成员可以向另一方询问有关其补贴的更具体的信息,如果被请求方不符合要求,请求者可将事项提交补贴和反补贴措施委员会(根据《补贴与反补贴措施协定》设立的一个机构)以帮助监督和保障补贴规则的遵守"。根据第27条的规定,补贴和反补贴措施委员会必须每三年对国家的通知进行检查。

尽管透明度意在成为《补贴与反补贴措施协定》对补贴监管的一个组成部分,但是部分遵守和不遵守透明度要求已经妨碍了上述披露义务对其潜在及预期目的之实现。国家缺乏改善报告的动力,因为不披露补贴的后果是轻微的,而且国家可能担心,遵守通知要求可能会使他们置于诉讼阴霾之下(Steenblik and Simón,2011)。因此,截至2013年10月21日,有84个国家尚未提交原定于2013年6月30日到期的补贴通知;62个成员仍未提交原定于2011年到期的补贴通知;62个成员仍未提交原定于2009年到期的补贴通知;70名仍未提交2007年到期的补贴通知(SCM Committee,2013)。此外,当提交报告时,报告的质量往往很差,(从而)限制了它们的实用性(Steenblik and Simón,2011)。

除了通过披露补贴、补贴和反补贴措施委员会进行审议和世界贸易组织贸易政策审查机制进行评估对可能激励政策进行软规制外,[18]就非法补贴而言,世界贸易组织为成员提供了正式申诉和寻求救济两种途径。第一条路径是通过使用世界贸易组织争端解决机制。如《补贴与反补贴措施协定》第4条规定,各国可以将这些问题提交世界贸易组织专家组,并可就专家组裁决向世界贸易组织上诉机构提出上诉。如果世界贸易组织专家组或上诉机构发现国家授予了禁止性补贴,世界贸易组织争端解决机构将建议取消补贴。如果补贴被认定为是可能产生不利影响的可诉性补贴,则争端解决机构将建议取消补贴,或采取适当措施以消除其不利影响。只有当被诉国家拒绝修订其与世界贸易组织不一致的政策时,方能通过实施反措施进行报复(Brewster,2011)。[19]

第二条路径是通过单方面行动。《补贴与反补贴措施协定》允许其成员对非法补贴的外国产品征收反补贴税。反补贴税主要为了使世界贸易组织成员能够抵消另一个成员补贴对其国内产业的负面影响。[20]

通过上述机制,世界贸易组织成员能够对特定激励政策提出异议。通过强制性协议和强有力的申诉制度,《补贴与反补贴措施协定》满足了本书第十一章中确定的制度标准,这对于有效地遏制减免福利的激励竞争至关重要。当然，如上所述，《补贴与反补贴措施协定》的实质性规则不是为这一任务而设计或适用的。

为特定政策目标提供补贴的例外或豁免

如本书其他章节所述，各国政府经常实施投资激励政策，以鼓励诸如增加可再生能源使用、发展中小企业（SMES）以及投资研发等一系列公共政策目标。然而，《补贴与反补贴措施协定》并不包含基于上述或其他政策目标的补贴的任何明示例外。这与欧盟的类似计划形成鲜明对比（进一步在下文和本书第五章中阐述），其中包括为促进特定的欧盟政策目标而进行的投资激励政策的分拆。

《补贴与反补贴措施协定》缔结时，谈判者在第8条中列入了一项条款，规定如果符合特定用于促进研发支持，向落后地区提供援助，或为落实符合环境法规的标准，则补贴为不可诉补贴。但上述例外在1999年12月31日失效（Horlick，2010）。[21]

在此之后，各种学者主张世界贸易组织成员重新启动（并可能扩大或以其他方式修改）"绿灯"（补贴）类别（Aguayo Ayala and Gallagher，2005；Green，2006；Howse，2010）。然而，各成员方似乎并无意愿采纳上述提议。因此，基于《补贴与反补贴措施协定》对投资激励政策的限制仍然存在，而不论该政策的目的或其公众之需要。

有的观点认为，《关税与贸易总协定》第20条规定的例外可以而且应当适用于《补贴与反补贴措施协定》下的补贴（Howse，2010；Rubini，2012）。其中包括《关税与贸易总协定》第20条（b）款中关于"保护人类、非法或植物生命或健康所必需的"措施以及《关税与贸易总协定》第20条（g）款中"关于保护穷尽自然资源的措施"的例外。然而，到目前为止，世界贸易组织的裁决没有解决以下问题，即《关税与贸易总协定》的例外是否可适用于其他与《补贴与反补贴措施协定》不一致的保护措施（Whitsett，2013；Wu and Salzman，2014）。

这留下了关于《补贴与反补贴措施协定》下的政府自主实施投资激励政策来推进环境和其他公共利益目标的重要问题，而且回答上述问题的需求越来越迫切，因为工业政策一直得到学术界和政府领导人重视（Wu and Salzman，2014）。例如，绿色工业政策越来越受欢迎，因为官员在寻求实现环境目标的同时，也（力求）实现诸如加强能源安全、创造就业机会、促进国内竞争力和经济增长等其他目标。然而，这些绿色工业政策（在本书第九章中进一步讨论）通常包含了部门专向性补贴、当地成分支持、出口限制的混合,其将违反世界贸易组织规则,包括《补贴与反补贴措施协定》。在申诉这些类型的措施的世界贸易组织争端中出现了上升的结果,即绿色工业政策在 2008 年至 2014 年间就产生了 12 个重大的贸易和环境冲突(Wu and Salzman,2014)。

对发展中国家的规定

《补贴与反补贴措施协定》承认"补贴可以在发展中国家成员的经济发展计划中发挥重要作用"(第 27.1 条)。根据这一原则,其在《补贴与反补贴措施协定》规定的某些义务方面给予发展中国家成员特殊和差别待遇。

特别是,《补贴与反补贴措施协定》豁免了两类发展中国家的禁止出口补贴:(1)最不发达国家(LDCs)和(2)根据《补贴与反补贴措施协定》附件七,人均国民生产总值每年不到 1 000 美元的发展中国家。根据与执行有关的问题和关切的"多哈部长级宣言",属于第二类的发展中国家将从附件七的清单中删除而且将失去豁免的利益,如果人均国民生产总值连续三年在 1990 年持续达到 1 000 美元。[22]

不属于上述类别的发展中国家的成员,应在 8 年内逐步取消其出口补贴,(并禁止在此期间增加出口补贴数额)(第 27.4 条)。尽管过渡期将在 2003 年届满,但第 27.4 条允许各国寻求延期。根据这一规定,多哈部长级会议作出的决定以及总理事会和独联体委员会通过的决定,允许 19 个国家在 2013 年之前维持出口补贴,然后践行为期两年的逐步淘汰要求,即所有出口补贴将在 2015 年 12 月 31 日前终止(General Council Decision WT/L/691;WTO,2014)。

结论和关键信息

《补贴与反补贴措施协定》限制了一些投资激励政策的使用,但也做了不少留白。如果不是法律上或事实上依赖于出口或使用国内产品及不造成不利影响,或仅与服务贸易有关的各种激励政策可以通过《补贴与反补贴措施协定》逃避惩罚。进一步限制《补贴与反补贴措施协定》在限制补贴使用方面的有效性在于尽管《补贴与反补贴措施协定》的通知要求仍然存在,但透明度仍然缺乏。这种不透明度使得许多投资激励政策和其他补贴保持原样没有改变。

从根本上说,随着美国——大型民用航空器争议突显,《补贴与反补贴措施协定》不仅是为了解决本书中重点强调的与投资激励有关的问题,这些问题(包括)各种激励政策的成本、浪费和失效以及在全球资本竞争中逐底部竞争的压力。此外,尽管《补贴与反补贴措施协定》造成众多领域未受到监管或监管不力,从而允许世界贸易组织成员继续参与高代价和低效率的资本竞争,但它缺乏对保护政府使用投资激励政策能力的至关重要的例外,而这些投资激励政策有助于克服市场失灵和实现公共政策目标,如鼓励投资开发和利用新的绿色技术。

从最优的激励条款的角度(见本章后续论述)来看,其他世界贸易组织协议同样具有提供超国家监管和执行机制的优点,但同样不能起到适当监管投资激励的作用,其缺乏为此服务真正的授权或规则。

《与贸易有关的投资措施协定》和《服务贸易总协定》

与投资激励的使用有关的其他两个世界贸易组织涵盖协定分别是《与贸易有关的投资措施协定》和《服务贸易总协定》。

《与贸易有关的投资措施协定》

《与贸易有关的投资措施协定》禁止世界贸易组织成员施加特定业绩要求(或基于特定业绩要求制定与之相符的激励政策)以歧视其他成员生产产品。

实质上,《与贸易有关的投资措施协定》只是编纂和澄清了世界贸易组织之前的判例法,即一个国家不可使用投资措施以减损其基于《关税及贸易总协定》所承担的特定义务。根据《与贸易有关的投资措施协定》第 2 条,"世界贸易组织成员不得采取违反《关税及贸易总协定》第 3 条投资政策,即威胁外国产品相对少于国内产品(如使用本地商品的要求)或违反第 11 条关于出口或进口的数量限制的(如出口限制)"。《与贸易有关的投资措施协定》还包含一个禁止性措施清单。更重要的是,《与贸易有关的投资措施协定》仅适用于与货物贸易相关的措施,而不适用于与服务贸易相关的措施。

虽然《与贸易有关的投资措施协定》对投资激励政策的使用做出了一些限制,但其在这一领域的影响却相对有限,这使得许多类型的投资激励政策都不受管制。然而,通过防止世界贸易组织成员提供取决于使用国内或地区内而非进口产品的激励政策,它对政府使用投资激励政策以推进某些政策的自由度有明显的限制,例如支持国内或地区内产业或鼓励落后地区或社区的发展。

正如最近涉及给予可再生能源行业企业的取决于当地成分的投资激励政策的世界贸易组织争端表明的,《与贸易有关的投资措施协定》禁止的政策包括世界各国和地方政府为发展国内可再生能源产业采取和使用的政策类型。[23]吴和萨尔茨曼(Wu and Salzman,2014,43-24-24)报告了第一个引发《与贸易有关的投资措施协定》争议的项目,即在加拿大安大略省实施的回购价问题(FIT),其旨在鼓励可再生能源的生产者通过确保以定价购买能源:

> 执政自由党在一个"安大略省绿色经济"的平台上进行了竞选,实施了一项回购价问题来推动可再生能源投资。但是,这个项目带来了一个问题。为了符合回购价问题的资格,2011 年之后,一名太阳能生产商(不得不)至少 60％的零件来源于安大略省。而对于大型风能生产商来说,则门槛为 50％。自由主义者力求通过旨在使安大略省成为北美清洁技术制造业的前沿的亲环境政策来推动创造就业机会。通过这一政策,本地成分要求(取得了)成功。仅在第一年,十家太阳能制造商和几家风能和太阳能逆变器公司就"致力于在安大略省设立太阳能零件组装厂"以满足这项要求。其中,最突出的是与韩国制造商三星在该省建立风力和太阳能发电厂的数十亿美元的交易。(Wu and Salzman, 2014, 423—424)。

虽然《关税与贸易总协定》中的例外也适用于《与贸易有关的投资措施协定》,并且可能会保护针对某些环境或其他特定政策目标的政策,但例外并不能根据其在实现产业政策或其他发展目标方面的有效性来保护政策。认识到这一现实,当世界贸易组织专家组成立以审查安大略省的回购价问题时,它认定了该计划因其利益取决于使用本地产品而违反《与贸易有关的投资措施协定》。[24]专家组对这些问题的调查结果在上诉机构上诉时不受干扰。[25]

《服务贸易总协定》

《服务贸易总协定》(GATS)包括限制使用投资激励政策的规定。它涵盖通过不同模式发生的服务贸易,其中之一是通过"商业存在"(模式 3)。[26]商业存在/模式 3 是通过外国投资提供服务。因此,《服务贸易总协定》可以联系并调整各国如何对待在其领域内的外国和国内服务供应商。

《服务贸易总协定》第 15 条要求世界贸易组织成员对服务业补贴之使用监管的可能发展进行谈判。它指出:

> 1. 成员方承认,在某些情况下,补贴可能对服务贸易产生扭曲的影响。成员方应当进行谈判,以期制定必要的多边规则来规避这种贸易扭曲的影响。谈判还应解决反补贴程序的适用性(问题)。这种谈判应承认补贴在发展中国家发展方案方面的作用,并考虑到成员方特别是发展中国家成员的需求,在这方面的灵活性。为了进行此类谈判,成员

方应交换其向本国或本地区服务供应商提供的有关服务贸易的所有补贴的资料。

2. 任何认为另一成员补贴受到不利影响的成员方可要求与该成员方进行磋商。这种请求应得到同情的考虑。

尽管这项任务的工作已经开始，但尚未达成一致的结果。除了有关补贴的条款外，《服务贸易总协定》还包含与投资激励使用有关的其他条款。第 2 条是最惠国(MFN)待遇义务，"每一成员方给予任何其他成员方的服务和服务供应商的待遇，应不低于它给予任何其他成员方'相同'服务和服务供应商的待遇。"最惠国待遇义务以（一定）基准[27]适用于所有服务部门的外国投资者，并禁止政府对不同的外资服务供应商进行区分，其中包括给予一成员方的服务供应商投资激励，而不给予任何其他成员方的"相同"服务供应商同样的投资激励。[28]

同样相关的是第 17 条，国民待遇要求。此条规定了成员方给予外国服务或服务供应商的待遇不得低于"相同的"本国服务或服务供应商（的待遇）。与最惠国待遇义务相反，国民待遇义务仅适用于政府专门"清单"的服务部门，而且在一定程度上政府在清单服务部门中并不包括旨在缩小《服务贸易总协定》承诺范围的例外。在适用时，除了别的以外，国民待遇条款可以限制政府使用投资激励政策，这些激励政策提供给授权管辖区的投资者所有或由其拥有的服务供应商，但不提供或不以同样的方式提供给位于其他成员方由其国民所有或拥有服务供应商。[29]

例如，如果世界贸易组织成员政府给予由少数民族或经济落后公民所拥有的服务公司以投资激励，以解决和克服历史性歧视的后果，但未向其他成员方投资者拥有的竞争企业提供这些激励，则提供激励的政府将违反《服务贸易总协定》的国民待遇义务（如果一定程度上政府对有关部门作出承诺的话）。因此，《服务贸易总协定》中的非歧视性义务可能会限制采取旨在促进包容性增长和发展的措施的使用。

非歧视条款的一个可能性后果是，它们将扩大投资激励的使用，但会削弱其政策效力。在上述的例子中，如果政府确定了狭义的资格标准以确保其激励政策实际上有益于目标群体，则这些标准的适用将对外国公司造成歧视并将违反《服务贸易总协定》。为了避免其政策与世界贸易组织不一致（导致的）异议，政府可能会将使其投资激励更广泛地利用和更容易获取。尽管这有可能帮助该国避免贸易争端，但这一应对也将削弱这些服务于政策目标的激励政策的作用。

国民待遇和最惠国待遇规定的另一个显著效果是，当激励政策对其他国家的服务供应商的竞争地位产生不利影响时，它们将限制成员方为其领土内的服务供应商提供激励政策的能力。加拿大——汽车案说明了这个问题。该案受诉措施异议中的一个，是要求制造商实现最低限度（汽车产品）"加拿大增值"（CVA），以便获得进口关税豁免。他们可以通过以下满足加拿大对服务增值的要求。"（1）加拿大在用于生产目的的建筑物、机械和设备上执行的维护和修理费用来；（2）加拿大执行的工程服务费用、实验工作费用和产品开发费用；（和）（3）在加拿大发生的行政和一般费用。"[30] 起诉的世界贸易组织成员认为加拿大增值要求为享受进口关税豁免的受益人提供了激励，促使其使用在加拿大境内提供的服务，而不适用在其他成员提供在或来自其他成员领土内的"同类服务"，从而改变当中的竞争条件。[31]

世界贸易组织专家组支持原告的意见。在确定加拿大已经安排有关服务部门，且没有采取任何适用的例外之后，专家组得出结论认为，加拿大增值要求与加拿大根据《服务贸易总协定》承担的国民待遇义务不一致：

> 10.307. 我们注意到加拿大增值要求……"在模式 3 即通过外国投资的服务供应商的商业存在"下，不得歧视在加拿大境内经营的国内和国外服务供应商。然而，这一结论不足以得出其满足第 17 条要求的结论。我们认为，在本案中，考虑通过模式 3 在加拿大提供的服务是合理的……而且其他成员方通过模式 1 和 2[32] 提供的是"相同"的服务。反过来，这得出结论，加拿大增值税要求鼓励进口关税豁免受益人使用在加拿大境内提供的服务，而非在其他成员方境内或从其他成员方境内提供的"同样"服务……，从而优化有利于加拿大境内提供的服务的竞争条件。虽然这一要求并不区分加拿大服务供应商提供的服务和其他成员方的服务供应商在加拿大所提供的服务，但一定会对其他成员方通过模式 1 和 2 提供的服务产生歧视性影响。

> 10.308. 鉴于上述情况，我们发现加拿大增值税关于制造商受益人的要求对其他成员方通过模式 1 和 2 提供的服务给予不太有利的待遇。因此，这与加拿大根据《服务贸易总协定》第 17 条承担的义务不一致。

重要的是，专家组的裁决取决于为实现《服务贸易总协定》的非歧视义务外国服务供应商同样可以成为本地的服务供应商的有关结论。[33] 但是，从政府寻求鼓励投资和伴随其产生的利益的角度看，两类服务供应商——即在授权管辖范围内的服务供应商和管辖范围以外的服务供应商——基本上是不同的。

这一裁决表明,限制使用直接和间接工具来吸引和维持服务供应商的投资,并鼓励(加强)服务供应商之间以及服务供应商和制造业和初级部门的企业之间的联系。例如,一个寻求鼓励高科技制造业投资的政府也可能力图利用这一投资来增加对高技能和有价格竞争力的国内服务供应商的投资。然而,如果政府给予制造商取决于使用本地建立的服务供应商(无论是外国独资还是国有独资)的激励政策,而这些激励政策使外国服务供应商处于竞争劣势,那么这种激励政策可能与《服务贸易总协定》不一致。

《服务贸易总协定》广泛限制使用事实上或法律上的歧视性激励政策的作用的几个重要方法被削弱。一方面,如上所述,国民待遇要求仅适用于世界贸易组织成员方明确列明或"安排"的服务部门。在制定附表时,成员方有机会通过协商例外进一步限制其承诺范围。同样,成员方也可以规定豁免最惠国的义务。根据所作出的承诺和限制,《服务贸易总协定》可以使成员方在使用激励政策吸引和维持服务提供商的投资方面有一定的自由度。

除了国家特定豁免和例外,《服务贸易总协定》第 13 条规定其国民待遇义务不适用于政府采购,并在第 1.3(b)条中增加不适用于"政府行使权力时提供的服务"。[34]

此外,在第 14 条中,《服务贸易总协定》,同《关税及贸易总协定》一样含有各种可以保护其他与协议不一致的政策的一般例外,包括"保护公共道德或维持公共秩序所必需的"措施例外[第 14(a)条]和"保护人类、动物或植物生命或健康所必需的"(措施例外)[第 14(b)条]。[35]

尽管可能会出现关于每个例外的确切含义的许多问题,但它们可以在一定程度上帮助保护政府利用投资激励政策和其他政策来实现经济和其他政策目标的权力,如确保公共服务的低成本和广泛的适用性。然而,并不存在克服市场失灵、鼓励投资研发、推进环境目标或促进地方发展,与欧盟国家援助规则(下文讨论)相似广泛的例外。根据世界贸易组织成员所作的承诺及其安排的例外,国民待遇和最惠国条例可以限制政府使用对外商独资或外资企业为主服务供应商实际上或法律上的歧视的投资激励政策。

世界贸易组织关于投资激励的规则的总结

专注于消除国际货物和服务贸易的障碍,世界贸易组织涵盖协定并非基于监管投资激励而生。虽然《服务贸易总协定》《与贸易有关的投资措施协定》和《补贴与反补贴措施协定》等协定对投资激励措施的使用作了一些规定和限制,但这些协定导致了这些政策在世界贸易组织控制下管制不力和过度管制。

在监管不力方面,世界贸易组织规则无法充分防止使用高代价的和浪费的投资激励政策,或者防止在资本竞争中"逐底竞争"。一方面,由于透明度要求落实不足,世界贸易组织制度规则在这一领域的潜力尚未实现。此外,除非是依赖于国内进口或出口实绩的使用或对其他世界贸易组织成员产生不利影响,否则国内生产补贴(如直接向当地制造商提供的激励政策)仍然无法监管。

在服务投资方面,缺乏明确的补贴规定。此外,尽管《服务贸易总协定》的非歧视条款可以限制歧视性使用激励政策,但这些规则的适用可能简单地导致政府转向使用具有广泛、非特定资格标准的投资激励政策,即使这些政策可能不会按照最佳的方式实现其政策目标。

在过度监管方面,《补贴与反补贴措施协定》不允许成员方灵活地使用针对矫正市场失灵和实现重要政策目标(如鼓励投资低碳技术),而与《补贴与反补贴措施协定》不一致的投资激励政策。此外,正如美国大型民用航空器争议所表明的那样,研发补贴在塑造投资者行为方面越成功,他们越有可能违反世界贸易组织规则——对政府施加惩罚来有效推进政策目标。对补贴是否违反《补贴与反补贴措施协定》的判断,狭义地侧重于支持是否和如何影响其他世界贸易组织成员从事国际货物贸易的能力。事实上,一项针对环境、社会或其他发展目标政策是不存在的。

世界贸易组织的服务贸易规则对可能同样具有有利的政策成果的激励政策提出了额外的限制。尤其是世界贸易组织专家小组的决定在解释"相同"时表明,《服务贸易总协定》的非歧视性条款可以防止政府给予旨在鼓励制造业或其他公司建立和深化与当地服务公司的联系的激励政策。对于通过培育和培育这些类型的联系寻求外国直接投资潜在的利益最大化而非不可避免的利益的国家,这些限制从他们的政策选择工具箱中移除了潜在的重要工具。

因此,由此产生的监管投资激励的法律制度同时存在不足及过度限制,提出了有关世界贸易组织涵盖协定是否充分促进不限制实现可持续发展目标的激励政策。

欧盟投资激励区域性规定

世界贸易组织的规则,在很大程度上是规范影响跨境货物贸易补贴管制的投资激励政策,与世界贸易组织相比,欧盟已经建立了一个精心设计用于监管投资激励运用的国家援助制度。如下所述,这一制度可提供一个可以被其他国家集团或广泛多边基础推动的激励政策模式。

基本法律体系

欧洲对国家补贴的监管(包括投资激励)可追溯到几十年前。1951 年,比利时、法国、西德、意大利、卢森堡和荷兰 6 个国家签署了《巴黎条约》以规制煤电和钢铁工业,并通过该协议禁止个别会员国给予上述行业补贴或援助(1951 年《建立欧洲煤钢共同体条约》)。几年后,这些国家签署了《建立欧洲经济共同体条约》,规定了适用于更广泛行业的国家援助的附加规则,为现行国家援助条例奠定了基础。

正如本书第五章所述,国家援助的总体规则目前规定在《欧盟运行条约》(TFEU)第 107 条至 109 条中。由于上述条约相关规定所提供的指导之有限性,欧委会(EC)中的许多准则、内部文件和决定和欧洲法院(ECJ)[36] 的判决在阐述《欧盟运行条约》规定的实质内容以及用于促进和检验合规性的标准和程序中起着至关重要和持续性的作用。现在(已经)有关于国家援助的使用的相对强大的规则和准则,其为(各国)什么时候及在什么情况下允许支持(国)内外投资提供了指导。

通过实施该法律体系,欧洲国家给予的国家援助一直在下降。在 20 世纪 80 年代,(国家援助)占国内生产总值的比例约为 2%,与危机无关的国家援助在 2013 年占 GDP 的 0.49%(European Commission,2014i)。此外,被授予的援助似乎更倾向于实现特定的政策目标,如增加可再生能源的使用、发展落后地区、促进研发。以下各节论述了欧盟国家援助监管制度与监管投资激励措施的运用相关的核心特征,特别侧重于通过透明度、执行和评估要求来实施该制度。

国家援助——如何界定及何时被允许

根据《欧盟运行条约》第 107 条的规定,国家援助是欧盟成员国有选择性地从公共账户列支而对企业授予的任何形式之利益优势,其会以影响欧盟成员国之间货物或服务贸易的方式扭曲或威胁扭曲竞争。

该定义之要素,留出了至少两个重要缺口,可以使得各种措施不在该定义外延范围之列。首先,由于激励政策必须具有选择性才能构成国家援助,普遍适用的法律不属于其范围,这使成员国根据国家援助规则享有较大自由进行税收竞争。第二，只有在欧盟成员国扭曲或威胁货物或服务贸易的情况下，才会将激励措施视为国家援助。如果它扭曲或威胁欧盟以外的货物或者服务贸易，国家援助规则就变得无关紧要了。[37]

国家援助的形式广泛而多样，包括了一系列措施，如赠款；低息贷款或利息回扣；国家担保；注资；豁免或减免税费；社会保障费或其他强制费用；以优惠的价格提供土地、基础设施、货物或服务。符合国家援助定义的任何措施一般被认为与（欧洲）共同市场不相容，除非其是针对欧洲共同体的若干目标之一或修订特定的市场失灵，否则不被允许。三类国家援助被许可，以实现欧洲共同体的某些政策目标［《欧盟运行条约》第107(2)条］：

● 向个人消费者提供的具有社会性质的援助，只要该援助并非基于与有关产品的原产地相关的歧视而给予（如低收入或残疾人的减免税或购买低碳产品税收优惠）；

● 协助妥善处理自然灾害或特殊情况造成的损失的援助；

● 向德意志联邦共和国特定地区的经济给予的援助，仅出于该援助方能弥补由于分裂而造成之经济劣势。

还有以下几个可能证明国家援助合法的目标：

● 与欧盟平均水平相比，促进生活水平异常偏低或就业严重不足的地区的经济发展［第107(3)(a)条］；

● 促进欧洲共同利益的重要项目（如建设发电厂向其他欧盟成员国提供能源；建设连接欧盟各国的基础设施；制定行业标准和环境保护标准）或促进旨在补救对整个成员国经济造成严重干扰的项目（而不仅仅是某些地区或部门）［第107(3)(b)条］；

● 促进某些经济活动或某些经济地区（相对于其所在国家经济处于劣势的地区）的发展，条件是这种援助不会在与共同市场相反的程度上对贸易条件产生不利影响［第107(3)(c)条］；

● 促进文化遗产保护［第107条(3)(d)］；

● 实现欧盟理事会根据欧盟委员会提出的提议作的决定所确定的其他目标［第107(3)(e)条］。

与第107(2)条规定国家援助总是被许可的前三个目的相比，欧盟委员会就是否针对第107(3)条规定的任何一项政策目标授权国家援助享有自由裁量权。通过各种准则、通报和决定,欧盟委员会和欧洲法院制定了根据第107(3)条类别允许授予国家援助条件的详细规则和指导(方针)。

区域性援助指引——第107(3)(a)(c)条所述援助类型,旨在促进欧洲落后地区经济发展——值得特别注意(European Commission, 2014e)。区域性援助制度允许某些指定的落后地区灵活利用激励政策以吸引投资。许可援助水平随着影响管辖权的经济问题的严重程度而提高,给予这些受到最严重社会经济条件困扰的地区最大灵活性地使用激励政策来弥补其作为投资目的地的弱点。

然而,尽管区域性援助允许上述管辖区享有额外政策空间,但仍存在重要限制。区域性援助指引告诫,只有在正面效用超过其负面效用时,激励政策才会被许可。此外,该方程式将包含的负面影响包括对其他司法管辖区的影响。特别值得注意的是,地区援助指南指出,援助的负面效应"明显超过任何积极影响",而且如果援助将远离欧盟其他区域的新投资转移到同等或更弱势地位,或者如果援助导致投资者将现有投资从欧盟一个地区转移到给予激励的地区,(援助的消极影响)是不被允许的(European Commission, 2014e, 21)。通过这些规则,欧盟力图防止偷猎战和竞标战,特别是投资激励政策的浪费使用。

总的来说,欧盟国家援助制度中例外和限制因素与世界贸易组织通过《补贴与反补贴措施协定》对投资激励措施的监管形成鲜明对照。虽然欧盟一般禁止使用国家援助,但如果激励措施符合相关准则,则激励措施仍可被用来推进一个或多个预先确定的欧盟目标。如上所述,世界贸易组织的《补贴与反补贴措施协定》不包含类似例外的投资激励政策,旨在实现特定的政府目标。

通知、透明度、监督和评估

原则上,根据《欧盟运行条约》第107(1)条,国家援助的所有补助金均须经过欧盟委员会的事先通知和批准。通知中必备要素包括授予补贴的权力;预期受益人及其地点和部门;以及援助的数量、形式、来源和目标。提前通知和批准的这一特征是欧盟制度规范激励政策的使用的设计与世界贸易组织不同的另一显著方面:前者似乎依靠事前控制,后者更重视事后强制。

然而,实际上,国家援助的大部分和不断增加的份额已经免于欧盟的通知和批准规则。[38]其主要有三种豁免类型：

● 微量援助的豁免，其定义为对一个成员国在三年财政期间不超过 20 万欧元的单一承诺的援助（European Commission，2013a）；

● 根据已经通知和授权的援助计划[39]授予的援助的豁免；

● 《一般集体豁免条例》(GBER)涵盖的国家援助的豁免。

如本书第五章所探讨的，2014 年 7 月 1 日起生效的《一般集体豁免条例》，除修正了该法规的 2008 年至 2013 年版本之外，还增加了集体豁免中的新的国家援助类别，并对以往集体豁免的国家援助形式设置了更高的通知阈值和援助力度。2014 年《一般集体豁免条例》中国家援助的形式包括中小企业、创新研发、环境保护、就业和培训、创新集群、宽带基础设施、地方基础设施、体育基础设施、区域发展和文化遗产保护。

但是，属于这些广泛类别之内的"良好援助"项目仍然需要满足许多条件才能够符合《一般集体豁免条例》。例如，条款第 13 条，规定了旨在避免成员国利用区域发展援助从另一成员国窃取投资的限制条件。区域（发展）国家援助如不能满足这些条件，则不属于条例的范围。

随着条款的扩张，援助措施的数量有望从先前版本的 60％上升到新版本下的 75％至 90％之间，预计国家援助金额将从 30％增加到约 66％（European Commission，2014f，2014g）。

正如这些修正案所表明的那样，欧盟已经从运用事前控制转向了确保国家援助规则得到有效遵守且符合欧洲共同体目标的事后控制。取而代之，当前欧盟更加强调其他三种策略：(1)确保国家援助更高的整体透明度；(2)加强对（规则）遵守情况的事后控制；(3)评估现有项目以帮助设计"更聪明的"投资方案（European Commission，2014g）。

第一，在透明度问题上，到 2016 年 7 月 1 日，所有欧盟成员国都将建立国家或地区网站，公开披露所有超过 50 万欧元的有关国家援助奖励的汇总资料，包括条款中规定的国家援助类型（European Commission，2014a，2014c）。这些信息将包括受益人的身份，活跃的（产业）部门，给予的援助的形式和数量以及给予援助的法律依据。[40]

在 2014 年 5 月通过这些新的透明度要求之前，所有成员国都已经被要求向欧盟委员会提供其现有援助计划的年度报告，但没有义务公开披露这一系列的国家援助措施的细节。

　　因为这些修正案,公共和私营部门将有更大的能力审查并协助落实国家援助规则。

　　第二,在执行的问题上,欧盟委员会解释道,通过强制的削减对于援助计划在事前审查的投入,因此获得更多的时间对现有国家援助资金进行监管,以确保它们获得授权并与欧盟规则保持一致。

　　第三,在评估问题上,欧盟委员会提出了新的要求,目的在于增进(各成员国)对国家援资金已经对它们的政策目标和竞争产生的积极和消极影响的认识。它解释道,因为对评估现有国家援助措施缺乏系统性的要求或者实践,这种(成员国的)认识尚未建立。新的措施要求成员国全面制定涵盖某些大型国家援助计划的“客观、严格、公正和透明”的评估计划,包括那些被条款所包含的(European Commission,2014b)。根据这些必须得到欧盟委员会批准的评估计划,成员国将收集和分析数据,使其能够尽可能地确定其援助计划的直接的、间接的成本和收益,并相对于其预期目标,评估这些援助计划的合比例性和适当性。(European Commission,2014b)。评估报告提交后,将用于在微观层面决定每个(援助)计划是否需要修正,如果需要,是否需要以及应当如何修正该方案,在宏观层面确定(援助计划的)结果是否表明国家援助政策或实践应该有任何变更。

　　一项对 28 个获得区域援助的投资项目进行的研究,说明了从这些评估中获得的信息和教训(Ramboll and Matrix,2012)。为了推进欧盟委员会对其《区域性援助指引》的审查进行的这项调研[41]涉及 2002 年至 2010年期间进行的 6 个行业和 7 个成员国的项目。研究案例包括:(1)7 个爱尔兰制药业投资项目;(2)3 个德国太阳能工业投资项目;(3)3 个斯洛伐克和匈牙利汽车工业投资项目;(4)8 个波兰国内商业服务投资项目;(5)2个匈牙利水泥行业投资项目;(6)5 个西班牙和葡萄牙纸浆和造纸工业投资项目。

　　在调研中发现,某些成员国机构对于项目和激励措施进行成本—效益分析更加勤勉,但是在任何情况下都不会对激励效果进行认真审查——也就是说,审查激励措施是否影响投资者的投资意向或地点决策。研究还发现,虽然一些地区司法权限制了有权部门酌情决定谈判和重新谈判激励措施的权力,但其他部门采取了更为灵活的方式,放松了对激励效果的控制,以确保激励措施物有所值并实现预期目标。重要发现的摘要载于方框 12.1。

**方框 12.1　2007—2013 年欧盟国家援助监管的教训:源于对《区域性援助指引》
在 7 个成员国内 28 个投资项目中的实施情况及其事后评估结果**

给予援助的一般程序和标准是什么?

区域援助方案是根据预先设定的优先部门、项目类型和地区的发展战略进行设计,个别援助项目一般照此方案评估。

有权部门提供一系列不同的援助方案,例如,合法财政类支出和提供不同形式援助。

谁决定给予援助,以及有何政策意义?

不同级别政府的不同部门有权给予援助。

如果在国家以下层面做出决定,而不是国家层面,似乎产生了一个"竞次"的风险。

激励决定之前的事前程序是什么?

在任何情况下都不存在证据表明,事前的项目评估认真考虑了激励对投资(意向)或位置决策产生的影响。

在决定提供的援助数额方面,实践与一个个有权部门的方案之间差异巨大,最具结构性的方案在波兰,而在德国最少。

除波兰当局外,所有的有权部门都会通过协商决定激励措施,如果(1)区域经济的潜能巨大,(2)失去国家援助,该投资有很大可能性将迁移到别国,那么公司与政府的谈判筹码将很充足。

给予多少援助,援助条款怎样?

研究中每一个案的援助水平都显著不同,同样达到欧盟《地区援助指南》最高许可水平的也是一样不同。

在爱尔兰、波兰和斯洛伐克,当局以实现与创造就业机会有关的目标为条件。爱尔兰严格执行规则,当目标不能满足时,拒绝重新谈判。而波兰更灵活,通过反复磋商至少能达成一项协议。

在德国、西班牙和葡萄牙,有案例显示即便目标没有完全实现,援助也会完全拨付。

援助强度[42]与投资激励影响之间的联系是什么?

较差或没有效果的激励转化成较低的或没有价值回报。因此,对于激励影响较差的项目,不建议进行高强度援助。

除匈牙利为水泥行业提供的激励措施外,在所有的案例研究中,援助强度与激励影响之间存在一定联系,援助强度小的项目激励影响较差。

只有一个案例研究(匈牙利激励投资水泥厂的案例)明显的未能证明物有所值(的结论)。(该案例)激励的影响很差,项目许诺的集聚效应或联系方式不大。然而,当局为该项目提供了大额的援助。

也会有其他的援助措施在激励影响上很差或没有激励影响的情况下被提供(即波兰开展商业服务的激励,爱尔兰制药业的激励),但这类援助价值也很低,并与实现某些特定义务相关联,致力于将收益(直接和间接)与投入联系起来。

在两个案例中,采用的激励措施适度(即德国的太阳能产业激励措施,匈牙利和斯洛伐克汽车产业的激励措施):

● 每个项目的投资范围是斯洛伐克汽车产业大约 5 万欧元,匈牙利太阳能产业20 万欧元。

● 两个案例中,激励措施已经达到有关援助上限所允许的最大金额。

在德国,有迹象表明在该国内有补贴竞赛,尽管援助上限可能阻止了"逐低竞争"。如果提高援助上限,那么激励援助金额也可能相应会增加。不过,如果降低援助上限,这些投资可能会因为中国和美国的其他潜在优势地点而丢失。

有权部门管辖之外的影响是什么?

这项研究更广泛地审查了激励措施对欧盟的潜在影响,指出对这些影响的评估更具挑战性,特别是对于一些问题在理解上的复杂性,随着时间的推移,是否在这些地区利用区域援助创造的就业机会将会导致欧洲其他地区的就业损失和(或)加强相关公司的竞争力。

资料来源:Ramboll and Matrix,2012。

执行

欧盟委员会有相对较大的权力来监督其决议和国家援助规则的遵守情况。它可以根据现有的援助方案进行现场监督,以及审查该项目是否持续遵守相关规定。会员国一旦出现如下情况:(1)没有告知欧盟委员会该国家援助并且该援助之后被认定为违反共同市场(原则);或者(2)虽告知欧盟委员会该国家援助且获得批准,但是实施中违反了该批准决议,欧盟委员会可以命令成员国终止该计划,并采取一切必要措施追回已经给予的援助。[43]也可以评估(决定)成员国因未能收回不适当援助的罚款。

为了提高欧盟委员会监测和执行遵守国家援助规则的能力,欧盟法律授权任意"利益相关方"将任何涉嫌非法的援助和任何据称滥用的援助向欧盟委员会告发(European Council,1999年)。"利益相关方"的定义十分广泛,包括"任何一个可能因给予援助影响到利益的成员国和个人,企业或企业协会,尤其是援助的受益人、有竞争关系的企业和行业协会(European Council,1999年)。"通过这些规定,欧盟委员会允许其他政府实体、公司和股东向其提起调查性活动。

欧盟成员国对于欧盟委员会的决议和命令,包括在收到利益相关方的投诉后是否开展调查的决议,援助是否符合共同市场的决议,以及中止或追回援助的命令,都可以向欧洲法院提出上诉。任何成员国和对决议"直接和个别关切"的任意第三方都有权通过欧洲法院挑战欧盟委员会决议和命令(European Commission,2013a)。这可能包括援助的受益人,但也可以是其他的实体和个人,例如援助受益人的竞争对手(European Commission,

2009，2013a）。

　　成员国法院无权审查援助是否符合共同市场，也不能接受对欧盟委员会决议的上诉，但是有权下令采取补救措施（例如，不支付或偿还国家援助），并保护竞争对手和其他第三方免受非法援助的损害。根据欧盟法律，国家法院也可以要求撤销欧盟委员会对于非法的国家援助和秩序恢复的决议有关的一切行为。[44]

　　这种在国家法院与欧洲法院之间权利义务的分配形式，赋予国家法院在强制实施欧盟法律中扮演一个重要的角色，同时有助于确保欧盟法律的实施在事实上、法律上不被国内法院或官僚机构削弱，因他们可能倾向于保护或者宽容其本国的国家援助措施。

欧盟国家投资激励援助规则的总结

　　虽然欧盟不是唯一寻求规范投资激励的区域性国际组织（CCSI，2015），但是它有迄今为止对这个问题最为完善的规则。它还有对这些规则监管和落实的最为全面的系统，通过欧盟委员会、"利益相关方"以及国内的和国际的法院来确保合规性。因此，它有关国家援助规则方面的法律和政策似乎已经有效减少了投资激励给予的援助资金，同时还引导那些因欧共体预先设定的政策目标而受援助的项目。当前，随着欧盟放弃以事前通知审批为基础的监管体系，废除了《一般集体豁免条例》中多个类型以及更大规模的援助，那么确保投资刺激得到有力执行及监管以避免因灵活性增加产生的滥用也将越发重要。

　　总的来说，欧盟体系的覆盖面还尚显不足，政策灵活性容易被滥用。然而，该制度提供了一个有用的模式，即如何在不同经济实力和发展水平的司法管辖区之间创设有效的国际激励监管框架，并强调一些成分——即存在可以执行有约束力的规则的总体机构——这似乎是其成功的根本。

自由贸易协定中的非投资章节看双边和
多边的举措：当前的实践

国际投资协定

国际投资协定概览

国际投资协定（IIAs）是制定用以促进及保护国际投资的双边和多边条

约。有些国际投资协定是独立条约,专门处理国际投资。还有些是作为更为全面的自由贸易协定里的插入章节。在这种情况下,投资章节还包括涉及货物贸易、服务贸易、政府采购和竞争政策等问题的章节。包括独立文本和自由贸易协定的投资章节在内,迄今各国已签署了超过 3 000 个国际投资协定,且仍在持续缔结新的国际投资协定。

　　国际投资协定通常包含一系列核心规定。对于东道国的义务,(1)对适用协定的投资者"公平公正待遇"(FET 义务);(2)对适用协定的投资者与本国投资者同等的待遇(国民待遇义务)以及与第三国投资者同等的待遇(最惠国待遇义务);(3)除非为了公共目的,采用正当程序以及适当补偿,否则不得直接或间接实施征收;(4)允许投资者自由地从东道国汇入、汇出资金。一小部分但是数量不断增加的投资条约包含了更为广泛的义务,包括(5)透明度规定,要求各国政府披露某些协议中实际影响投资的拟议措施,以及(6)对履行要求的限制,包括或超出《与贸易有关的投资措施协议》协议规定的强制性限制。

　　传统的国际投资协定仅限于为本国领土之内的外国投资提供保护,不过越来越多的国际投资协定授予外国投资者进入外国市场,并在当地建立商业机构的权利。所谓的超大型区域国际投资协定有这些典型的规定,例如 12 国缔结的《跨太平洋伙伴关系(协定)》(TPP)和美国与欧盟之间的《跨大西洋贸易和投资伙伴关系协定》(TTIP),目前这些文本尚在谈判中。欧盟与加拿大的协议(《综合性经济贸易协定》,CETA)已经于 2014 年 9 月敲定。

　　另外一个使这类条约能够和许多其他条约区别开来的共同的特征是相关立场问题——就是谁有权执行条约。例如,在 WTO 协定框架下的《与贸易有关的投资措施协定》和《服务贸易总协定》,只有成员方有权向 WTO 专家组及上诉机构提出申请。相对的,在国际投资协定框架下,外国投资者可以以违反国际投资协定义务为由向国际仲裁机构提出申请并要求损害赔偿。通过给予外国投资者这些诉讼的权利,使东道国面向更多的诉讼当事人,而国际投资协定中的义务具有重要的实质性分量。

投资激励与国际投资协定的一般性联系

　　投资激励与国际投资协定有若干联系,这些联系使国际投资协定对于投资激励的国际治理问题至关重要。一方面,国际投资协定和投资激励都是政府用来吸引投资以及促进对外投资的手段。如本书第四章所述,投资条约甚至可以被看作是投资激励的一种形式。此外,像投资激励一样,国际投资协定会引发持续的政策性辩论,来说明它们是否有效实现其预期目标;

如果有效，是否会导致代价过高。（在国际投资协议的情况下，代价可能包括国内主权受限，投资者—国家诉讼增加，增加的诉讼费用，扩大的责任及谈判费用。）国际投资协定也引起了一些与投资激励相同的产权问题，国家因国际投资条约付出的代价可能构成了公共财富向受条约保护的私人利益的一种转移。

国际投资协定与投资激励的另一联系在于，通过其自由化和自由转移规定，国际投资协定不仅使得公司更加容易扩张，也使得它们更容易地转移资产跨越国境。这可能加剧了资本的管辖权间竞争，反过来又引发了投资激励措施的升级。

除了上述一般共同点和联系之外，国际投资协定还对激励措施之使用有更多直接的——但可以说是不一致的——影响。正如下文所述，在一定范围内，国际投资协定有规定可以并且已经对此类激励进行规制，也有规定可以有效要求和锁定激励的运用。

下面将要讨论的一个重要事项则是，虽然争议焦点和趋势可能被确定，但仍然无法说国际投资协定有极大确定性。如上所述，这部分是因为，已经签署的国际投资协定大约有 3 000 个，每个协定都反映出不同的谈判结果，包含不同的语言，并且被缔约国作出不同的理解。对国际投资协定的意义和影响缺乏确定性也是因为在数百个不同的案件中组建了不同的仲裁庭，以解决特定的国家投资争端。在这些争议中，仲裁庭就国际投资协定的核心标准含义发表意见，但不需要遵循任何先例，不受任何上诉机制的约束。结果是，就相似而非一致的协定条款，投资者—国家仲裁的仲裁庭的意见显然有巨大分歧，从而很难说清国际投资协定下的法律条款意思到底是什么。然而，人们至少可以确定一些人是如何解释国际投资协定的法律，以及这些解释对决策者的意义是什么。

监管的激励

有些国际投资协定的义务可以用作限制或规制投资刺激。其包括：（1）国民待遇和最惠国待遇义务（两者统称非歧视义务）；（2）最低待遇标准规定；（3）履行要求的限制；（4）透明度义务。

非歧视性限制。国际投资协定的非歧视义务可以限制使用超过其他企业的有利于一个或多个企业的选择性激励措施。虽然有些国家和评论员主张，若歧视被禁止，则该歧视必定是有意识及基于国籍而产生的，像"Occidental 诉厄瓜多尔"及"Bayindir 诉巴基斯坦"的裁决已经表明对"恰巧是外国人"的投资者事实的、无意的歧视也能够主张责任与要求索赔。[45]

更值得注意的是,不同于《服务贸易总协定》类似的限制措施,国际投资协定典型的措施是运用负面清单而不是基本的正面清单模式。如上所述,在《服务贸易总协定》框架下,WTO 成员仅仅需要对其明确列举的服务业部门适用国民待遇。而在国际投资法项下,国民待遇义务基本上适用所有的部门,除非一国对其承诺范围外的一个部门提出了保留。

国际投资协定中非歧视义务的影响在于可能削弱了政府通过特别的"投资者—国家协议"谈判去给予激励的能力。"Mesa 诉加拿大"案说明了这些问题。争议中,一个美国投资者声称加拿大违反了国际投资协定中的非歧视义务,理由是加拿大渥太华省的政府与韩国籍公司财团达成一份合约,给予该财团各种优惠和优势,以换取其在加拿大该省建立制造业和其他设施的投入。根据美国投资者的说法,与韩国财团的合约构成了一个"不透明和特权的法律和商业微观气候",而美国公司被歧视地排除在外(Johnson,2014)。然而,加拿大抗辩说本国的投资激励没有在"同类"投资者之间造成任何的歧视。政府声称,给予韩国财团特别的优惠是源于这些企业为当地产业发展做出了特别的资金投入。其他没有做出同样投资义务的企业无权享受这样的利益。

这个案子之所以闻名,是因为全世界的政府都同样在大量产业部门内通过谈判达成专门的投资合约,给予表面的财政、金融和监管激励来换取投资者建立新的制造业工厂的资金投入,技术研发的投资,自然资源的勘探、采掘工艺,或采取其他相关活动。一方面,这些交易的特殊性导致了他们被认为不适当地使类似公司受到不同待遇的风险,并为他们提供了不同的竞争机会。然而,另一方面,交易的特殊性可以用于确定一种受合约义务约束的公司不是"同等"(主体,不必与不同合约义务主体或没有合约义务的(主体)享有相同待遇)。

在本书写作之时,"Mesa 诉加拿大"一案仍悬而未决,因此当前及今后的仲裁庭将如何认定此类非歧视申请尚未可知。然而,仅仅通过威胁或者发起此类申请可能足以使得政府在通过个别的"投资者—国家协议"选择性协商和提供援助时有所迟疑,特别是出现相同情况的投资者采用不同的待遇的结果。反过来看,这可能促使投资激励进入一个更多法治、更少自由裁量的体系,这种发展与本书第七章中的杰姆斯等人提出的建议一致。

但是,也可能有其他令人厌烦的结果。国际投资协定的非歧视规定也可能潜在的妨害政府旨在处置和改善不公平问题的意愿和能力。例如,仅向少数民族企业或土著社区提供投资激励。在一定程度上,如果外国投资者无法以相同的条件获得这些激励措施,那么这些激励措施的使用可能会受到国际投资协定的非歧视性义务的挑战。

总之,国际投资协定的非歧视义务对于激励规制具有广泛应用范围。其国民待遇和最惠国条款可能会限制使用个别谈判和有选择地应用激励的过度、不合理和基于合同的有区别的激励交易行为。但是,这些规定也可能限制政府使用投资奖励作为旨在解决一部分政策目标的能力,例如防止历史性错误的持续影响或引导公司对东道国的经济发展作出特别投入。

对适用投资激励的限制与业绩要求密切相关。类似 WTO 法律框架下的强制性限制,一些国际投资协定具有业绩要求的规定,阻止各国为了的特定要求而制定附条件的投资激励措施,包括对使用本地商品或优先使用的要求,达到特定程度的国内含量要求,或满足贸易平衡的要求(CETA,2014)。这些限制通常注重措辞,以便于适用东道国领土内所有的本国、外国投资,不仅仅适用来自缔约方的外国投资者的投资。

虽然这些规定与《与贸易有关的投资措施协定》、《关税与贸易总协定》及《补贴与反补贴措施协议》中的强制性限制相似,国际投资协定有关投资激励和业绩要求的规定在很多重要方面有所不同。第一,如上面提到的,不仅仅是国家,投资者也有权提起违约索赔申请。在一些案件中,WTO 成员不会选择对另一成员给予的附带当地业绩要求的投资激励进行挑战。但是,如果一个国际投资协定对业绩要求有相关限制,投资者可以直接提起索赔申请,无论是对执行当地业绩要求进行斗争还是有可能挑战该国给予竞争对手公司的本地投资激励。

另外一个不同点是,国际投资协定中的限制措施往往超出《与贸易有关的投资措施协定》的范围。如上所述,《与贸易有关的投资措施协定》防止政府要求或制定违反《关贸总协定》第 3 条和第 11 条措施的激励政策。尽管如此,它仍没有触及履行要求的范围——例如,要求使用优先使用本地建立的服务提供者——采用激励措施来补偿这些强加于人的过分要求。[46]

一些国际投资协定加入了新的限制,为了进一步限制业绩要求的类型,国家可以强制义务或者要求内容作为获得政府激励措施的先决条件。例如,日本与巴布亚新几内亚之间的国际投资协定第 6 条,禁止任一缔约国制定激励措施时要求"采购、使用或优先考虑其本国生产的货物或提供的服务,或者采购本国法人、自然人或其他实体的货物、服务"。

类似地,一些国际投资协定禁止国家要求或者鼓励(外国投资者)符合其国内含量要求。当引入国际投资协定时,除了限制对于使用本地产品情况而定的激励措施,这种对依国内含量情况而定的激励措施限制也被加入。这意味着,"本土成分"一词不仅仅意味着购买或使用当地货物,也不仅仅排除对于依据使用本国服务、本国劳动力或其他对当地经济的贡献而定的激励措施,还有其他一些含义。该措辞的精确含义尚不明晰,正如国际投资协定的限制国内含量要求一样,一般不会限定术语含义。但是,这似乎更可能用于限制东道国要求或鼓励符合国内含量要求而不是仅仅排除依据使用当地货物情况而定的激励措施。

一些包含限制国内含量要求的国际投资协定确实包含一些例外条款,用于保护政府因制定特定的国内支出的要求而采用投资刺激措施的能力。这些例外包括在特定地点投资的承诺,在政府领域内执行研发任务,建造或扩建设施,以及培训、雇佣工人。

总之,国际投资协定里的业绩要求方面的规定不能阻碍政府给予激励,但是确实限制政府通过激励措施绑定投资者在当地经济发展中进行特殊承诺的能力。这些潜在的限制使得各国难以落实政策性建议,例如本书第八章和第九章那些提议,去更好地确保他们提供的激励措施能够带来可持续发展的回报,而不是白白浪费的馈赠。

对于监管激励的限制。在环境和社会保护方面,一些国际投资协定限制特定的激励监管措施来防止"逐底竞争"(Johnson and Sachs, 2015)。具体来说,虽然是少数但正在增多的一类国际投资协定包括了这样的规定,缔约方不应或者不得减少或不执行环境或劳动标准,以吸引投资。例如,2012年《美国双边投资协定范本》(BIT)第 12 条写道:

> 各方认识到,通过削弱或减少国内环境法律保护来鼓励投资是不恰当的。因此,每一缔约方应确保其不以放宽或减免其环境法律的方式放弃,或以其他方式减免其环境有关的法律,以减弱或减少该等法律为环境所提供的保护或者不能通过持续或经常性的作为或不作为来有效地执行这些法律,鼓励在其领土上建立、收购、扩大或保留投资。

在第 13 条,双边投资协定在劳工方面有类似的叙述:

> 各方认识到,通过削弱或减少国内劳工法律保护来鼓励投资是不恰当的。因此,如果放宽或减损与第 3 款(a)至(e)项所述的劳工权利不符,每一缔约方应确保其不以放宽或减免其劳工法律的方式放弃,或以其他方式减免其劳工有关的法律,或者不能通过持续或经常性的作为或不作为来积极地执行劳工法律,鼓励在其领土上建立、收购、扩大或保留投资。

包含上述条款的条约通常还包括确保国家的国内环境和劳工法律不低于国际标准和法律确定范围的措辞。

上述规定可能是确保各国不会在吸引和保留资本的努力中不执行环境法和劳工法或不将这些法律维持在国际规范以上的重要手段。但这些义务一般不具有与其他国际投资协定的条款一样的力量。与投资者和投资者所在国家可以直接执行"投资者—国家"仲裁或"国家—国家"仲裁的投资保护标准相比，国际投资协定通常根据条约所能提供的全部或部分"投资者—国家"和"国家—国家"争端解决机制来制定这些规定。[47]

此外，这些规定针对的"竞次"类型只是一部分可能是由于各国努力吸引和保留游资的法律和监管竞赛。例如，国家可能通过放宽它们对公司治理或减少交易透明度的规则来抢夺投资，这些举措可能对企业责任和社会福利产生负面影响，但迄今尚未在国际投资协定中得到直接的解决。

管制透明度要求。国际投资协定进行激励措施监管的第四种方式就是通过管制透明度规则。尽管大多数国际投资协定仍然缺乏这些规则，但它们越来越多地被纳入其中，并且要求越来越细致。

虽然这些透明度规则有所不同，但这些透明度条款可能要求各级政府和各分支机构披露与投资相关的任何实际或拟议的法律，法规，程序，裁决和决定（UNCTAD，2012b）。因此，这些义务可用于授权披露某些项目和给予投资激励。如本书第十一章所述，这些类型的条款可以在打击围绕着使用投资激励措施的问题性和不透明性方面做很多工作。然而，除了在少数条约中找到这些透明度义务之外，这些义务往往是由所有或部分国际投资协定争端解决机制进行的。这缩小了执法选择权，减少了透明度授权的能力。

例外。如上所述，除了可以控制使用各种投资激励措施的规定外，国际投资协定通常包含许多例外，缩小了这些限制的影响力。例如，国家有(1)从其不歧视义务的范围内专门划出补贴和补助金；(2)条约缔结时采取的可能不符合非歧视性义务或对履行要求限制的预防措施；(3)引入了与政策或行业有关的例外，例如旨在对社会经济弱势群体给予优待的措施，针对实现环境目标、政府采购或文化产业的措施；(4)从非歧视性要求和对履行要求的限制中排除了地方各级政府采取的措施；(5)将税收措施排除或限制在国际投资协定外。

这些例外都可以使国家能够额外提供被国际投资协定禁止或限制的激励措施，并且对于确保国家保留足够的政策空间以实现持续发展的成果至关重要。然而,这些例外的范围和性质在协议和协议之间以及国家间差别很大。例如,在 1997 年加拿大与厄瓜多尔达成的国际投资协定中,加拿大保有关于国民待遇、最惠国待遇和业绩要求条款的例外,其中规定,这些义务不适用于"任何拒绝(厄瓜多尔籍投资者及其投资)的,但向加拿大土著人提供的权利或优待的措施"。[48]然而,厄瓜多尔并没有对其领土内的土著人进行类似的保留。

同样的,在 2014 年与贝宁缔结的国际投资协定中,加拿大对国民待遇、最惠国待遇及业绩要求规定方面的义务采取了几项例外,包括与"土著人的权利和优待"以及"社会或经济上处于不利地位的少数群体的权利和优待"有关措施的例外。相反,贝宁没有为了类似的政策目标对其义务进行例外保留。[49]

鼓励、要求,及锁定在东道国的激励

除了可以限制使用激励措施的国际投资协定的规定外,还有一些条款可以锁定政府确实采用的激励措施。此外,在对业绩要求有限制的条约中,有些条款有效地要求给予某些类型的激励,以便允许某些特定的业绩要求。

消除或减少激励的责任。一旦提供激励措施,投资条约可能将其冻结,无论其在实现政策目标,或是政府需求、优先事项和资源的转变方面具有较高效率还是有效性。更具体地说,在政府制定激励计划之后,如果遇到预算短缺,必须修改或撤销该计划,必须应对新的挑战和优先事项,和/或确定设计或实施的激励措施不是高效、有效的。然而,由于仲裁庭解释投资条约,特别是公平公正待遇的投资保护义务,政府一旦实施了激励项目,想要修改或取消实施的能力将会受限。

国际投资协定有这类能力的理由是,仲裁庭解释了公平公正待遇义务以保护投资者的"合理期待"。仲裁庭宣称,政府干预这些合理的期望——无论是通过新的法院裁决来干预;变更有关的法律、法规,或政策;或者其他措施——违反了公平公正待遇义务,并使政府受制于据国际投资协定主张的索赔和责任(UNCTAD, 2012a; Dolzer, 2014)。

仲裁庭引用的一个影响合法期待存在和范围的因素是,政府是否采取政策行为或对投资者作出明示或暗示的陈述来劝说投资者的投资(Dolzer, 2014)。因为其设计的投资激励措施旨在产生这种激励效果[50]——这就是,为了影响一个投资决策——本质上,他们将从更深层的政府干预中论证提出受国际投资协定保护的合理期待的类型。值得注意的是,尽管实际的激励效应可能足以产生受保护的合法期望,至少有一些仲裁庭的裁决表明,激励效果可能不是绝对必要的条件。有些仲裁庭表示，除了政府发出明确或暗示的信号，以建立投资者对特定法律或商业环境的合法期望外，投资者必须确定其作出投资是依据这些信号。但是，尽管有这些声明，但这些裁决引发了许多关于仲裁庭实际执行这种信赖要求的准确性问题。举个例子，我们不清楚：(1)是否仲裁庭认为这种信赖仅仅是表面上显示最终进行了投资或是论证这类激励或承诺在作出投资决定时被算作原因之一；或(2)是否仲裁庭在审议中将采用严格的测验，要求论证投资者在没有此类激励的情况下不会进行投资（或者不会像现在已经做的这样来做）。

在 2013 年"Micula 等诉罗马尼亚"的裁决中，仲裁庭采取了一种倾向于放宽的信赖要求的做法。[51] 仲裁庭表示，从记录中可以看出，申请人起初投资不依赖于相关激励措施，影响其投资经营和扩大的决定也有其他因素。[52] 事实上，其中一个申请人证明，即使没有相关的激励措施，投资也"具有经济意义"。然而，仲裁庭最终得出结论认为，"信赖的要求得到了满足，即法庭确信，激励措施的存在是实现这些投资规模和方式的原因之一"。

从记录中显而易见，申请人建立了一个庞大而复杂的食品和饮料生产平台，其利润在很大程度上取决于原材料激励导致的运营成本的下降。[53]

这一裁决表明，投资激励是投资决策的一个因素，但不一定是决定因素。该裁决还表明，如果激励增加盈利能力——激励措施的效果可能是共同的——那么对利润的影响就证明寻求依赖是正确的。

仲裁庭用一个个裁决建立较低的信赖标准，和发出了投资者可以成功起诉国家撤销或减少投资激励的信号，即使这些激励措施对其投资决策并不重要或决定性。在这种做法下，即使在寻求缩小或消除多余或无效的投资激励措施时，政府也可能需要关心违反国际投资协定的义务。

另外一个值得注意，对于政府而言，"Micula 等诉罗马尼亚"另一个显著的问题是，仲裁庭认为，申请人具有强制执行力的"合理期待"，从长达十年的激励措施中受益，不管申请人在国内法中是否享有如此权利。罗马尼亚认为，根据其法律，投资者没有"权利"享有相关的激励措施，政府有权变更或撤销。然而，仲裁庭认为，问题不在于在国内法中投资者是否被授予享有十年期的激励权利，这并不能决定在国际投资协定里他们是否有合理的期待能够获得这些权利，并且同样不能决定政府在条约下的责任。相反，法庭认为，即使政府可以依据是否被授予激励，合法地废除或变更在国内法律框架下给予的激励措施，仍然可以发现违反投资条约的行为。法庭进一步确定，罗马尼亚撤销某些激励措施确实违反了投资者的合法期待（尽管不一定是其国内合法权益),从而违反了国际投资协定的法定公平公正待遇义务。

投资者对于激励措施是否具有合法权益的问题,以及罗马尼亚是否有权力变更或修订的问题,这对于罗马尼亚正式加入欧盟特别重要的,实际上这种激励措施可能会受到欧盟对国家援助限制的抵触。

罗马尼亚争辩道,投资者不可能有合理的期望,罗马尼亚将维持其有争议的合法的激励措施。仲裁庭不认同这些对抗投资者合理期待的问题与欧盟法律保持一致。因此,在2013年12月11日的裁决中,法庭命令罗马尼亚向申请人支付约8 200万欧元作为撤销激励措施的赔偿金。

该决定立即引发了欧盟委员会的不满。2014年1月31日,它通知罗马尼亚官方,根据法庭的裁决,任何的付款将构成新的国家援助,必须通知欧盟委员会。几周后,罗马尼亚当局通知欧盟委员会,政府已部分遵守该裁决,减免申请人向罗马尼亚缴纳的7 600万欧元的税款(European Commission,2014年4月)。

2015年3月,欧盟委员会宣布完成对罗马尼亚支付仲裁裁决是否为非法国家援助的调查。它得出结论,事实上是非法的,并宣布投资者将"必须支付所有已经收到的金额,相当于废除援助计划的数额"(European Commission,2015年)。根据欧盟委员会的决定,国家援助规则和国际投资法律显然是不符的,没有明确的方式调和两种法律制度。

由于仲裁庭在投资国仲裁中不受先例约束,因此不可能预测未来的案件是否遵循麦克拉仲裁庭的推理和追究(无效和非法)投资激励措施的责任。事实上,即使是条约下的合理期待是否值得投资条约保护,也是投资法中的一个悬而未决的问题。

然而,很明显,随着其他一些投资条约的仲裁申请已经在挑战政府撤销或变更激励措施的行为,在其他案子中将审查这些问题。截至2014年10月1日,投资者仅针对欧盟成员国就削减或消除可再生能源行业激励措施的决定提交了大约20起案件(Peterson,2014)。同样,针对投资者通过转让定价和其他策略滥用激励计划,政府采取的收回税款和惩罚措施也遭受质疑。[54]即使最终不会取得成功,这些案件对于政府来说可能是代价昂贵的,并可能对政府产生镇定作用,使他们不情愿地变更不明智或昂贵的激励计划。

因此,如果遵循"Micula案"的判定,国际投资协定可能会妨碍对激励计划进行的适当的审查和改造。

信息和促进激励及责任。除了主张政府在国际投资协定下撤销或变更财政和经济激励措施的责任外,仲裁庭还确定政府对其与在宣传活动中承诺和表示不一致的行为负责。根据多数人的主张，政府的行为，即其在一般政策和出版物上欢迎投资采矿业，并将该省宣传为"商业开放"的行为，例如，在 2015 年诉加拿大的"Bilcon 诉加拿大"案中，仲裁庭主要的观点是，省政府为了吸引此案申请人的投资采取的行为是导致政府承担国际投资协定项下责任的主要原因。它为相关投资者提供有关在采矿业可能投资机会的宣传材料的行动，它在多种场合与相关投资者举行会议的实践，以及它带着投资者的地质专家乘坐直升机探索潜在的采矿地点，引发了投资者的合理期待：一旦违反，将导致加拿大在国际投资协定下的责任。[55]

虽然没有拘束力的先例，但多数裁决表示出可能提高政府的保护标准，以及可由投资促进活动产生的责任，派出投资促进机构和其他政府官员在采取可能被视为健全和具有成本—效益的投资吸引策略时，要小心谨慎。

一些业绩要求所需的激励措施。如上所述，一些国际投资协定防止政府：(1)对外国投资者施加强制执行要求，如采购或优先考虑当地货物或服务提供者；(2)根据业绩要求回馈投资激励或其他随之而来的优势。第一类涵盖的业绩要求类型(强制性能要求)通常比第二类覆盖的业绩要求更广泛(为获得激励或优势而需要承诺的那些)。因此，只有政府提供激励或其他优势来兑换遵守法律或政策，国际投资协定才允许某些业绩要求。

在《综合性经济贸易协定》(2014)和《中美洲自由贸易协定》(2004)中，[56]国际投资协定似乎通常将这一类业绩要求措施纳入其中，并只有在激励或给予优势的基础上，包括将技术，生产过程或其他专有知识转让给其领土内的合法或自然人的要求，这类措施才可能强制执行。

只要通过激励或其他优势待遇获得奖励，才可以强制执行某些业绩要求，国际投资协定潜在地增加了政府提出业绩要求及使用激励措施的代价。尽管一些司法管辖区可能已经在通过给予激励措施补偿投资者为满足业绩要求的花费，但这些条款是强制性的。

自由贸易协定的其他章节

上述部分讨论了独立投资条约以及自由贸易协定投资章节的规定。但是，自由贸易协定的其他章节也包含与投资激励的使用和国际监管有关的规定。其中有些规定出现在商品贸易和服务贸易章节中，展开及深化成员在世贸组织下的承诺。其他相关章节是关于透明度、环境问题和劳工问题的章节，虽然与国际投资协定的透明度和最低标准规定相似，但往往更为细致和强化。

除了这些章节外,一些自由贸易协定还包含其他相关义务。这些包括对竞争或补贴的控制以及合作促进可持续投资的承诺。

竞争和补贴规定

一些自由贸易协定——尤其包括欧盟与第三方签订的自由贸易协定——在专门的补贴章节或者竞争章节中包含这些补贴规定。例如,2013年欧盟与新加坡谈判达成的自由贸易协定中,双方在协定的竞争章节中达成了对补贴的限制(条款)。该章节指出它所采用的补贴定义包括在《补贴与反补贴措施协议》当中,但是将其拓展到包含货物与服务相关的补贴。

在12.7条中,禁止两种形式的补贴(除非提供补贴的政府可以证明补贴不影响也不可能影响对方的交易):(1)政府或公共机构承诺承担企业债务或者税收的某些补贴;(2)提供某些补贴以支持破产或衰败的企业。[57]

《新加坡—欧盟自由贸易协定》双方还同意在12.8条中,"尽最大效果救济或消除且在第12.7条(禁止补贴)未涵盖的,由与货物和服务贸易有关的其他特定补贴不当的竞争,如果他们影响或者可能影响一方的贸易,并且避免此类情况的出现"。在附件12-A中,双方解释道,原则上这种补贴不被允许。但是,附件继续写道,如果"为了必要的公共利益目的,并且补贴涉及的金额仅限于实现该目标最低程度需求,且对另一方贸易的影响有限",补贴也许能被提供。附件12-A随后列出了可以为这些补贴辩护的目标清单。该名单类似于欧盟法律允许的国家援助类别,包括促进生活水平极其低的地区经济发展的补贴,或有严重的就业不足和对环境、中小企业和研发的补贴。

在遵守和执行方面,《新加坡—欧盟自由贸易协定》规定了披露要求,旨在鼓励和确保遵守其补贴管制,但允许各国根据《补贴与反补贴措施协议》提出争端解决办法,而只是挑战第12.7条所禁止的补贴,不得声称违反第12.8条或不符合披露义务。

欧盟与加拿大的协议(CETA, 2014)同样包括了有关补贴的规定,但更窄、更弱。其关于补贴的章节将补贴定义为与商品贸易(但不是服务)有关的措施,以满足在《补贴与反补贴措施协议》下的补贴定义。这一章不包含任何具体类别的禁止补贴,也没达成"尽最大努力"取消"其他补贴"的协议。

相反,本章侧重于使用披露要求和义务进行"非正式协商",以解决一个一方给予的补贴对另一方的利益产生不利影响的问题。[58]

这两项协议说明,至少在一些自由贸易协定中,在竞争和补贴方面的问题,已经被用来控制在WTO框架下的强制的多边限制之外的激励作用,同时也包括在 WTO 的《补贴与反补贴措施协议》下没有的保护。该问题的双边、区域或大区域解决方案可能是一种重要而可行的方法。随着这些协议进一步自由化和鼓励跨境资本流动，像欧盟这样存在内部限制的政府实体在使用投资激励方面，将寻求将这些规则扩展到其条约缔约方，这似乎是很自然的。欧盟不这么做的风险在于，它对应用地点和其他激励措施的内部限制，可能使其成员在与条约各方进行投资竞争时处于不利地位，特别是当这些条约缔约方提供相当的可能地点时。此外，采用这些规则缔结条约的国家可以利用这些国际承诺作为一种规范国家下属地区竞争的方式。

　　然而，通过谈判而产生的一个非常现实的问题是特殊但有差别的义务。世贸组织的规则对发展中国家和最不发达国家具有一定的灵活性。同样，欧盟的国家援助计划也考虑到了欧盟成员国内和欧盟成员国之间收入水平的差距。相反，国际投资协定已经发展出更加严格的规则，对发展需求和差异的响应更少。如上所述，许多国际投资协定都包含了对履行要求的限制，这些限制超出了 WTO 规定的限制。这些"WTO＋"限制措施所禁止的措施可用于鼓励外商投资与国内经济之间的联系，并利用外商直接投资的好处；然而，这些根据各国的发展水平具有相当灵活性的 WTO＋规则经常与WTO＋，甚至 WTO－不一致。此外，作者并没有意识到任何一种国际投资协定，它包含了任何可以在欧盟制度中发现的条款，这些条款限制了高收入国家或国家下属地区提供的投资激励，同时允许低收入地区额外的政策空间使用这些工具。

可持续发展合作章节

　　一些相对现代的自由贸易协定包含关于可持续发展的章节或条款，对某些类型的激励措施和/或对他人的鼓励加以限制。《新加坡—欧盟自由贸易协定》中的贸易与可持续发展章节第 13.2 条就包含上述两种情况——不鼓励（尽管效果很弱）化石燃料补贴，鼓励投资推动向低碳经济转型。它规定：

> 缔约方认识到有必要确保在开发化石燃料的公共支持系统时，应适当考虑到减少温室气体排放的必要性，并限制贸易扭曲的可能性。虽然第 12.7(2)(b)条（禁止补贴）不适用于煤炭行业的补贴，但双方确立逐步减少化石燃料补贴的目标。双方将积极推动可持续和安全的低碳经济发展，例如投资于可再生能源和能源解决方案。

　　欧盟已经与非洲、加勒比和太平洋地区（ACP）地区的发展中国家达成的协议，包括《科托努协定》(2010)，同样也将激励措施用于催化和引导投资的政策工具。这些协议考虑到欧盟财政援助（例如保险和担保）以及其他形式的援助(如能力建设和技术支持),以促进欧洲公司在非加太地区和企业的私人对外投资。

这些规定代表了新一代自由贸易协定,利用国际经济治理规则来鼓励符合可持续发展目标的投资,同时不会遏制投资。

结论与前行方向

如上所述,存在着各种国际经济协定以多种方式管制投资激励措施的使用。然而,东拼西凑的国际协定并不足以发出符合现代可持续发展目标的适当信号,并防止在日益全球化的世界中发生的资本竞争。能够良好地调整国际商品与服务贸易 WTO 涵盖协定包含了相关的但并不是专门性的针对引进投资所需要的及应对挑战的健全规则。因此,一个区域性而不是全球性的框架目前为管制投资激励措施提供了最强大的管理体制。在欧盟可以发现这个框架,一个超国家机构制定了重要的权威性规则,并号召纳税人、私营部门和国家法院等协助监督和执行。此外,该系统旨在允许各国采用激励措施来完成欧盟特定的政策目标。

在全球范围内扩大欧盟框架或类似的框架将是一项艰巨的任务。然而,随着全球各国正在进行谈判,制定综合性的国际投资协定制度来管制国际投资,这是一个特别合适的时机去认真考虑这些制度的范围,以及何种规则可以为外国投资者提供强有力的保护,以及不断自由化趋势可以且应当与使用激励措施相互作用。如上所述,自由化趋势可能增加对资本的竞争,并且通过使用激励措施,以及投资者保护的规则可能阻碍国家改革其代价高昂、低效的、过时的或不正当的激励措施。因此,国际投资协定可能会加剧投资激励的现有问题,并破坏国内限制政府赠予的意图。同时,国际投资协定的其他规定已经在一定程度上规范了投资激励措施,TPP 和其他协议的谈判代表也在努力减少对国有企业和化石燃料的政府补贴。因此,国际投资协定谈判者的任务不是在与国际投资协定的政策重点相关的领域开始制定规则;相反,它们只需要确保国际投资协定对激励政策的推动和影响的一致性,并加强国际投资协定有效监管激励措施的能力。即使是很温和的改变,例如《跨太平洋伙伴关系》(TPP)与《跨大西洋贸易与投资伙伴关系协定》(TTIP)区域投资协定中反偷猎规则或者加强透明度的要求可能具有巨大影响,特别是如果协议规定了监督和执法机制,并建立了一个独立的超国家机构来确保实施。

　　政策一致性要求各国政府全面考虑投资相关的自由化、激励和保护的问题，并建立法律框架，确保在一个领域的新的国际管制不会破坏另一领域的努力。新的投资激励措施的国际管制还应承认并保护这些工具在某些情况下被使用以克服市场失灵并同时帮助实现可持续发展目标的能力，正如欧盟制度所做的一样，根据发展水平不同，考虑到不同司法管辖区的需求和能力。

　　现代投资激励规定的其他潜在渠道包括正在进行的《服务贸易协议》(TISA)谈判和气候变化议定书谈判。虽然投资章节的规则可能不会像国际投资协定或自由贸易协定那样全面横跨部门和活动，TISA或气候变化协定中的条款可能更多受益于量身定制和具体性规则。

　　当然，这些协议谈判议程包含的投资激励措施可能并不容易达成。但是越来越意识到激励竞争的有害性，以及在使用公共基金应对当今世界面对的可持续发展挑战的特别战略需要，可能最终为谈判提供必要的动力。

注释

1. 正如其他章节所论述的一样，这将是一项很有挑战性的任务。

2. SCM协定［Article 1.1(a)(1)(i)中特别提及了转让、贷款和股份注入；在WTO的决议中特别标明了其他直接转让方式［如见专家委员会作出的关于韩国采取的措施对商业船舶贸易的影响的报告第7.411—7.413, 7.420段，WT/DS273/R(2005年3月7日)；专家委员会作出的关于欧盟和特定的欧盟成员国所采取的措施对大民用航空器领域的影响的专家报告第7.1318段，WT/DS316/R(2010年6月30日)］。

3. 可能符合本种类下的另外一种条款是经济平衡条款，即另外一种政府承诺补偿公司因法律框架的变化导致公司运营成本增加的成本的稳定性条款。

4. 在美国大型民用航空器案(第二次申诉)中，上诉机构维持了专家委员会先前的决定，即通过减少适用于商业航空器和元件制造领域的税率，一个美国的州放弃应得的税收［见上诉机构报告——影响大民用航空器的措施(第二次申诉)，第801—831，WT/DS353/AB/R(2012年3月12日)］。

5. 在美国——碳钢(印度)案件中，上诉机构维持了专家委员会作出的认为印度政府转让采矿租约的规定是在SCM协定中有充分理由的条款的裁决［见"美国对来自印度的某些热轧碳钢扁平产品所采取的反补贴措施"的上诉机构报告，第4.60—4.75，WT/DS436/AB/R(2014年12月8日)］。

6. 世贸组织专家组在加拿大——可再生能源/上网电价计划中作出了这一裁决［见专家组关于加拿大——可再生能源/上网电价计划的报告第7.194—7.249，WT/DS412/R；WT/DS426/R(2012年12月19日)］。世贸组织上诉机构维持了上诉［见上诉机构关

于加拿大——可再生能源/进口关税项目第 5.122—5.128 段,WT/DS412/AB/R；WT/
DS426/AB/R(2013 年 5 月 6 日)〕。

7. 在美国——对加拿大某些软木木材的最终反补贴税确定决定〔WT/DS257/AB/R
(2004 年 2 月 17 日通过)〕中,WTO 上诉机构也论述了该事项。

8. 在加拿大——影响可再生能源部门的某些措施,WT/DS412/AB/R,WT/DS426/
R(2013 年 5 月 6 日),上诉机构阐述了如何确定相关的"市场基准"。值得注意的是,它
认为相关基准可以是政府创造的市场,并表示"政府在哪里创造市场,不能说政府干预扭
曲市场"。位置在第 5.188 段。

9. 上诉机构报告,欧洲共同体和某些成员国——影响大型民用航空器贸易的措施,
969—83,WT/DS316/AB/R(2011 年 5 月 18 日)。

10. 然而,考虑第 2.1(b)条的因素并不一定是决定性的。即使一项补贴根据第 2.1
(b)条规定的原则出现了非特定的补贴,也可以基于第 2.1(c)条规定,基于其他因素的考
虑来确定它是否是具体的。

11. 上诉机构报告,欧盟——大型民用航天器,第 140 段。

12. 专家组报告,美国——影响大型民用航天器的措施,第 7.1764 段,WT/DS353/R
(2011 年 3 月 31 日)。

13. 同上。

14. 同上文,在第 7.1760 段。

15. 同上。

16. 上诉机构报告,美国——影响大型民用航天器的措施第 960—1012 段,WT/
DS353/AB/R(2012 年 3 月 12 日)。

17. 专家组报告,欧盟——大型民用航天器,第 7.1433 段。

18. 贸易政策审查机制是在成立 WTO 的乌拉圭回合谈判中建立的(贸易政策审查
机制附件 3,1994 年 4 月 15 日,1869 UNTS. 480)。

19. 对于禁止性补贴,反措施必须是"适当的";对于可诉的补贴,反措施可以是"相
当的"。

20. 正如一些学者强调的,两种选择的差异有重要的含义。特别是,鉴于单边的贸易
救济可能给国家和它们国内的经济因为不合法的补贴遭受的损失提供更快和更直接的
救济,它们也更容易受到政治影响,可能为贸易法的解释和适用创造矛盾和带来不确定
性,并且可能增加对社会和环境有益的通过补贴投资生产而不考虑公共目的的补贴的货
物(比如风力发电机和太阳能板)的成本(Wu and Salzman, 2014)。

21. WTO 成员(通过 SCM 协定中设立的补贴和反补贴协定委员会)之前可以选择
但并未更新过第 8 条规定的保护措施。

22. 截至 2013 年底,本附件七类别中的非最不发达国家国家包括玻利维亚、喀麦隆、
刚果、科特迪瓦、加纳、圭亚那、洪都拉斯、印度、印度尼西亚、肯尼亚、尼加拉瓜、尼日利
亚、巴基斯坦、塞内加尔、斯里兰卡和津巴布韦(WTO, 2014)。

23. 此类争议的案件包括美国诉中国关于风力设备生产的案件[美国的磋商请求,中国——关于风力发电设备的措施,WT/DS419/1(2011 年 1 月 6 日)]和文中涉及的日本和欧盟对加拿大提起的诉讼,这涉及安大略省的 FIT 计划[日本提起的磋商请求,加拿大——影响可再生能源的若干措施 WT/DS412/1(2010 年 9 月 16 日)];欧盟的磋商请求,加拿大——关于进口关税的措施,WT/DS426/1(2011 年 8 月 16 日)。吴和萨尔茨曼(2014)介绍了这些和其他案例。

24. 专家组报告,加拿大——影响可再生能源的若干措施第 7.163—7.167,WT/DS412/R,WT/DS426/R(2012 年 12 月 19 日)。

25. 上诉机构报告,加拿大——影响可再生能源的某些措施 WT/DS412/AB/R,WT/DS426/R(2013 年 5 月 6 日)。

26.《服务贸易总协定》将服务贸易分为四种不同的提供模式。模式 1 是"跨境贸易"(例如,A 国的消费者接受来自 B 国的服务),模式 2 是"境外消费"(例如,A 国的国民到 B 国旅行,并在 B 国消费),模式 3 是"商业存在"(例如,A 国的一家公司在 B 国设立了附属机构,以提供服务),模式 4 是"自然人存在"(例如,B 国国民移动到 A 国,并在 A 国内作为顾问或雇员提供服务)。

27. 如果一个成员从最惠国待遇义务中列出了豁免名单,或者一个成员为方便领土相邻的区域进行在双方进行的生产和消费的服务往来提供而向毗邻国家提供优势,那么违约条款不予适用。

28. 当服务和服务提供商不同,国家可以采取歧视措施。因此,回答服务或服务供应商是否"相同"的问题,是一个措施是否违反了《服务贸易总协定》的最惠国待遇和国民待遇义务这个更广泛的问题的关键部分。

29. 理论上,如果国外的政府没有通过另一种模式提供类似激励措施的支持,国民待遇可以阻止政府为其境内的服务提供商采取激励措施。但是,正如"服务贸易总协定下的具体承诺安排指引"第 15 段所指出的那样,"服务贸易总协定"的国民待遇条款的范围并没那么远:"GATS 中没有规定成员有义务在境外采取措施。"因此,第 17 条所规定的国民待遇义务不要求成员将此类待遇延伸至位于另一成员境内的服务供应商。[根据《服务贸易总协定》规定的具体承诺准则,第 15 段,WTO 文件 S/L/92(2001 年 3 月 28 日)]。

30. 专家组报告,加拿大——影响汽车工业的某些措施,第 10.291 段,WT/DS139/R,WT/DS142/R(2000 年 2 月 11 日)。

31. 同上文,第 10.292 段。

32. 如上所述,模式 1 是"跨境贸易"(例如,A 国的消费者接受来自 B 国的服务),模式 2 是"境外消费"(例如,A 国的国民到 B 国旅行并在 B 国消费),模式 3 是"商业存在"(例如,A 国的一家公司在 B 国设立了附属机构,以提供服务),模式 4 是"自然人存在"(例如,B 国的国民移动到 A 国,并在 A 国内作为顾问或雇员提供服务)。

33. 最近,专家组在中国——影响电子支付服务的特定措施的报告中也得出了类似的结论,声明:"此外,在本案的特殊情形中,我们看不到我们对服务的'相似度'的结论取决于其他成员的 EPS 供应商是否通过模式 1 或模式 3 而可能会有所不同。"[专家组在中国——影响电子支付服务的特定措施的报告第 7.704,WT/DS413/R(2012 年 7 月 16 日)。]虽然位于不同地点的服务提供商可以"相同",但 GATS 在国民待遇规定的脚注 10 中也承认,该条款并不要求"任何成员补偿外在特征造成的来源于相关具有境外性质的服务或服务供应商造成的内在竞争劣势"。

34. 第 1 条第 3 款将服务定义为:政府机构提供的服务,作为一种既没有商业基础也没有与其他服务提供者进行竞争的服务。正如克拉耶夫斯基(Krajewski,2003)和朗(Lang,2004)已经指出的那样,这项规定给 GATS 的确切范围留下了许多未解决的问题。

35. 与 GATT 不同的是,GATS 并不包括"关于自然资源保护的"例外措施。

36. 正如本章所使用的那样,欧盟法院包括两种不同的法院,一般法院和高级法院。一般法院作出的判决可上诉到高级法院。

37. 如果政府补贴扭曲了欧盟公司在第三方市场上的竞争,那么即使这些政府补贴实际上并未影响欧盟内部的贸易,也潜在的构成非法的国家援助。欧盟第 XXVIII 号竞争政策报告第 196 段指出了这种可能性(European Commission,1998)。

38. TFEU 第 109 条赋予欧盟理事会豁免某些需要事先通知和批准的援助。

39. 援助计划是任何行为,在不需要进一步实施措施的情况下,可以以一般和抽象的方式向行为界定的承诺提供个人援助奖励和任何与具体项目无关的援助的,可以无限期和/或不限数量的向一个或多个事业颁发的任何行为(European Council,1999)。

40. 税收减免的披露要求与其他类型的国家援助可能很不一样,要求披露被给予的税收减免的范围而非具体的数额(European Commission,2014a)。

41. 欧盟发布的区域性援助指引是为了便利和管理 TFEU 第 107(3)(a)(c)条下的国家援助的授权。这些指引会定期修订,在兰博和梅崔克斯(Ramboll and Matrix)研究期间,生效的是 2007 年至 2013 年版的指引。

42. 援助强度是依据援助在总的投资中所占的百分比衡量投资数量的标准。欧盟法详细规定了何种援助强度需要计算在内以及被许可的援助强度在哪个等级。那些等级可能受一连串因素的影响而有所变化,包括投资地点、投资项目的种类和受益人的规模(European Commission,2014c)。

43. 这些恢复命令有一些限制。如果违反欧洲共同体法律的一般原则,那么不得恢复(Luengo Hernandezde Madrid,2007,403—404)。

44. 仅在很少的例外情形之下,对于法院要求恢复不合法的援助的行为是不适当的。

45. 西方石油公司和西方勘探与生产公司诉厄瓜多尔共和国 ICSID 案件编号 ARB/06/11(2012 年 10 月 5 日);Bayindir Insaat Turizm Ticaret Ve Sanayi A.S.诉巴基斯坦伊斯兰共和国,ICSID 案例编号 ARB/03/29 裁决(2009 年 8 月 27 日)。

46. 如上文所述,那些有利于本地建立服务提供商的要求可能违反《服务贸易总协定》。

47. 如前所引用的，在 2012 年《美国双边投资协定范本》第 12、13 条规定仅有国家才能就那些条款项下的事务进行磋商以及国家可以（但不作要求）为公众参与相关事项提供机会。关于劳动和环境的义务并不处于投资者—国家争议解决或者国家间争议解决的管辖范围之下。

48. 加拿大政府与厄瓜多尔共和国政府促进和相互保护投资协定，Can.-Ecuador，第 6(2) 条，1996 年 4 月 29 日，2027 UNTS.，195。

49. 加拿大政府与贝宁政府关于促进和相互保护投资的协议，Can.-Benin，附件二，2014 年 1 月 8 日，2014 Can. T.S. No.2014/13。

50. 在欧盟国家援助法的范围内，对如何构成激励效果的详细标准有明确规定。该标准也是允许国家援助得以实施的前提。本节使用更一般性的术语来指激励影响投资决策的情况。

51. Ioan Micula，Viorel Micula，S. C. European Food S. A，S. C. Starmill S. R. L. and S. C. Multiipack S. R. L. 诉罗马尼亚，ICSID Case No.ARB/05/20，最后裁决（2013 年 12 月 11 日）。截至本书撰写之时，该决定正在就于 1965 年 3 月 18 日颁布的《关于解决国家与其他国家国民投资之间争端的公约》的废止程序提出质疑。

52. Ioan Micula，Viorel Micula，S. C. European Food S. A，S. C. Starmill S. R. L. and，S. C. Multipack S. R. L. 诉罗马尼亚，194—195。

53. 同上文，第 195 页。

54. Yukos Universal Ltd. 诉俄罗斯联邦，Case No.AA 227，最终裁决（Perm. Ct. of Arb. 2014），http://www.italaw.com/sites/default/files/case-documents/italaw3279.pdf。

55. Bilcon 诉加拿大，Case No.2009—2004（Perm. Ct. of Arb. 2015），关于管辖权和责任的裁决，131—143，177—179，http://www.italaw.com/sites/default/files/casedocuments/italaw4212.pdf。

56. 后一个条约的缔约国是哥斯达黎加、多米尼加共和国、萨尔瓦多、危地马拉、洪都拉斯、尼加拉瓜和美国。

57. 根据第 12.7(4) 条，本规定不适用于为执行公共服务义务和对煤炭行业的补贴。

58. 披露和磋商要求适用于影响货物贸易和服务贸易的补贴。

参考文献

Agreement on Subsidies and Countervailing Measures(SCM) (Marrakesh, April 15, 1994), 1869 UNTS 14.

Agreement on Trade-Related Investment Measures(TRIMS) (Marrakesh, April 15, 1994), 1868 UNTS 186.

Aguayo Ayala, F., and K. P. Gallagher. 2005. "Preserving Policy Space for Sustainable Development." IISD Commentary, 2—3.

Bhala, R., D. A. Gantz, S. B. Keating, and B. G. Simoes. 2013. "WTO Case Review 2012." Arizona Journal of International and Comparative Law 30:207—419.

Bhala, R., D. A. Gantz, S. B. Keating, and B. G. Simoes. "WTO Case Review 2013." Arizona Journal of International and Comparative Law 31:475—510.

Brewster, R. 2011. "The Remedy Gap: Institutional Design, Retaliation, and Trade Law Enforcement." George Washington Law Review 80:102.

CCSI. 2015. "Investment Incentives: The Good, the Bad and the Ugly." 2013 Columbia International Investment Conference Report. New York: Columbia Center on Sustainable Investment.

CETA. 2014. Comprehensive Economic and Trade Agreement (Canada-European Union), http://ec.europa.eu/trade/policy/in-focus/ceta/.

Consolidated Version of the Treaty on the Functioning of the European Union(May 9, 2008), 2008 OJ(C 115) 47.

Coppens, D. 2014. WTO Disciplines on Subsidies and Countervailing Measures: Balancing Policy Space and Legal Constraints. Cambridge: Cambridge University Press.

Dolzer, R. "Fair and Equitable Treatment: Today's Contours." Santa Clara Journal of International Law 12:7—33.

European Commission. 1999. XXVIIIth Report on Competition Policy 1998. Brussels: European Communities. http://ec.europa.eu/competition/publications/annual_report/1999/en.pdf.

European Commission. 2009. Commission Notice on the Enforcement of State Aid Law by National Courts. Official Journal C 85, 9.4.2009.

European Commission. 2013a. Commission Regulation(EC) No 1407/2013 of 18 December 2013 on the Application of Articles 107 and 108 of the Treaty on the Functioning of the European Union to De Minimis Aid. Official Journal L. 352, 24.12.2013.

European Commission. 2013b. State Aid Manual of Procedures: Internal DG Competition Working Documents on Procedures for the Application of Articles 107 and 108 TFEU. July 10, 2013, rev. ed. Luxembourg: European Union.

European Commission. 2014a. "State Aid Transparency for Taxpayers." Competition Policy Brief, issue 4(May).

European Commission. 2014b. Commission Staff Working Document: Common Methodology for State Aid Evaluation. SWD(2014)179 final.

European Commission. 2014c. Communication from the Commission Amending the Communications from the Commission on EU Guidelines for the Application of State Aid Rules in Relation to the Rapid Deployment of Broadband Networks, on Guidelines on Regional State Aid for 2014—2020, on State Aid for Films and Other Audiovisual Works, on Guidelines on State Aid to Promote Risk Finance Investment and on Guidelines on State Aid to Airports and Airlines, Brussels. Official Journal C 198, 27.6.2014.

European Commission. 2014d. European Commission Regulation(EU) No 651/2014 of 17 June 2014 Declaring Certain Categories of Aid Compatible with the Internal Market in Application of Articles 107 and 108 of the Treaty. Official Journal L. 187, 26.6.2014.

European Commission. 2014e. "Guidelines on Regional State Aid for 2014—2020." Competition Policy Brief 14. http://ec. europa. eu/competition/publications/cpb/2014/014 _en.pdf.

European Commission. 2014f. Memo, State Aid: Commission Adopts New General Block Exemption Regulation(GBER). 21.05.2014.

European Commission. 2014g. Press Release, State Aid: Commission Exempts More Aid Measures from Prior Notification. 05.21.2014.

European Commission. 2014h. State Aid SA.38517(2014/C) (ex 2014/NN)—Implementation of Arbitral Award Micula v Romania of 11 December 2013: Invitation to Submit Comments Pursuant to Article 108(2) of the Treaty on the Functioning of the European Union. Official Journal, C. 393, 7.11.2014.

European Commission. 2013i. "State Aid Scoreboard 2014: Non-crisis Aid." http:// ec.europa. eu/competition/state_aid/scoreboard/non_crisis_en.html.

European Commission. 2015. Press Release, State Aid: Commission Orders Romania to Recover Incompatible State Aid Granted in Compensation for Abolished Investment Aid Scheme. 30.03.2015.

European Council. 1999. Council Regulation(EC) No 659/1999 of 22 March 1999 Laying Down Detailed Rules for the Application of Article 93 of the EC Treaty. Official Journal L. 83, 27.3.1999.

General Agreement on Tariffs and Trade(GATT) (Marrakesh, April 15, 1994), 1867 UNTS 187.

General Agreement on Trade in Services(GATS) (Marrakesh, April 15, 1994), 1869 UNTS 183.

General Council. 2007. "Article 27.4 of the Agreement on Subsidies and Countervailing Measures—Decision of July 27, 2007." WT/L/691, July 31.

Green, A. 2006. "Trade Rules and Climate Change Subsidies." World Trade Review 5:404—410.

Horlick, G. N. 2010. "WTO Subsidies Discipline During and After the Crisis." Journal of International Economic Law 13:859.

Howse, R. 2010. Climate Mitigation Subsidies and the WTO Legal Framework: A Policy Analysis. Winnipeg: International Institute for Sustainable Development.

Johnson, L. 2014. "In New Filing, US Investor Alleges that Favourable Canadian Energy Pact Granted to a Korean Consortium Breaches NAFTA Chapter 11." Investment Arbitration Reporter, July 9.

Johnson, L., and L. Sachs. 2015. "International Investment Agreements, 2013: A Review of Trends and New Approaches." In Yearbook on International Investment Law and Policy, ed. A. K. Bjorklund. Oxford, UK: Oxford University Press.

Krajewski, M. 2003. "Public Services and Trade Liberalisation: Mapping the Legal Framework." Journal of International Economic Law 6:341—367.

Lang, A. 2004."The GATS and Regulatory Autonomy: A Case Study of Social Regulation of the Water Industry." Journal of International Economic Law 7:801—838.

Luengo Hernandez de Madrid, G. E. 2007. Regulation of Subsidies and State Aids in WTO and EC Law: Conflicts in International Trade Law. Alphen aan den Rijn, The Netherlands: Kluwer Law International.

Peterson, L. E. 2014. "Brussels' Latest Intervention Casts Shadow Over Investment.

Ramboll and Matrix. 2012. Ex-post Evaluation of the Regional Aid Guidelines 2007—2013, Final Report. Luxembourg: European Commission.

Rubini, L. 2012. "Ain't Wastin' Time No More: Subsidies for Renewable Energy, the SCM Agreement, Policy Space, and Law Reform." Journal of International Economic Law, 15:525—543.

SCM Committee, WTO. 2003. "Minutes of the Regular Meeting Held on 8 May 2013." G/SCM/M/46, July 23.

SCM Committee, WTO. 2013. "Report of the Committee on Subsidies and Countervailing Measures." G/L/1052/Corr.1, adopted October 21.

Steenblik, R., and J. Simón. 2011. A New Template for Notifying Subsidies to the WTO. Geneva: International Institute for Sustainable Development and Global Subsidies Initiative.

Treaty Establishing the European Coal and Steel Community(April 18, 1951), 261 UNTS. 140. Expired by its terms July 23, 2002.

Treaty Establishing the European Economic Community(March 25, 1957), 298 UNTS. 3.

UNCTAD. 2012a. Fair and Equitable Treatment. Series on Issues in International Investment Agreements II. New York: United Nations Conference on Trade and Development.

UNCTAD. 2012b. Transparency. Series on Issues in International Investment Agreements II. New York: United Nations Conference on Trade and Development.

US-CAFTA-DR. 2004. Central America—Dominican Republic—United States Free

Trade Agreement, August 5, https://ustr.gov/trade-agreements/free-trade-agreements/cafta-dr-dominican-republic-central-america-fta/final-text.

Whitsitt, E. 2013. "A Modest Victory at the WTO for Ontario's FIT Program." U.C. Davis Journal of International Law and Policy 20:75—103.

WTO. 2001. "Guidelines for the Scheduling of Specific Commitments Under the General Agreement on Trade in Services." WTO Document S/L/92, March 28. Geneva: World Trade Organization.

WTO. 2006. Annual Report 2006. Geneva: World Trade Organization.

WTO. 2014. Annual Report 2014. Geneva: World Trade Organization.

Wu, M., and J. Salzman. 2014. "The Next Generation of Trade and Environment Conflicts: The Rise of Green Industrial Policy." Northwestern University Law Review 108:401—474.

第十三章 结论:激励政策设计和 实施中的突出问题

Lise Johnson, Perrine Toledano, Lisa Sachs, Ana Teresa Tavares-Lehmann

丽斯·约翰逊,佩林·托莱达诺,丽莎·萨克斯,安娜·特蕾莎·塔瓦雷斯-莱曼

正如我们在第一章介绍中所看到的,2015 年,各国政府制定了具有里程碑意义的优先事项和承诺,以确保长期的可持续发展。联合国纳入了一系列可持续发展目标(SDGs)以制定 2015 年后发展议程,目标包括终结贫困和饥饿;确保获得可负担起的、可靠的现代能源;促进包容性和可持续性的经济增长。联合国框架公约缔约方会议也签署了一项新的具有约束力的协定,旨在应对气候变化的挑战。实施这些全球协定需要在利用公共和私人资源方面具有战略性的协调。公共资本可以促进私人投资,但它需要支持。否则私人可能就不再进行投资,或者类似投资可能无法达到所需的速度和强度。公共资本可能会被用于重要的和紧急的公共投资——例如,基础设施和人力资本方面的投资。

在该背景下,本书认为,谨慎的投资政策至关重要,它可以引导公共和私人资源战略实施,并且有效地动员两者以改善经济、社会和环境。如果在设计(投资激励时)经过深思熟虑且具有战略性,并基于稳健的成本—效益分析,那么投资激励可以扮演一个十分有用的角色。

然而,本书的章节强调了目前在全球范围内使用激励措施的至少四个不足之处。具体来说,分别为:在激励机制管理方面缺乏系统性的透明度;大多数政府不事前或事后评估激励措施的成本或效益;激励措施很少战略性地被设计成对可持续发展目标中的某个目标有特定的促进作用;为阻止逐底竞争所做的努力,如推动跨司法辖区的合作或纪律约束在地理上不发达,也并不完善。

缺 少 透 明 度

很少有人知道政府给予了多少激励，给谁，给了多少和持续多久，又为了换取什么。有趣的是，人们只知道激励的规模是巨大的，而且还在不断增长，但大多数激励均是在缺乏透明或宣传的情况下进行的。此外，大多数激励计划都是任意的（参见 James 写的第七章）：这意味着，透明度的缺乏可能会让官员利用投资激励来确保私人利益、获得短期胜利或结成强大的联盟。由于缺乏透明度，公众、商业竞争对手，甚至政府内部的其他机构或分支机构都无法对激励措施进行审查，因此，当激励措施与法律、政策或公共经济理性意识相抵触时，政府官员就不再负责如初。因此，尽管没有任何规范的理由，激励还是可以被"承认"的（Bellak 和 Leibrecht 写的第四章）。即使是在由有着良好意愿的政府管理的时候，缺乏透明度也阻碍了对激励计划的效率和有效性的分析（Tavares-Lehmann 写的第二章）。事实上，Krakoff 和 Steele 在第六章中就表明，激励计划的透明度和它们的有效性是正相关的。

缺少有效性和成本—效益分析

正如本书第三部分所述，政府经常在没有事前或事后充分评估相关措施的实际成本和收益的情况下，就给予激励。然而，即使他们完成了成本—效益分析，他们也常常遗漏重要的变量和注意事项。第一，正如本书第三部分中所描述的那样，激励很少在一个辖区公共政策目标或可持续发展目标的背景下被全面评估；这些章节建议了一些方法并举例说明了激励计划如何被更战略性的设计并通过授予权限来进行评估。

第二，成本—效益分析没有考虑到激励战中，投资从一个区域向另一个区域流走时，另一个区域所遭受的损失。当然，"赢"的区域也可能会遭受损失，通过浪费的支出和过多的激励措施，以及与其他区域的激励竞争加剧等无法在标准的成本—效益分析中得以体现。正如在第六章中提到的，根据估算的 213 亿美元的财政收益，华盛顿政府认为，决定在 15 年的时间里为波音公司提供 87 亿美元以保证波音公司在该州的运营的激励是值得的。但是，即使从成本—效益的角度看，该项交易看起来是积极的，但是该项激励仍然没有考虑到如下情况：如果没有其他州的为吸引波音公司进入其辖区而实施的激励竞争，华盛顿州将不会花费 87 亿美元的资金。

未充分利用激励行为

大多数激励计划都是为了影响一家公司的定位决策,并把重点放在传统影响投资的措施上:资本支出和就业人数。正如第八章和第九章所讨论的那样。现在,是时候要对投资激励计划调整,将基于区位的计划重新定位到那些将促进辖区发展目标的项目上;这很可能包括相关行为以激励这些措施,它们不是为了影响公司的区位选择而是影响公司的战略和运营而设计的。目前,这一方面已经取得了一些进展:第四章描述了经济合作与发展组织聚焦于激励方面的研究和发展趋势,将投资激励与地区的政策目标联系在了一起,比如创新和技术进步。但是这些以政策为导向的激励机制仍然是少数。正如第三部分的章节所说到的,成功地利用投资激励来实现更全面的可持续发展目标需要进行有意义的规划和分析,并且需要更多的研究,正如后面所讨论的,在这一地方辨别和实施最佳的措施。

辖区间缺乏纪律性

正如整本书中所描述的那样,税收激励的普遍使用导致了许多恶性激励战的案例——在地方层面(例如,在美国、加拿大和澳大利亚)以及在全球层面上。在限制激励竞争全面框架缺乏的情况下,各个司法辖区被迫与以邻为壑政策展开竞争。因此,迫切需要审查现有框架的成功和局限性来规范激励政策,并考虑如何改进和扩大这种框架下的合作。

第四部分探讨了规范激励措施的使用期限所做的努力,在国家和地方层面(第十一章)以及地区和国际层面(第十二章)。第十一章说明了澳大利亚、加拿大和美国界定并实施一个监管框架的尝试,强调了这些努力往往薄弱或分崩离析的事实。正如第十二章所解释的那般,到目前为止,控制激励竞争的最成功的区域法律和政策框架是欧盟(EU)。在欧盟,确立透明度的要求后,有很大的推动力,越来越多的人努力监督和评估激励措施的有效性,并试图利用过去的经验来完善未来的政策。欧盟还试图阻止违规补贴和代价高昂的竞价战,并确保在使用激励措施时它们的目的是为了全力推进已经批准的欧盟政策目标,例如包括在其领土内实现包容性增长。

如第五章和第十二章所解释的那样,欧盟体系在覆盖范围方面存在局限性和差距,它最近引入了更多的灵活性,而这需要更有力的监督和执行来防止因改革而造成系统有效性的削弱。欧盟框架也显示出一定的复杂性和对一个跨辖区监管系统设计的挑战，包括监管所能到达的深度（如是否规范地方政府间竞争），当设计政策时需考虑的因素（如是否允许欠发达地区使用激励）。欧盟的框架至少说明了一些成功的关键要素，如将规则和执行机制绑在一起，同时也揭示了其他区域或全球试图寻求类似监管激励措施所要解决的一些挑战。

为可持续发展而优化激励影响的进一步研究

除了上面列出的核心挑战之外，本书的各章均提出了进一步研究其他重要领域的建议，以实现可持续发展目标，达到继续优化投资激励策略的使用，并增强其有效性的目的。

首先，事前和事后的成本—效益分析方法的进一步发展是根本的，其他额外（计量经济学，基于证据）的关于激励机制的有效性和效率如何因其类型、授予权限、所在行业、和公司而异的研究也是根本的。到今天为止，正如第十章所解释的，评估繁杂的激励措施——也就是说，他们可能吸引到的投资或诱发特定行为方面的程度——是非常困难的，因为几乎不可能把激励因素对投资者的作用从许多其他地理因素或公司特有的因素中剥离开来。设计最理想的一揽子激励方案，在有效的同时也要限制成本，还需要评估竞争的辖区对投资的吸引力（以及它们的激励机制），这是一项艰巨的任务，但不是不可能完成的任务，复杂的不仅是缺乏必要的数据来进行相关的分析。

其次，在没有抑制投资或给行政官员增加负担的情况下，如何授权使司法管辖区成功地将他们的激励计划与达成绩效目标、推进可持续发展的策略相绑定，这些方面需要新的和更好的想法。这一问题包括建立合理而可实现的绩效目标和影响可持续发展的艰巨任务，这些影响应该从投资激励中授权中得到预期，且对于改变投资者的行为是有效的。

最后，尚需要进一步探索一个可能的国际框架轮廓，以确保框架的可行性、可取性和有效性。在此背景下，重要的一点问题是激励机制在将投资从一个地方转移到另一个地方或是在增加总投资方面是否是有效的；这两种选择都可对全局性的监管框架产生影响。考虑到这样的一个全球框架可能会是什么样子，我们需要考虑诸如理由（如合作是否是有关联的，因为激励会在地理上转移投资或是因为激励竞争导致所有国家降低他们的税基）、范围（如贫困地区是否应该被排除在激励控制之外）、调查和执行机制（如个人和市民社会是否能够起诉)和及问责机制(如透明度和系统性评估的作用为何)等相关问题。

　　探索这些问题以及如何成功地解决这些问题,应该考虑到政治经济给相关参与者提供的动力。如果没有考虑到不同的支持者和他们间的利益冲突,任何解决方案都不可能成功。例如,考虑一下投资促进机构(IPAs)和财政部:在增加投资方面的任何好处通常都会记入投资促进机构,而激励费用则由财政部负责。它们之间相反的利益可能会产生一些系统惰性,这将阻碍任何协作的解决,因此,需要确定如何重新设计系统以避免落入这个陷阱。授予激励的管理当局应该在哪里? 投资决策是否应按照自动准则进行,还是给个人或个别机构提供酌处权? 如果 IPAs 将激励机制作为营销工具,它们是否能够以不降低其有效性但可以确实降低其成本的方式进行构建? 如果可以估计的话,哪个部分政府应该"收费"? 除了国内层面的考虑之外,任何国际谈判的背景下都会出现类似的政治经济问题。

　　要解决上述悬而未决的问题,需要增强政府、学术界、民间社团、以及商业团体等多利益相关者之间对话,以期(相互间)共同理解全球事业的真正驱动力,有助于可持续发展的投资类型和行为,以及实现这些目标所必需的监管框架和机构。本书的目的是为了促进对话。考虑到国际投资规则数量不断增长,特别是在支持可持续发展方面和投资在融资发展中所发挥的作用,当需求和机会特别成熟的时候,这种对话是可以被实现的。

致　　谢

　　本书基于哥伦比亚大学可持续投资中心在哥伦比亚大学举办的第 8 届哥伦比亚国际投资会议上的讨论形成,该会议的议题是"投资激励——好的、坏的和丑陋的:评估政策改革的成本、收益和选择"。会议于 2013 年 11 月在纽约哥伦比亚大学举行。本书编辑十分感谢会议参与者和专题小组成员的讨论和见解,他们中的许多人在本书中都有各自精彩的章节。编辑们也非常感谢特德·莫兰(Ted Moran)和卢·威尔斯(Lou Wells)的洞见和建议,感谢他们对本书的实质性改进。安娜·特蕾莎·塔瓦雷斯-莱曼(Ana Teresa Tavares-Lehmann)非常感谢葡萄牙公共基金通过基础科学和技术(Fundação para a Ciência e a Tecnologia, FCT)框架项目 UID/ECO/04105/2013 的资助。

撰稿人简介

克里斯蒂安·贝拉克(Christian Bellak)是维也纳财经大学经济学系的经济学副教授。他的研究兴趣包括国际因素流动(外商直接投资和移民)以及与跨国企业相关的经济政策。

路易斯·布伦南(Louis Brennan)是都柏林三一学院的研究员,同时也是三一商学院的教授。他曾任三一学院国际一体化研究机构所长。路易斯在亚洲、欧洲和美国的许多地方生活和工作过。

菲利普·古格勒(Philippe Gugler)是瑞士弗里堡大学竞争力中心主任。他是欧洲国际商业学院(EIBA)的主席。他是《竞争力评论》的主编。他还是瑞士、泰国、意大利和荷兰几个学术机构顾问委员会成员。

艾伦·哈伯(Ellen Harpel)是明智激励的创始人,该机构帮助美国各州和社区在整个经济发展激励过程中作出明智的决定。她是商业发展顾问有限责任公司的主席,这家公司位于弗吉尼亚州阿灵顿,主要负责经济发展和市场情报咨询。艾伦经常为激励政策和项目发表演讲或写作,这些全国观众包括国家经济发展者、当选领导人和金融专业人士。

塞巴斯蒂安·詹姆斯(Sebastian James)是世界银行税收政策高级经济学家。除了税收,他还研究投资政策和经济特区的交叉领域。他建议几个发展中国家进行税收政策和税收管理方面的设计。他写了一本关于税收简化的手册并且他在税收激励方面的研究已经被广泛出版。他是一名前印度收入署官员,在哈佛大学获得公共政策博士学位。

丽斯·约翰逊(Lise Johnson)是哥伦比亚可持续投资中心投资法律和政策主管。她着重分析国际投资合同、立法和国际法律框架方面的管理,以及影响这些投资所产生的积极和消极的外部效应的因素。她在耶鲁大学获得学士学位,哥伦比亚大学获得法学硕士学位和亚利桑那大学获得法学博士学位。

约阿希姆·卡尔(Joachim Karl)是联合国贸易与发展会议投资司和企业投资政策研究部主任。他之前曾在经合组织,能源宪章秘书处和德国经济部工作过。他拥有德国康斯坦茨大学的国际法博士学位,还是哈佛大学肯尼迪政府学院的公共管理硕士（MPA）。他写过很多关于欧洲法律和国际投资问题的文章，他是德国联邦公共管理学院的讲师。

查尔斯·克拉科夫（Charles Krakoff）是 Koios Associates 有限责任公司的管理合伙人，以及投资顾问协会的高级助理，对政府和私营部门的客户在跨境投资和贸易方面有 30 年的经验。他曾在 60 多个国家工作，主要关注新兴和前沿经济体。他拥有里德学院的学士学位，并从哥伦比亚商学院获得 MBA 学位。

马库斯·利布雷希特（Markus Leibrecht）是新加坡新跃大学（UniSIM）副教授，奥地利经济研究所研究员。他发表了几篇关于外国直接投资决定因素和经济影响的文章。他目前的研究关注的是财政政策的宏观经济影响以及经济改革的驱动因素。

萨林安娜·M.伦丹（Sarianna M. Lundan）在德国的不来梅大学担任国际管理和治理的主席。她在期刊和书籍上发表了许多的文章，并在几家编辑委员会任职，其中包括国际商业研究期刊、国际商业评论和全球战略期刊。她还与联合国和世界银行就有关外国投资发展影响的问题进行了广泛的磋商。

弗朗西斯·鲁恩（Frances Ruane）是三一学院经济系的名誉教授，于 2015 年 9 月辞去了都柏林经济与社会研究所所长的职务。在她的职业生涯早期，她在爱尔兰的直接投资促进机构——爱尔兰投资发展署工作。

丽莎·萨克斯（Lisa Sachs）是哥伦比亚可持续投资中心主任，她负责监督该中心的三个重点领域：对采掘业的投资、对土地和农业的投资，以及投资法和政策。她从哈佛大学获得经济学学士学位，并在哥伦比亚大学获得国际事务硕士（MIA）和她的法学博士学位。

克里斯·斯蒂尔（Chris Steele），投资咨询公司的首席运营官，拥有近 25 年的商业，经济发展和定位战略经验。他之前曾在一家小型城市规划公司、一家全球四大咨询服务公司，以及一家世界级的工程和供应链公司工作。他还领导了几项主要的外商直接投资、经济和团体发展项目。他拥有罗格斯大学的学士学位和来自北卡罗来纳大学教堂山分校的城市和区域规划硕士学位。

安娜·特蕾莎·塔瓦雷斯-莱曼（Ana Teresa Tavares-Lehmann）是波尔图大学的经济副教授，波尔图大学经济与金融中心研究员，波尔图商学院国际化项目负责人，波士顿商学院国际化项目负责人，欧洲和美国大学客座教授，欧洲和美国大学客座教授，多个国际组织和政府的顾问。她专注于吸引外来投资和促进国际化的政策的研究。她在雷丁大学获得了经济学硕士和经济学博士学位。

肯尼斯·P.托马斯(Kenneth P. Thomas)是密苏里大学路易斯分校的政治学教授。他是《资本竞争:欧洲和北美在一个全球化时代》(乔治城大学出版社 2000 年版)和《投资激励与全球资本竞争》(帕尔格雷夫麦克米伦出版社 2011 年版)的作者。他拥有普林斯顿大学哲学学士学位、孟菲斯大学政治学硕士学位、芝加哥大学政治学博士学位。

佩林·托莱达诺(Perrine Toledano)是哥伦比亚可持续投资研究中心的采掘业的负责人。她领导研究、培训和咨询项目,包括财政制度、财务建模、利用采掘业投资于基础设施,以满足更广泛的发展需要、当地需求、收入管理和满足最优的发展利益的法律规定。她从法国巴黎的埃塞克商学院获得了工商管理学位,并获得了哥伦比亚大学的公共管理硕士学位。

詹姆斯·X.詹(James X. Zhan)是联合国贸易和发展会议的投资和企业高级司长,也是《联合国世界投资报告》和《跨国公司》期刊的主编。他主导了联合国贸易与发展会议可持续发展投资政策框架和世界投资论坛的建立。他在贸易和投资相关的经济和法律问题上发表了大量文章。

图书在版编目(CIP)数据

重新思考投资激励:趋势和政策选择/(葡)安娜
·特蕾莎·塔瓦雷斯-莱曼等编;冯军等译;伍穗龙,
冯军校.—上海:上海人民出版社,2019
(上海WTO事务咨询中心系列丛书)
书名原文:Rethinking Investment Incentives:
Trends and Policy Options
ISBN 978 - 7 - 208 - 16243 - 3

Ⅰ.①重… Ⅱ.①安… ②冯… ③伍… Ⅲ.①外商直
接投资-激励制度-研究 Ⅳ.①F830.59

中国版本图书馆 CIP 数据核字(2020)第 010310 号

责任编辑 沈骁驰 李 旭
封面设计 零创意文化

上海WTO事务咨询中心系列丛书

重新思考投资激励:趋势和政策选择

[葡]安娜·特蕾莎·塔瓦雷斯-莱曼 等 编

冯 军 等 译

伍穗龙 冯 军 校

出　　版　上海人民出版社
　　　　　(200001　上海福建中路 193 号)
发　　行　上海人民出版社发行中心
印　　刷　常熟市新骅印刷有限公司
开　　本　720×1000　1/16
印　　张　18
插　　页　4
字　　数　299,000
版　　次　2020 年 5 月第 1 版
印　　次　2020 年 5 月第 1 次印刷
ISBN 978 - 7 - 208 - 16243 - 3/F·2620

定　　价　78.00 元